华中师范大学政治学一流学科建设成果文库 · 政治哲学研究丛书

主 编/江 畅 陈荣卓

HOW TO MAKE A GOOD LIFE POSSIBLE

THINKING BASED ON AXIOLOGY

好生活如何可能

基于价值论的思考

江
畅
———

著

社会科学文献出版社

SOCIAL SCIENCES ACADEMIC PRESS (CHINA)

前 言

PREFACE

　　党的十八大以来，党中央把人民对美好生活的向往作为奋斗目标，今天中国人民过上更加美好生活的愿望比历史上任何时候都更强烈、都更接近实现。从伦理学和政治哲学的意义上看，"美好生活"就是"好生活"的日常表达。好生活是人类所有个体、组织群体和基本共同体的共同追求。好生活的终极主体是个人，但能否过上好生活不仅取决于个人的作为，而且依赖于社会环境和自然环境。个人的好生活与个人的好人格、好家庭、好学校、好职场密切相关，也需要好社会和好自然共同创造。好人格是个人好生活的充分主观条件，好家庭、好学校、好职场、好社会、好自然则是个人好生活的必要客观条件。在哲学史上，好生活历来都只是伦理学和政治哲学的话题，实际上伦理学只能从个人的角度讨论好生活，政治哲学主要从社会尤其是国家的角度研究好生活，而好生活的问题十分复杂，需要从哲学价值论的角度进行全方位的整体性研究。

　　好生活作为一种生活状态，不只是好生活本身，更不是单纯道德意义上的善生活，而是一系列主客观因素构成的动态系统整体。

　　早在我国先秦时期，思想家们就注意到了作为好生活的幸福生活的整体性。《尚书·洪范》最早表达了中国古典的"五福"幸福观，即"一曰寿，二曰富，三曰康宁，四曰攸好德，五曰考终命"。按唐人孔颖达的解释，"五福者，谓人蒙福祐有五事也"[1]，即一个人能获得的幸福所体现的

---

① （清）阮元校刻《十三经注疏·尚书正义》，中华书局，1980，第193页。

· 1 ·

五个方面。《礼记·祭统》云："福者，备也；备者，百顺之名也。无所不顺者谓之备。"对于这里所说的"无所不顺"，《礼记·祭统》做了进一步的解释："内尽于己，而外顺于道也。忠臣以事其君，孝子以事其亲，其本一也。上则顺于鬼神，外则顺于君长，内则以孝于亲，如此之谓备。"《礼记·祭统》对幸福的阐述虽然有些许儒家的偏见，但也注意到了幸福之完备百顺的性质。先秦儒家和道家都把幸福理解为德性，而德性是人性的充分实现，这是对"幸福"概念的正确理解。其正确性在于，幸福或好生活被看作人的整体生活的完善。

古希腊哲学家苏格拉底第一次明确提出了"好生活"的概念。他所关心的问题是："人应当过什么样的生活？"① 其回答是："真正重要的事情不是活着，而是活得好。"这里的"好"与"善"同义。什么叫活得好？"活得好"，用苏格拉底自己的话说就是"活得高尚、活得正当"②。善也是人的目的，是人的本质，活得好，就是实现了善的目的，就是获得了善的本质。苏格拉底所说的"高尚""正当"就是善的体现，也是人的本性的实现。

古典思想家非常重视道德、德性，并把德性视为人之为人的本质，是他们生活的特殊时代精神的反映。在古典思想家生活的"轴心时代"，世界上几大古文明地区都充满战乱。那时，中国处于"礼崩乐坏"、诸侯争霸的春秋战国时期；古希腊经历了一个城邦兴起、繁荣到急剧衰落的过程，其间伴随持续不断的战争；印度次大陆诸国分裂、相互兼并，后又被外族入侵。导致这些古文明地区长期战乱和苦难的原因很复杂，但有一点是共同的，那就是进入文明社会后，人的私欲（个人或家庭的物质欲望）日益膨胀，人们为了占有更多紧缺资源而你争我斗，尤其体现为不同基本共同体（城邦、国家）之间的战争。古代中国、印度、希腊的思想家面对这种社会乱局和人生苦难，苦苦思索和探讨其原因并寻求走出乱局和苦难的路径。通过对宇宙万物起源、结构和秩序的深刻哲学反

---

① 〔古希腊〕柏拉图：《高尔吉亚篇》，《柏拉图全集》第 1 卷，王晓朝译，人民出版社，2002，第 392 页。
② 〔古希腊〕柏拉图：《克里托篇》，《柏拉图全集》第 1 卷，王晓朝译，人民出版社，2002，第 41 页。

思，他们发现人类的问题在于，人的私欲膨胀破坏了人的肉体与灵魂之间（古希腊的说法）或身与心之间（古代中国的说法）的平衡或和谐，人的灵魂或心在不断弱化甚至被湮没。这种灵魂或心是一种精神性的东西，实质上就是德性。古典思想家认为德性是人性的体现，因此他们以获得德性为好生活的核心内容的思想其实就是把好生活理解为生活的整体，而不是生活的某一个方面。

古典思想家深刻地意识到，人们的本性决定了人必然会追求好生活的物质方面，因而不必对这个方面加以关注和强调，问题在于人们为了物质上的好生活不仅忘却了好生活的精神方面，而且为了占有更多物质资源而争名夺利，导致战乱不已。因此，他们注重好生活的精神方面是完全可以理解的。即使在今天，好生活的精神方面仍然比物质方面更值得重视。然而，市场经济的兴起和发展逐渐颠覆了古典的好生活观念，好生活观念从注重生活整体的繁荣或人性充分的实现转向了只注重资源的占有和欲望的满足，而占有资源最终还是为了满足欲望。因此，幸福观从古代到现代的转变可简单概括为从重视人性实现走向追求欲望满足。正是利益幸福观和享乐幸福观导致唯利是图、享乐至上、个人生活和社会生活物化，以及生态破坏、环境污染等诸多消极后果。

从价值论的角度看，只有当人类普遍追求人性的自我实现时，就是说，只有当人类个体普遍具有好品质、好人格时，人类生活的共同体——社会和世界是好社会、好世界，人类的共同家园是好生态、好自然时，人类才能避免近代以来在好生活追求上存在的偏颇，克服这些偏颇导致的严重消极后果，从而过上真正意义上的好生活。无论是从本性看还是从历史看，人类都不能自然而然地具有好品质、好人格，拥有好社会、好世界、好自然，相反常常会走向其反面。人类的好生活需要依据正确的理论来构建。因此，人类要普遍过上好生活需要价值论的规导。

价值论研究最重要的实践任务是为社会提供价值体系及其构建方案，从而为理想社会构建服务。价值论要研究自然和社会的价值现象，但所有这些研究归根到底是为了人类，是通过对价值本性、本质、规律的揭示为构建人类价值体系提供依据和论证。价值论最重要的使命是为人类社会构建理想的价值体系，为人类构建理想社会提供总体方案。在哲学体系中，本体论通过思辨构想为人类提供本体世界，展示世界的本来面目；知识论在此基础上为人类提供多种可能世界，展示世界的可能面目；价值论则在本体论和知识论的基础上为人类提供理想世界，展示世界的理想面目。价值论提供的理想世界就是它所构想的社会价值体系，这种价值体系的现实化，就是理想的现实世界。

理想的社会价值体系体现的主要领域，就是以好生活为中心的好人格、好社会和好自然，以及好家庭、好学校、好职场等。对这方面的研究主要回答什么样的生活才是真正的好生活以及人类如何普遍过上好生活。这是整个价值论的落脚点，任何一种价值论都必须对这一问题做出回答，否则就不是真正意义上的价值论。价值论的根本任务就是要在本体论提供的世界本来面目、知识论提供的世界可能面目的基础上构建世界理想面目即理想世界。人类能够构建的理想世界只可能在日地月系统或天人系统的范围内，即力所能及的生态系统范围内。因此，对于人类来说，理想世界实际上就是以好生活为中心的好人格、好家庭、好学校、好职场、好社会和好自然。这就是价值论的基本结论。

基于这种价值论的考虑，本书围绕如何构建和获得好生活这一主题分五章展开论述。第一章"好生活"主要回答究竟什么样的生活才能称得上好生活的问题，从好生活的含义、意义、层次、维度、领域，以及好生活的美好愿景及其构建等方面分别做了阐述。第二章"好人格"主要回答个人过上好生活需要具备什么样的主观条件问题，主要阐述作为好生活充分主观条件的好人格的含义、层次以及对于好生活的意义，作为好人格基础的身体健康和作为好人格主要内涵的人格完善，以及如何获得好人格的修身成人问题。第三章"好家庭、好学校与好职场"主要回答个人过上好生活需要什么样的家庭、学校和职场问题，分别阐述好家庭、好学校和好职场的含义、对于好生活的意义及其构建问题。第四章"好社会"主要回答个人过上好生活需要什么样的社会的问题，详细阐述好社会的含义和结构、好社会的构建，以及好社会对于好生活的重要意义问题。第五章"好自然"主要回答个人过上好生活需要什么样的自然环境，具体阐述好自然的含义及其对于好生活的意义、构建好自然的必要性和可能性，以及如何构建和谐生态问题。

　　本书旨在告诉人们，虽然好生活的主体是个人，但个人过上好生活不仅需要个人创造好生活所需的主观条件，还需要家庭、学校、职场、社会等个人生活于其中的社群创造好生活所需的客观条件。因此，个人的好生活既是自为性的又是社群性的，只有当不同社群能够为个人过上好生活提供必要客观条件时，个人的好生活才是可能的，而个人在这种可能条件下不断追求人格完善，其好生活才能变为现实。

目 录

CONTENTS

第一章　好生活

　　好生活是人类的终极价值目标，是人类所有个体、组织群体和基本共同体的共同追求。好生活是人的一种好的生活状态，其具有独特本性或本然本质。作为一种复杂的生活整体和生活过程，好生活有不同的层次，每一个层次有不同的维度，涵盖个人和社会生活的各个方面，并可以划分为不同的领域。虽然人们对好生活的理解不同，但价值论致力于为好生活描绘一种理想图景。这种理想图景要变为现实，需要社会、组织群体尤其是个人持续不断地进行构建。

一　好生活的含义和意义

　　关于什么样的生活是好生活，见仁见智，但是哲学家历来都认为好生活有其一般含义或规定性，并力图揭示其真谛。这种真谛就是使好生活成为好的那种东西，就是好生活的独特本性或本然本质。① 人们过上好生活既需要具备客观因素，也需要具备主观因素，而这些因素是可以测量的。虽然好生活具有一般性，但生活在不同时代、不同共同体中的人们对好生活的理解存在很大的差异，不同性别、不同年龄的人对好生活的看法也有所不同。由于好生活受主客观因素的影响，如果其中的因素丧失或遭到破坏，好生活就可能变得不再好，因而好生活具有脆弱性。哲学家和普通人高度重视好生活，是因为过上好生活是人性的要求，是人的本性使然，归

---

① 本然本质是事物本性的体现，是事物作为该事物必须具备的本质或规定性，也可以说是事物应该具备的本质，因而也可以称为"应然本质"。本然本质的现实化是实然本质，但并不是所有事物的实然本质都是其本然本质的现实化。参见江畅《本体概念的含义及其与"道""德"的关系》，《湖北大学学报》（哲学社会科学版）2021年第1期。

根到底是因为好生活是一种令人愉悦的人生状态和生命过程。

（一）好生活的一般含义

关于好生活，自古以来流行着这样两种观点：好生活要么是在值得赞赏的意义上有感召力的生活，要么是在值得欲望的意义上有吸引力的生活。就是说，对好生活可以从两种不同角度进行理解：一是把好生活理解为"值得赞赏的生活"（the admirable life），这是指的道德或德性高尚的生活；二是把好生活理解为"值得欲望的生活"（the desirable life），这是指的繁荣或发达的生活。总体上看，传统社会比较推崇前一种观点，而后一种观点在现代社会比较流行。真正的好生活应该既是"值得欲望的生活"，又是"值得赞赏的生活"。

然而，说好生活既是"值得欲望的生活"又是"值得赞赏的生活"，只是针对古代和现代有偏颇的好生活观念而言的，并不准确、完整。鉴于这种情况，我们对好生活概念做出一个一般性界定：所谓好生活，就是基于人性谋求生存得更好的本性要求而使个人生存发展享受需要获得更好满足的生活。这一界定看起来很简单，但内涵十分丰富。

第一，人性总是个人的人性，好生活的终极主体是个人，个人的好生活需要个人自己来构建。人类有共同的本性，这种本性就是谋求生存得更好，但这是一种抽象的人性。人类共同的本性体现在人类个体身上就是个体的人性。个体的人性是人的抽象本性与他的各方面的特殊属性的有机统一，人的抽象本性体现在人的各方面的特殊属性之中。所以，人性总是个体的人性，个体之外不存在独立自存的人性。我们说好生活是人性谋求生活得更好的要求不断得到满足的生活，由于人性是每一个人的人性，因而好生活的实际主体是个人。离开了个人，无所谓好生活。这一点看起来显而易见，但在人类实际生活中常常会被忽视。

历史上也好，今天的现实也好，社会治理者把社会发展的目标定位于社会的长治久安或繁荣昌盛，而非其成员的好生活，这种情况并不鲜见。不少社会成员在这种社会环境的影响下也常常认同这一点，甚至愿意牺牲个人的好生活以成就社会治理者的治理意图。人们经常谈及社会的好生活。这种说法当然没有错，但有两点不能忽视。一是社会的好生活是由个人的好生活构成的，大多数个人生活不好，甚至少数个人生活不好，社会就不会有真正的好生活。二是社会的好生活之好主要体现在给全体社会成员提供了好生活所需要的各方面的条件。比如，政治上保障个人在社会中的主体地位，经济上为个人提供起码的生活保障，文化上为个人提供充分的受教育机会，此外，为个人发挥聪明才智提供公平的机会和广阔的平台，等等。因此，社会的好生活是从属于、服务于其成员的好生活的。这种关系不能颠倒，如果个人的好生活从属于、服务于社会的好生活，那么个人实际上就不会有真正的好生活。

好生活的终极主体是作为人类个体的个人，好生活构建的终极主体也是个人，个人的好生活最终要由个人自己构建。生存发展享受需要是个人的需要，这种需要要得到充分满足必须依靠个人自己，这是人本性的要求。人本性的首要特性是自为性，包括自主性、能动性和创造性等。人的自为性的实质内涵就在于人要靠自己的作为来使自己生存发展享受的需要得到更好的满足。人的自为性体现在生存发展享受需要满足的全过程，这个过程就是人作为的过程，也是人价值构建的过程。当然，一个人由于家庭条件好或其他原因可能让自己过上衣食无忧甚至豪华奢侈的生活，但这种生活本身并不是真正意义上的好生活。真正意义上的好生活是人性的充分实现或人生的成功。人性的充分实现当然需要有充分的生存保障，但更重要的是需要完善人格的形成及其充分发挥，而这就非得凭借个人的作为不可。

第二，人性谋求生存得更好的本性要求，体现为追求人生存发展享受需要不断得到好的满足的活动。虽然人性各不相同，但它们有共同的要求，就是谋求生存得更好，而这正是人的共同本性。人性的这种共同要求是隐而不显的，就如同人性隐而不显一样。但是，人性的这种要求会体现出来，这就是需要和追求需要的满足。人性中有需要的潜能或潜在可能性，这种潜能可以通过激发或开发转化为现实的需要。人最早的需要只有两种，即生存和繁衍。随着人类的进化，需要不断地被激发、被开发，需要日益丰富，到当代已经有不同层次，每个层次又有不同的方面，成为一种需要系统。这也表明人性中的需要潜能也在随着需要的激发或开发而不断增加。

人的生存发展享受需要的满足是人性谋求生存得更好要求的体现。生存需要是人的基本需要，生存需要得到满足，人才能生存。发展需要是高级需要，包含生存需要，发展需要得到满足，则标志着人生成功和自我实现。享受需要可以在生存需要得到满足的过程中产生，也可以在发展需要得到满足的过程中产生。享受需要得到满足可以使人产生愉悦感，但并不能改变生存需要或发展需要满足的实际状况。一个人在生存需要得到满足层次上获得享受需要的满足，他的好生活是低层次的，还不是真正意义上的幸福生活；一个人在发展需要得到满足层次上获得享受需要的满足，他的好生活就是高层次的，就是幸福生活。

当然，如果一个人的发展需要得到了满足，但他并没有产生相应的享受需要，那么他的生活在他自己看来也不是好生活，甚至连低层次的好生活都称不上。享受需要是一种特殊需要，它以享受意识为前提。有了享受意识，就会产生享受需要，而且生存需要和发展需要的满足都可以转化为享受需要的满足。当生存需要得到满足时就可以获得生存需要层次上的享受需要满足，当发展需要得到满足时就可以获得发展需要层次上的享受需要满足。没有享受意识，也就不会有享受需要的产生，当然也不会有享受需要的满足，即使生存需要或发展需要得到满足，个人也不能获得享受需要的满足。说好生活是生存发展享受需要得到好的满足，主要是指一个人的生存层次或发展层次的需要得到了好的满足，至于他自己是否产生享受需要，对于客观上的好生活来说并不重要。

需要是客观的，但由于人类有意识、有理性，人类的需要就日益转化为欲望，而欲望的实质是人主观的愿望或想要。客观的需要转化为主观的想要后，欲望就呈现出无限扩大的趋势。欲望并不是需要的直接反映，而是间接反映。在环境因素和个人主观因素的相互作用下，欲望对需要的反映可能会出现这样一些情况。一是欲望可能使某种需要大大强化，与此同时会使另一些需要弱化甚至消失。如果一个人将对物质资源的需要放大成对资源的贪欲，就会弱化对人格完善的需要。二是欲望可能使需要发生病变。一些人有不良嗜好就是欲望使某种需要发生病变的结果。三是欲望还有可能偏离生存发展需要，甚至没有需要的根据。毒瘾就是如此。有的人因为好奇或其他原因染上毒品就会损害身体健康。总的来看，人的欲望十分复杂，如果不能透过纷繁复杂的欲望认识到人的生存发展享受需要，就有可能受欲望的摆布，生活就会陷入混乱或偏狭。因此，并不是所有的欲望都体现了人性的要求，只有那些有利于人类更好生存的欲望才与人性的要求相一致。

人性中不仅包含谋求生存得更好的要求，同时也包含实现这种要求的动力和能力。动力是人的欲望和情感，能力是人的认识能力、情感能力、意志能力、行为能力（包括体力）。其中欲望是主要的动力，情感既是动力又是能力。动力和能力在人性中都是潜能，需要开发才能转变为现实能力，而且这种能力可以在一定限度内增强。人在开发动力和能力的过程中还会形成观念，获得知识，它们和能力一起构成实现人性要求的手段。所以，人性谋求生存得更好的要求，在现实人生中既体现为生存发展享受的需要又体现为满足这种需要的动力和能力。这两者不是分离的，而是统一的。通过两者不断相互作用的活动，生存发展享受需要不断得到更好的满足。

第三，人生存发展享受需要不断得到好的满足就是人的根本的总体的需要得到持续的应有满足。生活是人的需要满足的过程，好生活一般而言就是人的需要得到完全或充分满足的生活。但是，人的需要几乎在任何时候都不可能得到完全满足，而只能使人的根本的总体的需要得到应有的满足。人的根本的总体的需要得到应有的满足并因此获得享受，就是好生活。人的根本的总体的需要，一般来说，就是人在世界上生存、发展的需要。按照马斯洛的需要层次论，需要有生理需要、安全需要、归属和爱的需要、自尊和受人尊重的需要、自我实现的需要五个层次，这五个层次可以划分为生存需要（包括生理需要和安全需要、归属和爱的需要、自尊和受人尊重的需要）和自我实现的需要两个层次。生存需要是根本需要，而生存需要和发展需要一起构成人的总体需要。发展需要包含生存需要，总体需要包含根本需要，所以根本需要与生存需要、总体需要与发展需要大致上是同义的。只不过根本需要和总体需要更强调人生活的根本性和总体性，而生存需要和发展需要更侧重人生活的生存性和发展性。

由于需要具有多样性并不断产生，即便是人根本的和总体的需要也不可能得到完全的满足，因而应把好生活定位于根本的总体的需要得到应有的满足。"应有的满足"既肯定人生存和发展需要不可能得到完全满足，同时又强调必须达到应有程度的满足。这种应有程度就是：生存需要得到充分满足，发展需要得到基本满足，并有进一步满足的可能。这几方面都是必要的。一方面，如果一个人的生存需要尤其是生理需要得不到充分满足，他就不得不为生存奔波。这种成天为生存操劳的生活不能说是好生活。另一方面，如果生存需要能得到充分满足，但到此为止，饱食终日，无所用心，这种生活会使人感到厌倦、无聊、空虚，也谈不上幸福。好生活不等于生理需要的满足，至少要达到生存需要得到满足的水平，如果发展需要也得到了基本满足，那种好生活就是幸福生活。发展需要是指人格完善的需要，其满足指的是人格达到完善并得到充分发挥。如果我们把生存需要得到满足看作日常意义上的好生活，那么，在此基础上发展需要得到应有的满足并有进一步满足的可能，才是真正意义上的好生活，即幸福。

人的根本的总体的需要的应有满足不是静态的，也不是一次性的，而是一个不断地、持续地得到好的满足的过程。好生活意味着越来越好的生活或更好的生活，意味着生存得更好，而生存得更好就是人的根本的总体的需要得到越来越充分的满足或更充分的满足。更充分的满足就是更好的满足。对于个人而言，只有根本的总体的需要不断得到好的满足的生活才是真正的好生活。如果一个人满足于当下根本的总体的需要的满足而不与时俱进，他的好生活很快就会不再是好生活。这是因为满足需要的主体和环境都是变化的。就主体而言，人的一生有一个生长、成熟、衰老的过程，生长时期的好生活不一定是成熟时期的好生活，成熟时期的好生活也不一定是衰老时期的好生活。比如，事业成功是成熟时期好生活的重要内容，而到了衰老时期，事业成功会在好生活中的分量变弱甚至淡出。就环境而言，在日新月异的现代文明条件下，作为好生活基础的物质生活和文化生活水平不断提高，也会使原来的好生活变得不再是好生活。

第四，人生存发展享受需要获得更好的满足就是人性得到更充分的实现，或者说就是完善人格的形成和充分发挥。人性的充分实现，用马克思的话说就是人的全面而自由的发展，用马斯洛的话说就是人的自我实现。人在谋求生存发展享受需要满足的过程中，会逐渐形成一种人格。人格是人性的现实化，正是它使人性谋求生存得更好的要求转化为对生存发展享受需要满足的追求。人性的要求是潜在的，没有明确的方向，而且人性中只具有满足这种要求的可能性，并没有现实的能力。一方面，人格使人性的要求转变为需要系统和欲望系统；另一方面，人格又使潜在的动力和能力转变为现实的动力和能力，凭借它们可以使需要得到满足。人格完善对于人的好生活是决定性的，它能使好生活从潜能变成现实；没有人格的完善，人不可能形成生存发展享受需要，更谈不上生存发展享受需要的充分满足，当然也就没有真正意义上的好生活可言。

人格是人在长期进化过程中适应人谋求生存得更好的要求逐渐发展起来的，它使自然的人成为社会的人，使人成为真正的人，成为他应该成为的人。人格是人特有的东西，动物和其他事物没有与之相应的东西，如兽格。有了人格，人类的生存模式就发生了根本性的改变，从此完全不同于动物。动物生存的模式是需要—行为—满足。而在人这里，需要与行为之间增加了人格这一个十分复杂的环节，并在满足之后还增加了一个享受的环节，因而人生存的模式就成为需要—人格—行为—满足—享受。正是因为有了人格，所以才有所谓好生活，好生活可以说是好人格在好环境（好家庭、好学校、好职场、好社会、好自然）中发挥的结果。但是，通过开发人性形成的人格并不必然是好的。如果人性开发得不适当，所形成的人格就有可能是残缺的、病态的、扭曲的，这样的人格不仅不能使人过上好生活，相反可能使人过上坏的甚至悲惨的生活。只有人性开发得适当，从而形成完善的人格，并使这种人格得到充分发挥，人才能过上好生活。

（二）好生活的测量和评价

人生存发展享受需要的满足的程度主要取决于个人的感受，但由于人生存发展享受需要的满足总离不开相应的资源，因而可以从个人享有这些资源的角度对生活的质量和水平进行测量，并对其好坏做出评价。近几十年来，世界上出现了一些测量国家幸福程度的指数报告，其中比较有影响力的有"国民幸福指数"和"全球幸福指数"。①这两个指数对于测量和

---

① 这两个指数中"幸福"的对应英文词都是"Happiness"，该词不是指古希腊意义上的生活整体上的幸福（eudaemonia），而是指欲望得到满足时的愉悦感，因而译为"快乐"也许更合适。

评价一个国家（社会）生活好不好及其程度有重要的参考价值。需要注意的是，人们经常将"好生活"与"幸福"混为一谈，但其实两者并不相同。好生活指具有好性的生活，存在层次的不同；幸福是生活的最高层次的圆满的好性，具有幸福这种好性的生活是好生活最高的圆满层次。既然"国民幸福指数"和"全球幸福指数"测量的是国家幸福程度，那它们就不是在严格意义上使用幸福概念，它们说的幸福其实指的是好生活。

国民幸福指数是指反映国民生活质量和幸福程度的指标。国民幸福指数的英文是 Gross National Happiness（GNH），原为国民幸福总值，我国译为"国民幸福指数"。这个概念最初是由不丹的经济学教授扎勒曲宗提出来的。他指出，如果 GDP（国内生产总值）、GNP（国民生产总值）是测量国富、民富的标准的话，那么我们不丹政府还需要制定一个测量国民幸福快乐的标准。2001 年扎勒曲宗把这个想法写成奏折并把计算方法上呈不丹国王。国王召集内阁大臣开会商讨，最后批准了这个建议，并于每年 2 月向全体国民公布上一年度的 GNH 数字。不丹国王认为，政策应该关注幸福，并应以实现幸福为目标，人生的基本问题是如何在物质生活（包括科学技术的种种好处）和精神生活之间保持平衡。不丹政府后来每年以廉政善治、经济增长、文化教育发展和环境保护四个部分组成的 GNH 指标来考核政绩。美国心理学家丹尼尔·卡尼曼（Daniel Kahneman）和普林斯顿大学劳动经济学教授艾伦·克鲁格（Alan B. Krueger）从 2006 年起据此编制了一种国民幸福指数，它由四级指标体系构成：社会健康指数、社会福利指数、社会文明指数、生态环境指数。每一级指标体系都由若干个指标构成，指数的计算采用加权平均法。

也许是受国民幸福指数的启发，联合国和美国哥伦比亚大学地球研究所于 2012 年首次发布《世界幸福报告》（World Happiness Report，亦中译为《全球幸福指数报告》），提出了"世界幸福地图"（World Map of Happiness）的概念，并比较了全球 156 个国家和地区人民的幸福程度，其指数中译为"全球幸福指数"。这一报告一直基于各种各样的数据进行指数排名，形成了一套非常复杂的标准。该指数包括九大领域：教育、健康、环境、管理、时间、文化多样性和包容性、社区活力、内心幸福感、生活水平等。在每个大领域下，又分别有 3~4 个分项，比如教育领域下有读写能力、学历、知识、价值观等，总计 33 个分项。该报告是基于人均国内生产总值、健康状况、预期寿命、生活水平、国民内心幸福感、人生抉择自由、社会清廉程度以及慷慨程度等多方面研究得出的结果。《世界幸福报告》每年由联合国发布，2021 年的年度报告显示芬兰连续 4 年被评为世界最幸福国家，中国幸福指数排名也上升了 10 位。①

《世界幸福报告》得出了与《国民幸福指数报告》大致相同的结论，富裕的国家通常国民幸福感比较高，比如丹麦、芬兰、挪威和荷兰等人均收入在世界排名靠前的国家幸福排名通常也靠前，但财富的多寡也并非国民幸福感的决定性因素。《世界幸福报告》的编制者、美国哥伦比亚大学经济学家杰弗里·萨克斯（Jeffrey Sachs）说：“国民生产总值并不能代表幸福程度，尽管一般来说，国家财富与国民快乐有一定联系，但两者之间没有内在必然关系。美国自 1960 年开始，人均国民生产总值增长了三倍，但幸福指数却停滞不前。”在他看来，经济增长带来了一些弊端，诸如饮食不合理，引发糖尿病、肥胖等健康问题；沉溺于购物、电视、赌博，往往养成不健康的生活习惯。最重要的是，经济发展带来了一些社会问题，如人们社区意识丧失，社会信任度下降，在变幻莫测的全球化经济时代，焦虑感在不断扩散。②

实际上，早在 1974 年，美国著名的经济学家理查德·伊斯特林（Richard Easterlin）就已经注意到萨克斯提出的问题。他在《经济增长可以在多大程度上提高人们的快乐》一文中首次提出了所谓的“伊斯特林悖论”（Easterlin Paradox，亦称“幸福悖论”），即“财富增加没有带来更大的幸福”。“幸福悖论”的提出有深刻的理论根源和经验依据。现代经济学建构在“财富增加将导致幸福增加”的核心命题上，对主观幸福感问题的关注重点是以收入为主的客观因素。在人们的日常生活中，财富的增加可以在最大限度上满足人们的消费愿望并且给人们提供更多选择的可能，于是“财富的满足”成为“幸福”的代名词。20 世纪 50 年代以来，能源危

---

① 《联合国：芬兰连续 4 年蝉联全球最幸福国家　中国排名上升》，中国经济网，2021 年 3 月 20 日，http://intl.ce.cn/sjjj/qy/202103/20/t20210320_36396695.shtml。

② 转引自《联合国公布幸福指数报告 丹麦民众全球最幸福》，中国新闻网，2012 年 4 月 5 日，https://www.chinanews.com.cn/cj/2012/04-05/3798069.shtml。

机、环境污染等问题日益严峻，和人们生活质量相关的幸福问题得到了经济学家越来越多的关注。以伊斯特林为代表的经济学家在对幸福指数的相关调查研究中发现，财富的增加并不一定导致幸福的增加，这被称为"幸福悖论"。对不同国家和地区的比较研究和长期的动态研究表明，人均收入的高低同平均幸福水平之间没有明显的正相关关系。在收入达到某种程度前，幸福会随着财富增加而增长，但超过节点后，这种关系便不存在。获得幸福的路径，除了提高物质财富、教育水平等客观路径，还包含满足个人的情感需要、能力需要及自我实现需要等主观路径。"幸福悖论"现象引发学界对幸福及其相关问题的讨论，不仅涉及经济学领域，更涵盖了哲学和伦理学等广泛领域。

用幸福指数来测量和评价国民的幸福感，比以前单纯用国内生产总值、国民生产总值测量国富、民富更有助于了解国民的幸福状况，可以使国家的决策不仅适当考虑国民实际的生活质量和水平，更重视社会发展中的非经济因素，如环境因素、民生因素、廉政因素等。这既是对国内生产总值和国民生产总值的重要补充，也反映了当代人对生活质量的更高要求。但是，就幸福指数本身而言，无论是国民幸福指数还是全球幸福指数都还存在诸多局限。

首先，它们最大的局限在于，它们还不能对幸福需要的客观因素做出比较准确的测量。前文谈到，幸福的客观因素主要是人们的生存需要得到充分满足，发展需要得到一定程度的满足。幸福指数作为衡量幸福客观因素的指数，应当从这两个层次来设计幸福指数体系并对两个层次的幸福指数确定适当的权重。目前的幸福指数没有对幸福客观因素的这两个层次做出必要的区别，因而也就无法对国民幸福的客观状况做出准确的测量。

其次，幸福指数将幸福的主观因素与幸福感混为一谈，以为幸福感就是幸福的主观因素，实际上两者之间的区别很大。幸福的主观因素是人的人格状况，因为人格是人幸福的主观条件，人格越完善幸福的可能性就越大。而人的幸福感是人的主观感受，主观性很大，一个根本不具备客观幸福因素和主观幸福因素的人也可能感到幸福。

最后，幸福指数没有对幸福主客观因素与幸福主观感受做出区别，整个指数缺乏客观性。幸福指数在测量幸福的客观因素和主观因素的基础上，也可以将人们的幸福感受（幸福感）作为参考。但这种调查数据并不能作为测量人们是否幸福的依据，只能作为评价人们幸福状况的一种参考。将幸福客观因素与幸福主观感受加以区别是非常必要的，因为只有这样才能了解人们在客观上是不是幸福的。这样做的意义主要在于可以看出人们实际的幸福状况与他们自己的幸福感受之间存在多大的差异，然后在此基础上分析差异的原因，并提出相应的对策。

（三）好生活的相对性和脆弱性

好生活具有一般的规定性，这可以说是好生活的绝对性，但好生活也具有相对性。好生活是绝对性和相对性的统一，不考虑好生活的相对性就无法对古往今来不同人的好生活做出合理解释。不过，好生活与好生活观有密切关系，不同时代、不同国度、不同人群的好生活毫无疑问是不同时代、不同国度、不同人群所认同的好生活。这种好生活所反映的实际上是好生活观，其标准存在很大的差异。好生活的相对性体现在诸多方面。

首先，不同时代有不同的好生活。这里所说的时代主要是指人类进入文明社会后的时代，而不包括原始社会。在不同时代，人类的好生活是不同的。在人类约300万年的历史上，原始社会延续的时间占90%以上。原始社会经历了从原始人群到母系氏族再到父系氏族（部落）的演变。进入母系氏族社会后，人类应该已经有过更好生活的初步愿望，并有意识地开始追求好生活。从此，人类逐渐开始使用石器和弓箭、制作兽皮衣服、建造住房、实行族外婚等，这些都是他们谋求好生活的体现。在原始社会，氏族或部落就是人类生活的基本共同体。如果不考虑其成员的身体因素，在同一氏族内，成员的生活一般而言要么都是好的，要么都是坏的，不存在其中一些成员的生活是好的，另一些成员的生活是坏的问题。而且，原始人的生活是极为艰难的，始终处于吃不饱、穿不暖的状态，根本谈不上好生活。即使说那个时代有那个时代的好生活，那种好生活也是极为低级的。因此，我们讨论不同时代的好生活主要指的是文明时代的好生活。

文明时代大致上可以划分为传统社会和现代社会两个大的历史时期，这两个时期又可以细分为更小的时代，所有这些不同时代的好生活存在很大差异。传统社会的情况极其复杂，社会成员被划分为三六九等，不同阶级、阶层追求的好生活很不相同。以我国西周时期为例，那时的统治阶级分为王家贵族、诸侯、卿大夫、士、大商人，被统治阶级分为庶民、低级庶民、奴隶。① 比如，对于奴隶来说，好生活就是获得自由，而庶民的好生活就是成为贵族。到了现代，市场经济的兴起逐渐打破了传统社会的尊卑等级结构，整个社会变得世俗化、平民化，所有社会成员都是平等的。在以市场经济为基础的"市场社会"，在某些人心中，用以衡量生活好坏的尺度由传统社会的多元走向了一元，这就是金钱。好生活就是拥有金钱的生活，即富裕的生活，拥有的金钱越多，拥有者的生活就越好。拥有金钱意味着欲望可以得到更好的满足，因而好生活实质上是欲望得到更好满足的生活。这样的社会常被描述为"富人的天堂，穷人的地狱"。在西方实行福利政策之后，穷人的生活虽然不再是地狱，但也不是天堂，谈不上好，只能勉强度日。

其次，不同基本共同体有不同的好生活。在现代社会，基本共同体主要是国家，一些民族、宗教虽然不是基本共同体，但对好生活的理解也有共同性。就国家而言，社会制度不同、历史文化传统不同，对好生活的理解也不同。在今天，有资本主义制度、社会主义制度、君主制三种比较典型的社会制度，其中君主制有一半是君主立宪制，君主立宪制实际上也是资本主义制度。实行这三种制度的国家对好生活的理解差别很大。实行资本主义制度的国家一般都把富有的生活视为好生活，而社会主义国家通常把马克思所倡导的"每个人的全面而自由的发展"视为好生活的主要标志。

由于历史文化的影响，实行相同制度的国家对好生活的理解也存在相当大的差异。伊朗实行的是共和制，但它与西方实行共和制的国家对好生活的看法相去甚远。在比较典型的实行资本主义制度且有大致相同历史文化的国家之间，比如西欧国家与美国之间、西欧国家之间以及欧美国家与澳大利亚之间，对好生活的理解也存在诸多差异。

不同的民族、宗教对好生活的理解也存在相当大的差异。就民族而言，我国 56 个民族对好生活的理解不尽相同，尤其是藏族、回族、维吾尔

---

① 参见范文澜《中国通史》第 1 册，人民出版社，2009，第 108 ~ 114 页。

族、蒙古族、汉族这些人口比较多的民族有不同的好生活标准。世界上还有一些民族虽然分散在不同的国家，但他们的好生活观并不因久居异国他乡而改变，比较典型的有犹太民族、汉族等。宗教更是如此，几大宗教虽然分布在世界各地，同一种宗教在对好生活的理解上却有相当大的一致性。比如，世界各国的虔诚基督徒都相信能进入与上帝同在的天堂才是真正的好生活，佛教徒、道教徒相信进入了涅槃境界、神仙境界才算真正过上好生活。

再次，不同性别的人有不同的好生活标准。自人类有了好生活概念开始，男性和女性对好生活的理解就存在差异，而且自古至今世界各地都如此。在文明社会，男性一般追求权力、金钱、名誉、地位等社会资源的占有，重视事业、社交、才干，更理性，也更富有进取、开拓精神。他们通常把占有更多资源、事业成功看作好生活。女性则不同，她们一般不追求社会资源的占有，也不那么重视事业，而是追求情感满足，重视家庭生活和相夫教子，乐于为家庭幸福献身，也注重洁身自好和自身美丽。正如卡罗尔·吉利根指出的："妇女在男人生命周期的位置一直是养育者、关怀者和帮助者，是这些她轮流依靠的关系网的编织者。"①

最后，不同年龄的人有不同的好生活。好生活的终极主体是个人，个人的一生是一个生长、成熟、衰老的过程，对于不同年龄段的人来说，好生活存在相当大的差异。从好生活有明显差异的角度看，人的一生大致上可以划分为学前、成家立业前、成家立业后、退休四个阶段，其中成家立业前后的差别最为明显。

学前的几年，孩子的好生活完全取决于家庭，有好家庭才会有孩子的好生活，坏家庭绝不会有孩子的好生活。好家庭有几个基本标志：一是父母齐全、品德端正，婚姻稳定和睦；二是经济状况良好，至少衣食无忧；三是父母关爱和教育子女。在这样的家庭中，孩子的生活就是好生活。当然，还有一个前提，即孩子本身健康。

成家立业前，个人的好生活还依赖于好家庭，但也与受教育的条件有

---

① 〔美〕卡罗尔·吉利根：《不同的声音：心理学理论与妇女发展》，肖巍译，中央编译出版社，1999，第14页。

关，更为重要的是个人作为的重要性显现出来。受教育的条件并不在于名牌学校，也不完全在于受教育的程度，而与个人的天赋、家庭条件相一致。就是说，一个人接受的教育要与他自己的人性相适宜。教育不足和教育过度都不会使人生活得好，反而会对其未来的人生产生消极影响。教育条件不是个人和家庭完全能够决定的，但无论教育条件好坏，个人都可以利用一切机会刻苦学习，以充分开发自己的潜能，造就尽可能完善的人格。

成家立业后，个人有了自己的家庭和工作。这时个人的好生活既要求家庭好，也要求工作好。家庭好与前面所说的家庭好含义大致相同，工作好是指有稳定的、合适的工作，能够在工作中充分发挥自己的聪明才智，人际关系和谐，有工作成就感。这个时期个人生活的好坏主要取决于自己的作为，个人的生活策划、个人的努力程度决定着自己的生活好坏。

退休后，好生活意味着衣食住行和医疗有基本保障，有孝顺的子女，有个人的兴趣爱好，生活从容、充实，而前提是身体无重大疾病。在这个阶段，在身体健康的情况下，个人的好生活仍然主要取决于自己，注重养生保健、保持良好心态是好生活的重要前提。

显然，人生四个时期好生活的内涵很不相同，但有一点是相同的，即家庭好。父母的家庭和个人自己的家庭都必须好，否则很难有真正好的生活。今天，不少人不敬畏婚姻，不善待家庭，不尊敬父母，不教育子女，他们必定不会有好生活。

虽然好生活具有相对性，但任何一种好生活之所以能够被称为好生活，是因为任何一种好生活都具有一种使它能够被称为"好"的共同性质。这种共同性质就在于人的生存发展享受需要不断地获得好的满足。由于这里所说的人总是生活在不同时代、不同基本共同体的人，总是不同性别、处于不同年龄段的人，他们的生存发展享受需要不尽相同，因而他们的好生活的具体内涵也就不尽相同。正是这种不同使好生活从总体上看呈现出相对性。我们任何时候都不能因为好生活具有差异性、相对性而忽视其相同性、绝对性，否则就有可能把那些并非真正好的生活视为好生活。倘若如此，就会给人们以误导，也会为那些把实际上不好的生活视为好生活的人或社会提供依据。

好生活不仅是相对的，而且是脆弱的。玛莎·纳斯鲍姆（M. C. Nuss-baum，1947～）在其《善的脆弱性》一书中，通过对古希腊悲剧和柏拉图、亚里士多德伦理思想的深入细致考察，揭示了人性的复杂性和多样性，并据此反思当代道德哲学以及道德实践和政治实践，特别是通过深刻阐发包含在希腊古典文献中的运气对人类好生活具有广泛影响的思想，揭示了人类好生活（幸福）的脆弱性。在她看来，"幸福和生活"虽然包含了德性活动，但并非仅仅如此，还包括那些受运气影响的东西。古希腊伦理思想有一个一贯的主题，即人类的好生活依赖于人类所不能控制的某些东西。人类会通过理性寻求好生活的自足性及其限制，这些限制包括：好生活的脆弱因素、价值的偶然冲突，以及人的个性中不受管理的因素。纳斯鲍姆想要阐述的是，好生活是自足的，具有至善性、完善性、圆满性，正因如此，它十分脆弱，不精心呵护就会遭到破坏。在她看来，古希腊人已经清醒地意识到这一点，然而遗憾的是它被当代人所忽视。

实际上，中国古代先哲对此不仅有清醒的意识，还深刻阐述了福祸之间的辩证关系。根据中国传统幸福观，福与祸相对立，而且可能相互转化。因此，求福必须避祸，促进祸向福转化，防范福向祸逆转。《尚书·洪范》在提出"五福"的同时，还提出了"六极"：一曰凶、短、折（"遇凶而横夭性命也"），二曰疾（"常抱疾病"），三曰忧（"多忧"），四曰贫（"困乏于财"），五曰恶（"貌状丑陋"），六曰弱（"志力尫劣也"）。唐代著名经学家孔颖达称"六极谓穷极恶事有六"[1]，后人相对于"福"称"极"为"祸"。与"五福"的整体性不同，"六极"是整体的生活的某一个方面发生了问题，其中任何一个方面都足以损害或破坏作为整体的生活的幸福。传统文化中还有"福无双至，祸不单行"的说法。这种说法是告诫人们，福是一点一点地积累起来的，不可能出现"双至"的情形，而祸患常常有"扎堆"的效应。例如，一个人身患重病，他就身体虚弱，家庭就有可能因病致贫，他本人还有可能夭折短寿。不过，祸也不完全是消极的，人有可能因为陷入祸患而奋发努力克服祸患从而获得幸福。

老子清楚地意识到这一点。"祸兮福之所倚，福兮祸之所伏"就是对

---

[1]　（清）阮元校刻《十三经注疏·尚书正义》，中华书局，1980，第193页。

福祸可能相互转化的经典表达。《韩非子·解老》对老子的这一思想做了精到的阐释。韩非子认为，人遇到灾祸时心里畏惧惶恐，心里畏惧惶恐行为就会端正，行为端正就会深思熟虑，深思熟虑就能明白事理。行为端正就没有祸害，可以得享天年而全寿，而明白事理则必定会成功，必定富贵。这就是幸福。"必成功，则富与贵，全寿富贵之谓福。"所以说"福本于有祸"。而人有了福，富贵就会到来，富贵到来就有好衣好食，随之就会产生骄奢之心，进而会导致邪恶行为，举动就会违背事理。行为邪恶会招致死亡，而举动违背事理则不会成功。内有死亡的危难，外又没有成功的名声，这就是大祸。所以说"祸本生于有福"。

中国传统幸福观认为，人的福祸由善恶所致。孔颖达在对"五福""六极"所做的疏中指出："五福六极，天实得为之而历言此者，以人生于世有此福极。为善致福，为恶致极。劝人君使行善也。"① 他这是告诫人们，只有积德行善的人才会有福，而作恶犯奸之人必遭祸患。在"五福"观正式提出之前，《尚书·汤诰》中就有"天道福善祸淫"的说法，意思是天道会赐福给善良的人而惩罚邪恶的人。春秋时期晋国政治家范文子对此有过经典的表达。他说："天道无亲，唯德是授。""夫德，福之基也，无德而福隆，犹无基而厚墉也，其坏也无日矣。"（《国语·晋语六》）天意并不特别亲近哪一个人，只授福给有德的人。德是福的基础，没有德而享的福太多，就好像地基没有打牢却在上面筑起高墙，不知道哪一天就倒塌了。

在复杂多变的现代社会生活中，出现各种祸患的可能性极大。如何有效防范各种祸患对幸福的破坏，在出现某种祸患的情况下如何努力使之朝着有利于增进幸福的方向转化，是值得我们注意的问题。而传统幸福观正是在这些问题的基础上提出了应特别防范那些"穷极恶事"，也给出了对待福祸的方法论指导，充满了道德智慧，值得今天发扬光大。

（四）好生活终极目的的意义

苏格拉底哲学给后人的最重要的启示在于，如果宇宙万物都有终极追

---

① （清）阮元校刻《十三经注疏·尚书正义》，中华书局，1980，第193页。

求的话，那就是作为目的的善（好），除此之外，再没有别的终极追求。人类是有意识的，而人的生命过程就是生活，因而对于人类来说过上好生活就是人的终极追求。苏格拉底之所以伟大的最重要体现就是揭示了这样一条对于人类而言颠扑不破的永恒真理。

好生活归根到底是人性谋求生活得更好的要求得到了实现，这种实现就是人性的实现，也就是人的自我实现。个人谋求生活得更好，并且这种谋求持续地得到实现，他的人生就具有了价值。如果个人不去谋求，他就不能实现自我，人生就没有价值；如果个人不谋求生活得更好，而谋求别的，他的人生就会发生异化，当然也就没有什么意义，甚至是苦难的人生。社会谋求其成员生活得更好，并且这种谋求得到了实现，社会就履行了它的使命、实现了它的价值。如果社会不谋求其成员生活得更好，社会就会发生异化，对于大多数社会成员来说就是灾难。因此，好生活是人类（包括人类个体、人类社会、人类整体）的最终追求，对于人类具有终极性目的的意义。

把好生活作为人生的终极目的，个人才能过上好生活。任何一个人的人生都是一个生活的过程，而生活可以是漫无目的的，也可以是有目的的；可以有正确的目的，也可以有不正确的目的。生活的正确目的就是正确理解的好生活，或真正意义上的好生活。

无论是从历史上看还是从现实中看，许多人的生活都是没有目的的，他们随心所欲，率性而为。这里所说的目的不是某一个具体活动或行为的目的，而是指人生的终极目的。一个人的人生没有终极目的，他的生活就会是散乱的、飘忽不定的，当然也不会有质量、有层次、有成就。没有人生目的的人只是想活着或活下去，或者说凑合着过，不考虑活得好、过得好。在蒙昧无知的时代，人们通常因缺乏人生目的意识而没有确立人生目的。比如，在中国传统社会，一个普通农民可能没有什么明确的人生目的，他生活的一切就是养家糊口、传宗接代，这似乎也是他生活的目的，但实际上不过是所有农民的常规或惯例而已。在文明高度发达的今天，人们或多或少都知道人生终极目的的重要性，但仍然有不少人的人生缺乏明确的终极目的。导致这种情况的原因各有不同。有的人觉得给自己的人生确定一个终极目的，自己就会受这个目的的制约，得为实现目的而奋斗，这样活着就很累，因而随心所欲。有的人也曾确定过人生终极目的，但后来发现这种目的很难实现，或者感到要实现它自己会很辛苦，或者在追求目的实现的过程中受到重大挫折或屡遭挫折，于是放弃了原来确定的人生目的，进入了随波逐流的行列。从现实情况看，没有什么终极目的的人大多是普通人，他们把生活简单理解为过日子或打发时光。

在现实生活中，也有不少人的生活是有终极目的的，但目的不正确。目的不正确的情形千差万别，最常见的情形是把生活的某一个方面当作了生活的全部，并将其作为终极目的加以追求。生活不过是欲望产生和满足欲望的过程，把生活的某一个方面当作生活的全部，实际上是把人的某一种欲望当作人的全部欲望或占压倒优势的欲望加以追求、加以满足。在市场经济条件下，许多人把赚更多的钱当作生活的全部，他们活着就是为了赚钱，赚得越多越好。至于赚的钱是否对生活有利以及对钱的拼命追求会不会导致消极后果，他们一般不加以考虑。也有人把做官掌权作为生活的全部，当他意识到做官的重要性时他就开始醉心于求官做官，做更大的官，从而丢弃了人生应有的终极目的。此外，还有人把名誉、地位、事业、家庭、个人的兴趣或爱好中的一项或几项当作生活的全部。从当代的情况看，生活目的不正确的人多是社会精英，他们有能力，进取心强，但由于生活目的不正确，因而活得很累，甚至走上歧途。如巴尔扎克《人间喜剧》中描写的大量新发迹的资产者、市场经济兴起后涌现的贪官、把自己的一切希望都寄托在孩子身上的家长，这些都是很典型的事例。

把好生活作为生活的终极目的可以避免上述两种情形的发生。好生活的前提是完整的生活。所谓完整的生活，就是作为一个整体的生活，它能满足人生存发展的总体需要，包括不同层次、不同方面的需要，对共同体的需要也包含其中。亚里士多德说："自足似乎就是终极的善。我们所说的自足并不就单一的自身而言，并不是孤独地生活，而是既有父母，也有妻子，并且和朋友们，同邦人生活在一起，因为，人在本性上是政治的。"① 他这是强调人具有社会性，只有生活在社群中才会有完整的生活。

---

① 〔古希腊〕亚里士多德：《尼各马科伦理学》，苗力田主编《亚里士多德全集》第 8 卷，中国人民大学出版社，1992，第 13 页。

一般来说，完整的生活包括两个层次，即满足生存层面的需要的生活和满足发展层面的需要的生活。但是后者是以前者为基础的，因此，在一个人没有比较充分地满足生存层面需要的情况下，他追求生存层面不同方面需要的满足，在生存层面上满足享受需要，就是一种完整的生活，尽管是低层次的完整的生活。当然，如果在此基础上追求发展需要的满足，在发展层面上满足享受需要，则更是一种完整的生活，是一种高层次的完整的生活。

把好生活作为生活的终极目的要求人们在生活中不能随心所欲、率性而为，而要努力满足生存层次的各方面的需要，在生存层次上满足享受需要，过上完整的生活，然后在此基础上尽可能地满足发展层次各方面的需要，在发展层次上满足享受需要。一般来说，生存层次不同方面的需要都要得到满足，这样生活才是完整的，但发展层次各方面的需要在一个人那里不可能都得到满足，而只能得到一定程度的满足。比如，一个人不可能完全达到人格完善，而只能达到一定程度的完善。当然，他要持续地过上好生活，就不能满足于人格的一定程度的完善，更要追求人格的不断完善。好生活就在这种不断追求的过程之中。因此，一个人的完整的生活实际上是完整地满足生存层次的生存需要和享受需要，再加上一定程度地满足发展层次的发展需要和享受需要。这就是幸福。用《礼记·祭统》中的话说就是："福者，备也；备者，百顺之名也。无所不顺者谓之备。"

好生活作为生活的终极目的不仅要求完整的生活，而且要求好的完整的生活。好的完整的生活所特别重视或强调的是，人的生存需要完整的满足，而不能是部分的满足，也不能是部分膨胀性的满足。一方面，如果生存需要只是部分得到满足，那就意味着生活是有缺陷的，因而就不是好的。例如，人的饮食需要得到了满足，而安全需要没有得到满足，或者这两种需要都得到满足而情感需要没有得到满足，那就不是好生活。另一方面，如果生存需要的某一方面达到了过分满足或过分追求某一方面需要的满足，就会挤压其他需要的满足，这样的生活就是畸形的，甚至是变态的。这样的生活更是不好的，因为其他需要的空间被挤占，也就没有得到满足的机会。例如，当一个人醉心于赚钱，他就必然忽视归属和爱的需要的满足，更不用说发展需要的满足。以好生活作为终极目的，可以克服人们因为片面满足某种生存需要所导致的严重问题。

把好生活作为社会运行和发展的终极目的，社会才不会发生异化。在人类约 300 万年的历史上，漫长的原始社会的运行和发展没有明确的目的。但不同氏族受谋求生存得更好的本性驱使，都在尽可能地追求好生活，这在客观上就把好生活作为追求的终极目的。当然，在原始、落后、野蛮的时代，好生活是极低层次的，如用火烤熟、煮热的食物比生冷的食物好。但是，原始社会体现了社会原本是为了其成员更好地生存组成的共同体的本性。然而，进入文明社会后的几千年，社会从有血缘关系的熟人社会走向了没有血缘关系的生人社会，统治者不再是家长，而是与被统治者对立的利益群体。在社会资源有限的情况下，统治者只可能考虑满足自身生存发展享受需要，一般不会考虑被统治者生存发展享受需要的满足，即使考虑也主要是为了更好地满足统治者自身的需要。这样，社会本性就发生了异化，从谋求其成员更好生活的共同体变成了对大多数社会成员进行剥削压迫的"暴力机器"。只有在社会不再把统治者而是把全体社会成员的生存发展享受需要得到更好的满足作为终极目的时，社会异化才能得到克服。把好生活作为社会的终极目的就是要追求全体社会成员生存发展享受需要都得到更好的满足，就是把全体社会成员都过上好生活作为神圣使命。

历史事实表明，即使社会不是统治者的"家天下"，而是人民当家作主的民主社会，也有可能不以其成员的好生活为终极追求。由于种种原因，历史上也有过一些资本主义国家把某种理想社会当作天堂来加以追求的事例，其要求成员吃苦禁欲、克勤克俭、苦修苦练，以便早日建成那种理想社会。这种理想社会的建成需要一个很长的历史过程，生活在这个过程中的若干代人得为了建成它而做出牺牲。除此之外，还有一些不把其成员的好生活作为终极目的的社会。比如，把生产力的发展作为社会发展进步的唯一标准，把政权的巩固作为社会的基本价值取向，等等。按照这种终极目的的定位，社会成员的人生目标不是生活得更好，而是生产力的发展或政权的巩固。这显然是把手段当作目的。如果把全体社会成员的好生活永远作为社会运行和发展的终极目的，以上所述的社会异化情况则不会发生。

把好生活作为人类生存发展的终极目的，不仅可以避免人类生存危机，而且可以为世界永久和平、人类普遍幸福奠定基础。当代人类面临严重的生存危机，导致这种危机的原因极其复杂，但可以肯定的是，这与世界上大多数国家尤其是某些大国强国不把其成员的好生活作为终极目的，而把国家财富或实力的增强作为终极目的有直接的关系。当世界各国都不把国民生存发展享受需要得到更好的满足作为终极追求，而醉心于引导国民赚更多钱并采取各种措施刺激他们消费的时候，必然导致两个问题：一是地球上有限的自然资源迅速消耗，尤其是植被面积缩小和动植物物种减少；二是大量的废弃物、残留物被扔向地球，环境污染日益严重，气候危机加剧。如果都把国民生存发展享受需要总体上得到更好的满足作为发展目标，各国就会把更多的精力用于提高其成员的生活质量，而不会通过消耗和破坏自然资源来满足其成员物质资源占有的欲望，更不会为了本国占有更多资源和保护既得资源而不断增强国防力量和制造威力越来越大的杀伤性武器。当各国都把其成员的好生活作为终极目的时，各国在终极目标和价值取向上就会趋向一致，国家之间的敌对也就容易消除，战争也才可能彻底告别人类。如此，世界的永久和平、人类的普遍幸福也就有了牢固的基础。

二　好生活的层次、维度和领域

大多数哲学家历来把好生活等同于幸福，而把幸福又理解为完满的善或至善，如此一来，好生活只有一个层次。然而，自古至今，好生活始终都存在层次的区别，不仅整个社会的人们的好生活存在不同层次，同一个人的好生活也通常是从低层次进至高层次的，不过，大多数人会停留在较低层次而无意追求较高层次。只有最高层次的好生活才是最好的生活，最好的生活有时被称为至善，更多的时候被称为幸福。研究好生活需要对好生活的不同层次做出区别。同时，好生活有不同的维度，不同层次的好生活其维度也不尽相同。好生活作为生活，通常被划分为不同领域，因此好生活是由不同领域的好生活构成的。好生活的领域与好生活的维度不同，它们贯穿整个生活，不会因为层次的不同而不同。

（一）好生活的层次

好生活是人生存发展享受需要不断得到好的满足的生活，因此生活好不好的关键在于需要能否得到满足。经过长期的进化，人的需要已经成为一个系统，包括不同的层次和维度。需要的不同层次决定着好生活的不同层次，需要有多少个层次好生活就相应有多少个层次。按照马斯洛的观点，人的需要包括生理需要、安全需要、归属和爱的需要、自尊和受人尊重的需要、自我实现的需要。其中前四个层次大致上相当于我们所说的生存需要，也是马斯洛所说的基本需要，最后一个层次相当于我们所说的发展需要。享受需要不是一个独立的层次，而是依赖于生存需要和发展需要两个层次的，可以说是从这两个需要层次派生出的一种需要。它以享受意识作为前提，通常是在生存需要和发展需要满足之前产生，而且人们有可能是出于享受需要才去谋求生存需要和发展需要的满足。我们可以大致上依据马斯洛的需要层次论讨论好生活的层次。好生活不仅要求生存发展需要得到满足，还要求享受需要的满足。从个人的角度看，只有当他的享受需要得到满足时他才会感受到自己的生活是好的。不过，从社会的角度看，一个人的生活好不好主要看他的生存需要和发展需要是不是得到了满足。社会成员生存需要和发展需要满足的状况才是衡量一个社会的成员生活好不好以及社会本身好不好的客观依据。

参照马斯洛的需要层次论，好生活可以划分为生存需要满足层次上的好生活和发展需要满足层次上的好生活。前者是低层次的好生活，可称为生存层次的好生活；后者是高层次的好生活，可称为发展层次的好生活。这两个层次的好生活各自又可以划分为更小的层次。

生存层次的好生活可依据马斯洛的需要层次论把生理需要、安全需要的满足划分为一个层次，这个层次可称为好生活的底线层次；把归属和爱的需要、自尊和受人尊重的需要的满足划分为一个层次，这个层次可称为好生活的基础层次，这个层次包含前一个层次，因而它们也就是好生活的生存层次。

发展需要即自我实现的需要，从逻辑上看，包括人性充分现实化为人格的需要（形成完善人格的需要）和完善人格得到充分发挥的需要两个层次，发展层次的好生活似乎可以划分为完善人格形成需要得到满足的层次和完善人格发挥需要得到满足的层次。但是，完善人格形成需要得到满足，即形成完善人格，只是好生活的主观方面，只有当其得到充分发挥才能成为现实的好生活，而且完善人格的形成及其发挥也不是截然分开的。因此，可以把两个方面综合起来考虑人格完善需要得到满足的好生活，从人格完善的程度将其划分为人格健全（高级层次）、人格高尚（最高层次）两个层次。

这样，好生活总体上可以划分为底线层次、基础层次、高级层次、最高层次四个基本层次，前两个层次属于生存层次的好生活，是低层次的好生活，后两个层次属于发展层次的好生活，是高层次的即真正意义上的好生活。如果用儒家的术语加以表达，达到发展层次好生活的人是君子乃至圣人，其中达到高级层次的是君子，达到最高层次的是圣人。对于达到基础层次好生活的人，儒家没有专门的术语，我们可以称其为常人。其中具备底线道德素质（主要是良心）的人可称为好人，而不具备底线道德素质的人大致上相当于儒家所说的小人（其中实际上包含恶人）。达不到底线层次好生活水平的生活就是坏生活。生活在这个层次的人是苦人，苦人通常也有道德上的善恶之分，可分别称为苦善人、苦恶人，苦恶人可划入我们所说的恶人范围。

我们首先来讨论一下好生活的底线层次或起码层次。这个层次的好生活是指人的生理需要和安全需要都能得到充分满足。就生理需要而言，维持和延续正常生命活动所需要的食品、衣物、住房、用品、淡水、空气、睡眠、性等能得到充分的满足；就安全需要而言，有稳定、有序的生活环境，其权益得到法律的保障，有稳定的工作或可靠的社会保障（包括失业、伤残、大病、退休等方面的基本保障），没有恐惧和焦虑。这个层次的好生活，大致上相当于我国 2019 年在易地扶贫搬迁中提出的"两不愁三保障"主要目标，即不愁吃、不愁穿和义务教育、基本医疗、住房安全有保障。这样一种好生活是起码层次的好生活，在我国全面建成小康社会、实现脱贫攻坚目标任务的今天，全国人民都达到了这个好生活层次。然而，在今天的世界上还有 8 亿左右的贫困人口，他们尚未达到这个好生活层次。

好生活的底线层次主要是好生活的物质层面，而好生活的基础层次则是在此基础上基本的情感需要得到满足。前者主要是基本生存需要能得到满足，后者则除了基本生存需要得到满足之外，基本情感需要也能得到满足。好生活的基础层次的前提是生理需要和安全需要得到充分满足，同时对家庭、社会（国家）以及工作单位、一些社会组织（如政党、社团等）有归属感，能得到家人、朋友、单位、组织、社会的关心和爱护，也能表达自己对他们的关爱，同时尊重他人也得到他人的尊重，有自信心和尊严感。

人类文明的进步，尤其是近代以来现代文明的进步，主要体现在生理需要满足的层面，人的生理层次的需要被过度开发和刺激，并不断得到花样翻新的满足，导致人的情感层次需要逐渐隐退或被压抑。人类的情感需要是与人类一起诞生的，与生理需要的历史一样悠久，其能量十分强大。但在短短的几百年内，人类极快地对这种古老的潜能弃之不顾，使其心理能量得不到正常释放，于是它们就常常不得不以曲折的形式释放出来，这就导致了许多心理疾病的流行。我国目前不少人心理不同程度地存在问题，如患抑郁症、失意、有失败感或挫败感等，原因就在于基本的情感需要没有得到必要的满足。这些人虽然已经具备了达到这个好生活层次的前提，即基本生存需要得到了满足，但在归属感方面、得到关爱和尊重方面、关爱和尊重他者方面还存在这样那样的问题。导致这种情况发生的原因很复杂。社会或职场不公平、工作和生活压力大、个人对自己的要求太高、个人心理调适能力弱、个人品质或人格存在缺陷等，都会使人的基本情感得不到满足。只有解决好这些问题，社会成员才能普遍达到生存层次的好生活，而要解决这个问题，关键在于个人必须具备底线道德素质，也就是要具有起码的德性和德情，尤其是良心。

一般来说，一个人基本生存需要能够得到满足，具备底线道德素质，而且有好家庭、好职场、好社会，他就可以实现生存层次的好生活。而一个人要达到发展层次或自我实现层次的好生活，他就得追求人格完善，而且要通过人格修养实现人格完善。一个人达到了人格完善就能够过上发展层次的好生活，人格完善是发展层次好生活的内涵。完善人格或自我实现的需要一般是以生存层次的需要得到充分满足为前提的，也就是以过上生存层次的好生活为前提。当然，这是就一般情况而言的，现实中也存在不少生存需要尚未得到充分满足就产生了完善人格的需要并开始追求人格完善的情况。有些人是通过追求完善人格的需要的满足从而使自己获得更充分的满足生存需要的资源，更有效地满足自己的情感需要的。

人格完善的前提是人格道德，人格只有是道德的，人才能过上人格完善意义上的好生活。一个人的人格是道德的，他的人格才可能是完善的、高尚的，相反一个人的人格是不道德的，他的人格不仅不可能完善和高尚，还有可能是畸形的、扭曲的、病态的。人格道德实质上就是道德素质高，它以具备底线道德素质为基础。所谓底线道德素质，就是具备善良、诚实、正直、负责、感恩等最基本德性和具备良心这种最基本德情。人格道德则不仅指人格在性质上是道德的、善的，而且指具有正确的价值取向，能服务于个人更好地生存，能妥善处理个人与他人、群体和环境的关系，实现与他者的利益共进。人格道德不仅要求作为人格构成要素的品质是善的，即德性的，而且要求人格的德性品质本身是完善的，不仅包括基本德性，而且包括派生德性，是一个完整的道德人格。人格道德还体现为情感是善的或德情的，不仅包括具有良心这种最基本的道德情感，而且包括具有道德感及其他高层次的道德情感（如关爱、仁爱、博爱等）。人格道德也体现为人的理智德化为道德智慧，并能运用智慧这种调控机制在不同情境做出正确的行为选择，以确保行为在任何情况下都是正当的。具备底线道德素质的人是好人，而道德综合素质高的人则是君子乃至圣人。苏格拉底、柏拉图把德性等同于幸福，足见人格道德对于人的好生活的重要意义。

人格健全的好生活是发展层次好生活的第一个层次，即高级层次，达到这一层次的人大致相当于孔子所说的君子。人格健全主要指人格的各种构成要素及其结构是健康、完整、协调一致和前后一贯的，人格的各个要素没有缺损和障碍，不存在变形、扭曲、冲突、异化的情况。具有健全人格的人是全面完整的人，具有自我同一性，是一种统一稳定的自我。显然，这样的人的生活不是一般意义上的好，而是最好的，是圆满的、完美的、幸福的生活。一个人人格构成因素中的任何一个因素缺乏或者不正常、不健康，他就不是人格健全的，他的生活就不是好的，甚至是坏的。比如，一个知识贫乏的人就不能说他人格完善，一个心理变态的人也不能说他人格完善，一个有自私、贪婪、冷酷、懒惰等恶性或恶情的人更不能说他人格完善。这样的人当然不会过上发展层次的好生活，甚至也不能过上生存层次的好生活。

人格健全不是与生俱来的，也不是自然形成的，而是通过修养获得的或开发出来的。每一个正常人都具备人格健全的潜能，但这种潜能只有通过个人的涵养锻炼才会形成。用马斯洛的话说，这个过程就是人产生自我实现需要并给予满足的过程。人格因素任何时候都有可能由于外在因素和自身因素而发生问题，因而高级层次的好生活也是非常脆弱的。这就要求我们在健全人格形成后要始终给予呵护，促进其进一步完善，而不能让它衰退或受损。这样一个呵护和进一步完善的过程，实际上就是人进行自我修养的过程，因此人生的修养是永无止境的。

人格高尚的好生活是发展层次好生活的第二个层次，也是好生活的最高层次。人格高尚，不仅包括人格整体上达到了最高的层次，人格健全且其中的每一个要素都达到了最大的程度并且高度协调一致，而且包括具有很强的自我调适能力、自我塑造能力和自我完善能力。因此，人格高尚的重要体现是具有智慧，人格高尚的人就是智慧之人。

在人类历史上，人们历来都重视人格中的品质，把品质的高尚等同于人格的高尚。这是传统社会过分推崇道德导致的一个偏见，当然也表明道德高尚是人们最期盼的，也是最难达到的，因为传统道德往往意味着自我牺牲。实际上，人格高尚是指整个人格高尚，而不是指某一个人格因素高尚。只是德性在人格中具有特殊地位，所以人们通常将德性视作道德人格。由此看来，可以说德性高尚就是道德人格高尚。

人格健全是人格完善的一个横向维度，人格高尚则是人格完善的一个纵向维度，而且是以人格健全为基础和前提的，因此人格高尚蕴含着人格健全。一个人要达到人格健全已属不易，而要达到人格高尚则更难。想要达到这种境界，过上这种好生活，不仅要经历更为艰苦的涵养锻炼，同时还要有充分的经验积累、丰富的人生经历。

（二）好生活的维度

我们将好生活区分为四个层次，四个层次都有自己的不同维度。第一

个层次和第二个层次的维度不同，主要体现在第二个层次在第一个层次之
外增加了基本情感满足这方面的内容。第三个层次和第四个层次的维度是
相同的，但几个维度的要素在达到的程度上有所区别，且不同要素之间关
系的协调也在程度上有区别。第三、四两个层次的维度不同于第一、二两
个层次的维度，但与第二个层次的维度有密切关系。

第一层次的好生活有两个维度：一是生理需要满足所需要的资源；二
是安全需要满足所需要的条件。

生理需要满足的维度可以细分为吃、穿、住、行、用、玩、医、性8
个主要方面。在现代社会，性以外的其他需要（基本生存需要）的满足是
与人终生相伴的，人生任何时候都会产生这些需要，这些需要都要得到满
足。这些需要的满足有几个特点，这些特点是值得高度注意的。

第一，满足基本生存需要的资源基本上不是个人自己能提供的，而是
社会提供的。在现代社会，社会分工极其复杂，满足基本生存需要的资源
几乎都是通过诸多社会分工环节最终为个人所消费。比如，满足吃的需要
的食品，最初的产品主要是农民生产的，但需要经过诸多加工、流通环节
才能最终成为个人消费的食品。还有炊具、配料等需要工厂提供。总之，
仅靠个人甚至家庭已无法完全满足个人吃的需要。

第二，满足基本生存需要的资源大多是以货币为流通手段通过交换获
得的，货币对于拥有它们具有决定性的意义。货币是文明社会人们获取资
源的主要手段，而在市场经济社会，货币则几乎成为唯一的手段。一个人
或家庭不拥有货币，就不能获得满足基本生存需要的资源。

第三，由于货币是一种特殊的资源，人们可能会对货币产生崇拜，形
成无限占有货币的贪婪。在文明社会，货币通常可以购买一切满足基本生
存需要的资源。货币因为具有这种神奇的力量，所以人们会对货币产生崇
拜心理。在中国传统社会就有所谓"有钱能使鬼推磨"的说法，当今更有
一些人为了占有尽可能多的货币甚至甘冒生命的危险。

第四，满足基本生存需要并不需要很多的资源，但满足由这些需要生
发出来的奢侈欲望所需要的资源却没有限度。实际上，一个人并不需要很
多资源就可满足自己的基本生存需要，但基本生存需要可以恶性膨胀为奢
侈欲望，而这些欲望是没有限度的。在今天，人们出行买一辆20万元左右

的小汽车就极为方便，但一些人却要去买几百万元一辆的小汽车出行。今天许多人都把满足奢侈的欲望、过上豪华的生活理解为好生活，这是对好生活的严重误解。奢侈欲望的产生及其满足是当代许多问题出现的直接原因，比如官员的腐败、环境污染等。

性需要的满足具有不同于以上基本生存需要满足的特殊性，其情形也十分复杂。性需要原本是人类为繁衍后代而在进化过程中产生的生理需要，但后来越来越不局限于繁衍后代，而成为人的一种强度极大的享受需要或享受欲望。性欲（亦称"性爱""情欲"）并不像弗洛伊德所说的那样与人终生相伴。在青春期到来之前，人没有性欲，人老了性欲会慢慢弱化。不过，性欲的满足由于会给人留下深刻的印象而可能使老人（尤其是男性老人）长期拥有性欲，尽管实际上没有了繁衍后代的需要。从人类历史看，满足性欲的主要形式是婚姻。人类的婚姻经历过复杂的演化，从婚姻对象看，乱婚制、偶婚制和一夫一妻制是其主要形态。今天普遍流行的一夫一妻制对性欲满足的限制较大，因而社会上也出现了许多婚姻以外的满足性欲的方式。"婚姻是性满足的最方便、最经济方式，但并不意味着只有婚姻才能获得最好的性满足。"①

基本生存需要在转化为基本生存欲望时，也有可能转化为生存层面的享受需要。当生存需要得到起码的满足且产生享受意识时，享受需要就会产生，生存欲望就会转化为享受欲望，而当奢侈欲望出现后，这种享受欲望就得到了进一步强化。在某种意义上可以说，奢侈欲望是以享受欲望为前提的，奢侈欲望意味着享受欲望。比如，吃饭本来是为了满足基本生存需要，但当人们讲究吃美味佳肴时，那就意味着其动机已经不是生存的需要，而是享受的欲望。从这种意义上看，享受需要实际上是与享受欲望同一的，就是说，享受需要其实总是以享受欲望的形式出现。这是生存层次的享受需要与基本生存需要的不同之处。

相对于生理需要满足主要靠资源而言，安全需要的满足主要靠条件。当然，这种条件实际上也是资源，不过主要是社会的资源。这两个层次需要的满足之间的基本区别在于，前者是消费性的，后者是保障性的，主要

---

① 江畅：《幸福与和谐》（第 2 版），科学出版社，2016，第 383 页。

保障人的安全不受到威胁，在受到威胁的情况下能及时得到救护。两个层次需要的满足还有另一个重要区别：安全需要在很多情况下是隐而不显的，只是在生存安全受到威胁或生存受到伤害时，这种需要才会显现，而且满足这种需要特别迫切。正因如此，许多人常常忽视了自己的安全需要，没有做到防患于未然，其结果是给自己的安全造成重大损害。比如，在新冠病毒肆虐时，人们才渴望自己不要感染新冠肺炎。

安全需要满足的维度情形比较复杂，可以从不同角度进行划分。从个人的角度可以把安全需要大致上划分为三种类型：一是相对于身体伤害而言的人身安全，二是相对于财产被损害而言的财产安全，三是相对于生老病死而言的保障安全。对人身安全造成威胁的主要有战争、内乱、自然灾害、犯罪、意外事故（包括劳动中的意外事故和日常生活中的其他意外事故等）、恶性疾病等。对于这些威胁，从社会的角度看，既需要国防力量强大、社会稳定、犯罪率低、有完备的社会救助机制等，也需要在出现这些威胁时社会能够做出积极、快速、有效的救助反应；从个人的角度看，主要是个人要增强危机意识，任何时候都要注重自己的安全，遵纪守法。对财产安全造成威胁的主要是犯罪，包括盗窃、抢劫、诈骗，以及网络上的各种欺诈活动等，也包括灾害对财产造成的损害，如极端天气、火灾、水灾、泥石流灾害等。对于这类灾害，既需要社会有维持良好秩序、有力整治乱象和对灾难做出快速反应的能力，也需要个人有效地保护好自己的财产。保障安全需要主要有就业和失业保障、大病救治等方面。这些问题的解决主要依赖社会保障体系的建立，一方面要提供更广泛的就业机会，并且不断提高就业质量，使每一个社会成员都能够找到适合自己专业和才能的职业；另一方面要建立健全失业、大病救治的社会保障体系，减少以至消除人们对失业和大病的忧虑。

第二个层次的好生活，即基本情感需要得到满足，主要有三个维度：一是对所属的共同体有归属感；二是自己得到他人的爱；三是得到他人的尊重。这三种维度都是有对象的，第一个维度的对象是各种共同体，第二个和第三个维度的对象是他人。在社会正常的情况下，这三个维度的需要满足主要取决于自己。

就归属感而言，归属的对象主要是家庭和社会（国家）。一个人的家庭归属感要得到满足，就需要他认同家庭，真正把家作为自己的家，把自己当作家庭主人，并积极为家庭做贡献。如果一个人不这样，而是把自己当成家庭的宝贝或客人，只想"啃老"或抱怨父母，而不为家庭和睦出力，那他就不会认同家庭，当然也不会有归属感。对于社会来说亦如此。一个人不把自己当作社会的主人，而是当作社会的客人或服务对象，只想得到社会的福利、保障和照顾，稍不称心就抱怨，更不考虑自己为社会所做的贡献，那么，这样的人自己对社会不认同，也难以得到社会的认同，他当然也不会对社会有归属感。所以，个人对共同体的归属感取决于他对共同体的认同感，而认同感又取决于个人是不是把自己当作共同体的主人，是不是认为共同体对自己不好自己也有责任。当然，共同体有时确实也有问题，而自己又无可奈何，如一个小孩遇到了一个对他冷酷无情的后妈，或是人们生活在极度不公的社会里。在这种情况下，个人对家庭和社会的认同感和归属感都不可能形成。针对这种自己无可奈何的情况，个人就需要进行适当的情感调适，通过其他途径的满足替代归属感需要的满足。比如，一个人去当志愿者，为共同体或环境保护做些有益的事情，就可以补偿归属感的缺乏。

就爱而言，既有自爱的需要，也有爱人的需要。自爱的需要只能由自己来满足，别人不可能来代替。如果一个人不自爱，谁也满足不了这种情感的需要，当然别人可以给他一些规劝，劝他要注意自爱。这里所要讨论的是被他人爱的问题。爱一般来说是对等的或有条件的，除了父母、祖父母的爱通常是不对等的、无条件的之外，其他人的爱都需要自己给予爱或自己值得爱才能获得。如果一个人感觉自己得不到他人的爱，那就得考虑两个问题。一是他是不是给他人以爱。如果自己没有给他人爱，就不要想得到他人的爱，而且这种对等性不会当下完成。从某种意义可以说，对他人的爱实际上是一种爱的投资，它会得到回报，但不一定是即时的，也不会是完全相同的。二是他值不值得别人爱。很多人得不到别人的爱，原因是自己不值得别人爱。自己不值得被爱，除了父母之外还会有谁爱你呢？这种情况在谈恋爱时常常会出现。如一个小伙子想方设法把自己的爱给一位姑娘，但姑娘不为所动。如果不考虑这位姑娘是否心有所属，小伙子就要考虑自己值不值得被她爱。在这两种情形下，得到他人爱的需要的满足可以说完全取决于自己，而不在他人。

就尊重而言，情形与爱有些相似。自尊不自尊完全是一个人自己的事，自尊需要的满足完全依赖于自己。得到他人的尊重如同得到他人的爱一样，也主要取决于自己。一方面，一个尊重别人的人，才能得到别人的尊重。如果你不尊重别人，就不要想得到别人的尊重。所以说，对他人的尊重就是对自己的尊重，这是尊重对等的原则。另一方面，一个值得尊重的人，才能得到别人的尊重。在现实生活中，人们在很多情况下不会发生彼此之间的直接交往，但有些人还是能够得到他没有交往过的人的尊重，因为他们值得人们的尊重。例如，哲学学者都没有与康德本人打过交道，但他们都很尊重康德。这是因为康德在哲学上为人类做出了伟大贡献，而他终生未婚更显示出他伟大的献身精神和人格魅力。如果一个学者因为康德的学说存在某些局限甚至问题而贬损他，那显然是对康德的不尊重，甚至是亵渎。

第三个、第四个层次的好生活是人格完善或自我实现需要的满足，它们的维度是相同的，主要有观念、知识、能力和品质四个维度。满足自我实现的需要，就必须有正确的观念、渊博而专业的知识、卓越的能力、道德的品质。这四个维度需要的满足都取决于个人自身，环境对它们的形成也有一定的影响，但一个人会不会产生自我实现需要及四个维度的具体需要，以及是否去满足它们，最终都取决于个人自己。这也正是把它们的满足视为个人自我实现的重要原因。

人是观念的动物，观念是人在生活中逐渐积淀的对事物及其规律的信念，如"太阳东升西落"。观念涉及人生活的方方面面，人们熟悉的有世界观、价值观、人生观、幸福观、权力观、金钱观、生死观、荣辱观等。观念是人的思维定式，对人的行为有决定性的影响，而观念存在正确不正确的问题。观念虽然通常是在知识、经验的基础上自发形成的，但人可以改变观念、更新观念、确立或树立观念。因此，一个人的观念正确与否归根到底取决于个人。一个人产生观念正确的需要以及满足这种需要的过程，也就是个人不断保持对外开放，从外界吸取新的观念，并对已形成的观念进行反思、甄别、选择、取舍、更新、认定的过程。所以，满足观念正确的需要，就是要不断地更新陈旧观念，确立新的正确观念。人格健全与否、高尚与否首先取决于观念是否正确，而这又取决于是否有对正确观念的需要以及是否通过不断更新观念满足这种需要。

人的认识结果会通过记忆以及媒介保存下来。人人都有知识，但人的知识有渊博与否、专业与否的区别，而这又取决于他有没有让自己知识丰富、渊博、专业的需要以及是否通过学习和掌握知识满足这种需要。人格健全和人格高尚的人会不断产生这种需要并且不断满足这种需要。

人的能力与观念、知识有密切的关系，但又有相对独立性。人的能力包括认识能力、情感能力、意志能力以及行为能力（包括体力）。人格完善需要能力卓越，尤其是专业能力即职业方面的能力卓越。除了体力更多地取决于自然生长之外，其他所有能力都是通过涵养锻炼形成的。对于个人来说，这就涉及有没有使能力卓越的需要以及是否努力地去满足这种需要。一个人要使自己的人格健全和高尚就要不断地提升自己各方面的能力，即便是体力也可以通过增加营养、保持锻炼、注重保健等途径来增强。

人的品质存在道德不道德的问题，具体体现为道德综合素质高不高。人格完善要求具有完善的德性品质，而完善的德性品质不是自然形成的，而在于人的修养锻炼。人在日常生活中受家庭、社会的影响会形成一些自发的道德品质，即德性品质，但这种自发的德性有很大的局限性。要使品质真正成为德性的，就需要在反思、检讨自发的德性的基础上形成自觉的德性，并通过持续的涵养锻炼使之不断完善。这就涉及一个人有没有使自己德性完善的需要，以及是否通过涵养锻炼使之不断完善。一个人要使自己的品质成为德性的并不断完善，就要始终有这种需要并不断满足这种需要。

（三）好生活的领域

人的生活是一个整体，但它包含不同的部分。好生活指作为整体的生活的好，同样也由不同的部分构成，这些部分就是好生活的不同领域。好生活的领域是与人的生活领域同构的，指的就是整体的好生活应体现在哪些主要生活领域。人的好生活不是抽象的，而是具体的，所有生活领域的生活都好才能构成一个人的总体的好生活。其中任何一个领域的生活不好，一个人的生活就不能称为好的，而且任何一个领域的生活不好都会影响其他领域的好生活。因此，一个追求好生活的人要努力使所有生活领域的生活都好。

与好生活的维度不同，好生活的领域对于人来说是比较稳定的，只是其中有的与人的一生相伴随，有的只陪伴人生的一段时间。根据人生活的不同领域，好生活大致上可划分为家庭生活、学校生活、职场生活、社会生活、个性生活五个基本领域。其中家庭生活是陪伴人终生的；学校生活因人而异，有的人有20多年，有的人时间很短，也有的人没有；职场生活也因人而异，有的人参加工作后终生不退休，有的人很早就离开了职场，一些残障人士和重症病人甚至没有职场生活；社会生活从人上学后就逐渐开始，一直到老年不能再参与社会活动为止；个性生活即个人的私密生活，传统社会人们一般没有个性生活，现代社会几乎人人都有自己的个性生活，小孩与朋辈一起玩耍时实际上个性生活就开始了，个性生活一直持续到一个人丧失智力为止。个性生活领域的好坏完全取决于个人自己，其他生活领域的好坏主要取决于个人自己。例如，不论从业的职场本身好不好，一个人都要把自己的职场生活过好，不能因为职场不好而使自己的职场生活不好。因此，一个人独立自主之后，他的任何一个生活领域的好生活最终都要靠个人自己创造、经营。

在现代社会，人一生的家庭生活有两个不同的阶段：第一个阶段是生活在以父母为核心的父辈家庭之中，个人是家庭养育和监护的对象；第二个阶段是生活在以夫妇为核心的子辈家庭中。一个人家庭生活好既包括在父辈家庭中生活好，也包括在子辈家庭中生活好。就在父辈家庭中生活而言，一个人的家庭生活好有四个要件或内涵。第一，父母双全且关系和睦。这是一个人在父辈家庭中生活好的最重要标准。一个人在父辈家庭中生活一般长达20多年，在成年之前，父母是否齐全以及他们的关系好坏对子女影响极大。许多事实证明，单亲家庭、隔代家庭（孙子女由祖父母教养）的孩子都在心理上不同程度地存在问题。第二，家庭基本生存需要满足有保障。虽然历史上不少名人出身贫寒，但贫寒生活不是好的家庭生活。第三，父母关心爱护子女。一般来说，父母都是关爱子女的，但关爱的程度不同，有的父母把子女摆在首位，有的父母则把子女摆在自己的事业或个性生活之后。把子女摆在首位的家庭，子女的家庭生活才是好的。第四，父母品行端正且注重子女教育。父母是子女的楷模和老师，对子女有直接且深刻的影响。父母品行端正，并且注重对子女进行人格培育，注重纠正孩子的不良习惯，子女在这样的家庭中的生活就是好生活。此外，如果家庭中有兄弟姊妹更好。兄弟姊妹是一个人终生的亲密朋友，因此父辈家庭中有兄弟姊妹是一个人童年时光快乐的重要因素。以上所述的几个方面，是一个人在父辈家庭中生活得好的基本要求，不符合这些要求的家庭生活都称不上好，甚至是坏的。

一个人的子辈家庭生活好，与在父辈家庭中生活好大致相同，其要件有四条。一是夫妻关系和睦，包括性爱和谐。这是最关键的一条。在现代社会，夫妻双方都有自己的私密空间，要持续保持夫妻关系和睦是一种挑战，但这是好的家庭生活不可或缺的。二是有健康且品行端正的子女。一个人的子辈家庭生活好，必须有子女，最好有两个以上的子女。有子女，家庭生活才充满生机活力，父母也才有精神寄托。三是夫妻双方都有合适的工作。在现代社会，夫妻都需要有自己的工作或事业，有"全职太太"的家庭风险较大。四是有关系密切的亲戚朋友。家庭有亲友可以丰富家庭生活的内容，增添家庭生活的乐趣，亲友也是化解家庭风险的重要力量。这四个方面是就子辈家庭而言的好家庭生活，缺乏任何一个方面，家庭生活都是有缺陷的，而夫妻关系不和睦，家庭生活一定是坏的。

在当代，完整的学校生活可以划分为小学生活、中学生活、大学生活。不同的人在学校受教育的时间不一致。我国目前实行九年义务教育制度，从小学到初中，受教育程度最低的人只接受过九年义务教育。这三个学段的好学校生活有很大的不同。小学和中学阶段的学校生活好不好主要取决于学校和家长，而到了大学则主要取决于自己。学校生活是为了完成学习任务，从一定意义上可以说，学校生活不是好的，而是艰苦的、压力大的。不过，它可以为未来的好生活奠定基础，因而那种完成学业、取得好成绩的苦生活也是好生活。大致上说，小学生的好学校生活主要有几个方面。一是有良好的学校条件。校园环境优美、教学设施优良等。二是教师关爱学生。教师像父母一样关心爱护学生，学生对教师有如父母般的感觉。三是适度的课业任务。小学生年幼，不能给学生施加太重的课业负担。四是重视学生的全面发展，有充分的课余活动时间娱乐和锻炼。中学生的好学校生活除了需要校园环境、教学设施等条件之外，比较重要的有：课业负担适度，杜绝应试教育；尊重学生的个性发展。大学生的好学校生活主要包括：一是对所学专业感兴趣；二是没有经济压力；三是有良好的班集体；四是能够自由思考和自由交流思想。

人类的职业情况极其复杂，人们从业的职场也千差万别，而且职场的主人大多是他者。显然，人们的职场生活的好坏依赖于职场本身，但也不是完全由职场决定。不论职场好坏，个人自己都要力争过上好的职场生活。人们从事的职业不同，个人职场生活的好坏标准不尽相同，但也有一些共性的方面。第一，从事自己所热爱的职业，对所从事的职业有光荣感。从事的职业是一个人所热爱的职业，这是好职业生活的首要规定性。热爱自己的职业，才会把它视为生活的第一要素，视为实现自我和人生价值的主要途径。这样就可以在从事职业的过程中获得乐趣，而且对所从事的职业感到光荣和骄傲。如果一个人不热爱所从事的职业，他就会把职业当作沉重的负担，当作为了谋生不得已而为之的苦差事，也就不可能从职业生活中获得乐趣并产生光荣感。第二，所从事的职业与自己的专业能力相匹配。人们从事职业不只是为了谋生，还将其视为实现自己人生价值的主要途径。在现代社会，绝大多数职业都是专业化的，从事职业的人也都学有专长。要通过职业实现自己的人生价值，那就要努力使从事的职业与自己的学习或掌握的专业对口。在现实生活中，职业与专业不完全对口的情况很常见。在这种情况下，就要适应所从事的职业，努力钻研专业，使自己成为行家里手。第三，在职业上能够充分发挥自己的聪明才智。在职业领域，人有巨大的作为空间。当一个人就业后，要充分发挥自己的聪明才智，使自己的专业能力达到炉火纯青的程度。这就是通常所说的"做一行、爱一行、专一行、成一行"。第四，在职业上有成就感。在职场领域发挥聪明才智不只是为职场和社会做贡献，也是为了自己在职业上取得成功。所以，从就业一开始，就要把职业上的成功、成就作为奋斗目标，并且在整个从业的过程中不断追求成功，争取取得职业成就。这样，就会有职业的成就感，也会增强自己的职业自信，还有可能产生豪迈感。

社会生活主要是指人在基本共同体中的生活，在现代社会也包括基本共同体中组织群体的生活，如政党组织、宗教组织、社团组织等，也包括个人在其中活动的其他共同体（如社区）和国际组织。个人的社会生活直接与其社会活动相联系，可以说社会活动是社会生活的主要载体。从上幼儿园开始，个人实际上已经开始参加社会活动，只不过是由大人带领的，到了小学个人的社会活动范围开始扩大。离开学校进入社会后，人的社会活动范围大大扩展，内容也大大丰富。不管社会生活的范围大小、参与社会活动的深度怎样，好社会生活都有一些共同的特点。第一，生命、财产安全和基本权利有可靠的保障，有安全感。社会的犯罪率低，个人的生命和财产不会受到侵犯。有比较完善的社会保障，包括医疗保障，遇到灾难困厄能及时得到救助。第二，社会环境自由、平等、宽松，人际关系友好和善。个人可以自由出行、交往和迁徙，可以自由发表言论，人与人之间不必设防。第三，机会平等、分配公正。在就业、发展、政治参与等方面有平等的机会，社会公平正义，获得感、幸福感强。

在现代社会，个人的个性生活空间越来越大，个性生活好已经成为整个生活好的重要组成部分。个性生活主要包括个人的兴趣、爱好，个人的朋友圈，个人的身心、职业和收入状况等。个人的私密空间应得到充分尊重，未经允许，任何人（包括父母、配偶、子女）都不能干预和介入。这是个性生活好的最重要前提，此外个性生活好还包括三个方面：一是个人有自己的兴趣爱好，自己能够从兴趣爱好中获得乐趣，不会感到无聊、空虚；二是个人不仅有一般的朋友，而且有密友（如至交等），随时可以与他们交往、交流；三是喜怒哀乐有人分享，苦闷痛苦时有倾诉对象，遇到失败、失意、挫折、困难、危难时有人关心帮助。

（四）至善与幸福

至善与幸福是好生活的最高层次，通常被人类作为追求的终极目的。自古至今，哲学家对至善和幸福有种种不同理解。从好生活的角度看，至善指的是最好的生活，而不是指最高的道德水平或境界。前面论及好生活有四个不同的层次，好生活包括底线层次的好生活、基础层次的好生活、高级层次的好生活和最高层次的好生活。其中最高层次的好生活就是至善，即最好的生活。生活是一个整体，既包括不同的层次（生存层次和发展层次）又包括不同的维度（不同层次有不同维度），最好的生活就是包括所有层次和维度的好生活。就是说，至善或最好的生活是指生活整体上最好，而不是仅指好生活的最高层次，不能将它等同于人格完善层次的好生活。根据我们的理解，人格完善层次的好生活包含生存层次的好生活。从这种意义上看，至善就是幸福，因为幸福就是指作为一个整体的生活好，而且达到了最高的层次。考虑到我们把"至善"与"幸福"看作含义相同的概念，而且人们更多地使用"幸福"这一术语而非"至善"，所以在这里只讨论幸福问题。

在人类思想史上有许多关于幸福的研究成果，但对幸福的理解见仁见智。笔者早在 1999 年出版的《幸福之路——伦理学启示录》（湖北人民出版社）中就对什么是幸福提出过自己的看法，认为幸福就是人的根本的总体的需要得到某种程度的满足所产生的愉悦状态。[①] 今天看来，这一看法仍然成立。在日常生活中，人们通常把好生活等同于幸福，但"幸福"与"好生活"存在两个常常被忽略的区别。第一，幸福不等于幸福生活。幸福是一种价值性质，这种价值性质不同于具有这种价值性质的事物。正如尼古拉·哈特曼所指出的，"价值不仅独立于那些有价值的事物（善者），而且事实上还是其先决条件"[②]。幸福不仅是生活的好性，而且是生活的最高好性或善性，或者说，是生活的最好或至善。生活的最好或至善是幸福生活之所以令人幸福的决定性因素。第二，幸福生活也不等于好生活。幸福生活无疑是好生活，但不是任何一个层次的好生活，而是最高层次的好生活，或者说是最好的生活。亚里士多德把幸福这种价值视为最高的善、终极的善、完满的善、自足的善[③]，这是说幸福生活是最高层次的、终极的、完满的、自足的好生活。

总之，幸福是生活的最高层次的圆满的好性，具有幸福这种好性的生活是好生活最高的圆满层次，即最好的生活。一般来说，幸福是人的需要得到完全或充分满足的最好生活或最令人满意的状态。然而，人的需要几

[①] 参见江畅《幸福之路——伦理学启示录》，湖北人民出版社，1999，第 29 页。

[②] 〔德〕尼古拉·哈特曼：《伦理学》，冯平主编《现代西方价值哲学经典·先验主义路向》，北京师范大学出版社，2009，第 701 页。

[③] 参见江畅《西方德性思想史·古代卷》（修订版），人民出版社，2018，第 223～225 页。

乎在任何时候都不可能得到完全满足，而只能得到程度尽可能高的满足，而且单纯的满足并不一定就是心满意足的愉悦状态。如果不将幸福理解为生活的尽善尽美性，而是理解为人的生活有可能达到的最高圆满性或终极价值目标，那么，幸福就是人的根本的总体的需要得到某种程度的满足所产生的愉悦状态。

幸福是最高层次的善，不是对低层次的善的否定或丢弃，而是包含低层次的善在其中；幸福是终极的善，并非指幸福是目的地，存在于某个地方，而是说人追求的一切善都指向它、服从它、服务它。正因如此，亚里士多德在讲了幸福是最高的、终极的善之后，又强调它是完满的、自足的。其实，中国传统文化对幸福的表达更简洁明了。《礼记·祭统》称"福者，备也；备者，百顺之名也"，这是把幸福生活看作人的整体生活的完善。按照亚里士多德和《礼记·祭统》的观点，从今天的好生活层次看，幸福生活是那种生存需要和发展需要都得到满足的生活。也就是说，幸福生活是人格完善层次的好生活，其中包含底线层次的好生活、基础层次的好生活，或者说就是人性充分实现的生活，是人性充分人格化、人格充分现实化的生活。这种生活用马斯洛的话说，就是人的自我实现的生活。需要指出的是，人的发展需要有很多个维度，其中很多是不可能同时满足的。就某一个人而言，他的发展需要的满足总是与他的禀赋相适应的可行的方面。因此，人的发展需要不可能像生存需要那样全面满足，而只能有所侧重地满足。正因如此，马克思强调"人的全面而自由的发展"。[①]他所说的"自由的发展"指的就是每个人应根据自己的意愿在追求全面发展的同时有所侧重，以凸显个性特色。

幸福并不就是需要的满足，而是由需要满足所产生的一种愉悦状态。这种状态可以说是一种满意的状态。满足与满意这两种状态的区别是显而易见的。满意的愉悦状态不仅要求需要得到较好的满足，而且要求需要满足后能引起美好的感觉。从人的需要的角度看，人对生活满意的需要，就是人的享受的需要。这种需要是以生存需要或发展需要满足为基础、以享受意识为前提产生的。享受需要取决于享受意识，没有享受意识是不会产

---

① 《马克思恩格斯文集》第 5 卷，人民出版社，2009，第 683 页。

生享受需要的。享受意识实质上就是好生活意识，它与好生活的层次相一致，高层次好生活的享受意识就是幸福意识。享受需要可以在生存需要层次（低层次）上产生，也可以在发展需要层次（高层次）上产生。一旦发展层次的享受需要得到满足，个人就会得到高层次的享受，就会对生活感到满意，就会产生愉悦状态。就是说，如果一个人有享受意识且生存和发展需要得到好的满足，他高层次的享受需要就得到了满足，就会感到幸福，就有了幸福感。从这种意义上看，可以说幸福是高层次享受需要的满足。

但是，人的一生不可能每时每刻都处于满意或愉悦状态。即使是最幸福的人，生活中也会产生烦恼甚至痛苦。我们应该看到，作为幸福的那种愉悦状态，是就生活总体而言的，就是说生存、发展和享受需要从总体上看得到了最好的满足，并令人满意。这种满意达到了这样的程度，即在生活中出现某种烦恼或痛苦时，只要一想到自己生活总体上是令人满意的，就能从容对待并舒缓烦恼或痛苦。

幸福作为一种生活的好性质，是需要价值载体的。幸福的价值载体就是幸福所需要的主客观条件，包括好人格以及好家庭、好学校、好职场、好社会乃至好自然，要以这些条件做支撑。其中好人格和好社会是幸福的主要条件。人格完善是人生幸福的一个基本方面，即主观条件。如果将人生幸福看作由内在要素和外在要素两大方面构成的，那么完善的人格就是人生幸福的内在要素的总体结构。这一结构对人生幸福具有决定性意义，也可以说是人生幸福所需要的充分主观条件。当一个人形成了完善的人格，并具备必要的外部条件，且将前者见诸于后者，即使完善人格得到充分发挥时，他就是幸福的，就处于幸福的状态。人格完善之人，亦即"完善之人"，只要具备适当外在条件，就是幸福之人。

幸福生活是社会性的，只有社会给每一个社会成员提供了幸福所必需的条件，社会成员才有可能普遍获得幸福，社会也才会是幸福美好的社会。幸福所需要的社会条件主要有五个方面：一是具备所有社会成员的潜能都能得到尽可能充分开发所需的社会条件；二是具备所有社会成员开发出来的能力都能得到尽可能充分发挥所需的社会条件；三是具备所有社会成员的生存需要得到尽可能充分满足所需的社会条件；四是具备所有社会成员的发展需要有得到满足的可能所需的社会条件；五是具备所有社会成员都有安全感、获得感、幸福感、公正感、认同感、归属感等美好感受所需的社会条件。这五个方面的条件都有底线要求和理想状况。一般来说，社会成员要普遍获得幸福必须使所有这些方面都达到底线要求，而这些条件越是接近理想状况，越是有利于社会成员普遍获得幸福。而且，这些社会条件是一个相互关联的完整系统，缺一不可，否则人们的生活就可能是有局限性的或者是受强制的，也就谈不上幸福。

一个人的生活具备了幸福的主客观条件就是客观上的好生活，但这种客观上的好生活并不就是幸福。幸福作为一种愉悦状态，包含人的感受因素，这就涉及幸福感问题。幸福实质上与幸福感含义相同，只不过真正的幸福感并不是纯粹的个人感受，而是以客观上的好生活为实质内涵的，否则幸福感就是虚假的或虚幻的幸福感。幸福感是以幸福意识（高层次享受意识）为前提的，一个有幸福意识的人会经常反思自己的生活是否幸福。一旦他意识到自己的生活客观上是好的，他就会产生幸福感，也就有了真正的幸福。正如前文所述，幸福意识实质上就是高层次的享受意识，有了这种意识人就会产生高层次的享受需要。这种需要得到满足，人就会有幸福的愉悦感或幸福感。

因此，只有当一个人具有幸福意识并且意识到自己的生活确实好时，他才会使客观上的好生活转变成个人主观的感受，就是说，幸福总是以幸福感的形式呈现的。如果一个人没有幸福意识，或没有享受的需要，客观上的好生活就不会转变成个人的主观感受，客观上的好生活对于一个人来说就是外在的，没有变成对于他而言的幸福生活。他由于没有意识到和感受到这种客观上的好生活而没有感到幸福，就会发生人们常说的"身在福中不知福"的问题。因此，幸福感对于个人幸福来说至关重要。没有幸福感，即使一个人拥有了整个世界，或者他的一切欲望都得到了满足，他也不会幸福。

幸福和快乐都可以使人产生愉悦感，但这两种愉悦感是有重要区别的。快乐的愉悦感是人的某种欲望特别是强烈欲望得到满足时产生的，具有一事性、即时性、一时性，即只要某种欲望得到满足这种愉悦感就会当即产生，事过即逝。而且，无论是正常的、健康的欲望还是不正常的、不健康的欲望，都能产生快乐的愉悦感。幸福的愉悦感则不同，它是人的根本的总体的需要得到满足时产生的，具有整体性、持久性、反思性，即只有根本的总体的需要得到应有的满足才可能产生，只有经过反思和回味才现实产生，一旦产生便会成为一种持久的心理状态。人的根本的总体的需要包含对法律和道德的要求，因而幸福的愉悦感总是正常的、健康的美好愉悦感。

不少人不了解这种区别，常常将快乐的愉悦感等同于幸福的愉悦感，将快乐等同于幸福，这是幸福观上的一个重大误区。"如果幸福在于肉体的快感，那么就应当说，牛找到草料吃的时候是幸福的。"① 赫拉克利特的这句名言值得我们铭记。当然，快乐对于人生也具有重要的意义。德谟克利特说："一生没有宴饮，就像一条长路没有旅店一样。"② 这里所说的"宴饮"意指快乐。没有快乐，人的生活就会疲惫而乏味。不过，无论赋予快乐多么高的价值和地位，快乐都必须是健康的，只有健康的快乐才是幸福的重要补充，才可以使幸福生活更加丰富多彩，而不健康的快乐会损害幸福甚至正常生活。因此，必须将快乐纳入幸福的范围，用幸福规导快乐，使快乐从属于、服务于幸福生活。

三　好生活的愿景及其构建

人类的好生活不是自然生成的，而是人为构建的。这里所说的"人为构建"是指人按照自己的好生活的理想自觉建造。其前提是人有好生活的理想，好生活是理想变成现实的结果。正因如此，好生活是人类有了好生活的谋划后才出现的。虽然好生活的主体是个人，但构建好生活的主体不只是个人，还包括人生活于其中的共同体，主要包括家庭、学校、职场、基本共同体（氏族部落、传统国家、现代国家，以及将来的世界）。这些共同体为其成员的好生活提供所需要的各方面的条件。在所有这些构建主

---

① 〔古希腊〕赫拉克利特：《著作残篇》（4），北京大学哲学系外国哲学教研室编译《古希腊罗马哲学》，商务印书馆，1961，第18页。
② 〔古希腊〕德谟克利特：《著作残篇》（165），北京大学哲学系外国哲学教研室编译《古希腊罗马哲学》，商务印书馆，1961，第118页。

体中，个人的作用仍然是决定性的、终极性的。如果没有个人自身的追求和作为，再好的生活条件也不能让个人过上好生活。好生活的构建因其主体不同而不同，但任何好生活的构建都有一些必须遵守的法则。这些法则可以说是构建好生活的永恒原则，违反这些原则就不可能构建起真正的好生活。

（一）人类好生活的美好愿景

人类在约300万年的历史长河中不断追求好生活，但有意识地自觉追求好生活的历史不过5000年左右。相对于整个人类历史来说，5000年并不算长，但其为人类普遍过上好生活奠定了良好的基础，也为绘制好社会的终极性理想蓝图做了相当充分的准备。

首先，人类对好生活进行的实践尝试和理论探索，给好生活规定了内涵并划定了边界。在原始社会末期，人类就开始了对好社会的自觉实践尝试，当时所试图构建的好生活既包括占有土地、水源、牲口等资源，又包括家庭的和睦、个人的德性、天下的共享。中国尧舜时代重视家庭"五品"的"五典"教育，选贤任能，古希腊荷马时代社会普遍推崇、歌颂英雄的德性和大无畏精神，都赋予好生活以原初含义。好生活是好的物质生活，更是好的精神生活，而精神生活则是人之为人的本质内涵和根本标志，是好生活的主要内容。

好生活的这种原初含义在传统社会得到了传承和弘扬，虽然传统社会发生了阶级分化，相当一部分人因生理需要得不到满足而生存艰辛，但好生活仍然被看作既包括优越的物质生活又包括丰富的精神生活。人类生理需要长期得不到充分满足，使人类终于找到了一条解决这一难题的路径，即市场经济。市场经济的发展在某种程度上解决了人类的贫困，这是人类在好生活实践上迈出的决定性一步。只不过长期积淀的害怕贫困的心结，使人类偏执于或沉溺于生理需要的满足，放弃或忘却了更高层次需要的满足，导致人类陷入了新的生存困境。这告诉人类，好生活不能只是物质层面的，还必须重视其精神层面。尤其是在生理需要得到充分满足的条件下，要从物质层面的好生活转向精神层面的好生活。

从轴心时代开始，无数思想家在不断设计好生活的理论方案。虽然每一位思想家的方案都或多或少有其局限或问题，但如果在构建好生活的实践中参照所有思想家的方案，汇聚他们的智慧，取其精华，就能够形成最佳的好生活实践构建方案。思想家的理论方案立足人性要求的实现考虑好生活的意义，找到了好生活的立足点和终极指向，同时又总结吸收了人类历史上和现实中追求和构建好生活的经验教训，将人们在日常实践中形成的好生活观念提升为得到论证的理论体系。思想家们近3000年的好生活理论的积累，经过了现代文明的洗礼，为绘制更完善、更合理的好生活蓝图提供了十分充足的思想资源。

其次，人类5000年文明的进步尤其是现代化发展为全人类生理需要满足提供了充足的资源基础和能力准备。人类文明的进步与生产工具息息相关，5000年来，人类的生产工具加速地变化。在新石器时代晚期，人类在使用石器、陶器的同时出现了青铜器。石器、陶器、青铜器并用的时代持续了很多年，之后人类进入了铁器时代。从铁器时代进入机器时代经历了更为漫长的时间，但第一次工业革命后，人类迅速从农业文明进入工业文明，人类的生产工具和生产能力获得了前所未有的发展。从第一次工业革命开始至今的200多年间，发生了一系列工业革命和科技革命。第一次工业革命使人类进入蒸汽时代；第二次工业革命使人类开始进入电气时代，并在信息革命、资讯革命中达到顶峰；正在发生的第三次工业革命则以原子能、电子计算机、空间技术以及生物工程的发明和应用为主要标志，涉及信息技术、新能源技术、新材料技术、生物技术、空间技术和海洋技术等诸多领域。工业革命的发展日益与科技革命密切结合，使科技成果转化为生产力的时间大大缩短。人类生产的机器化、规模化、批量化、标准化、自动化、智能化为人类提供了极其丰富的满足生理需要以及其他需要的资源。

有学者推算，公元前5000年世界总人口为3000万[①]，到2020年世界人口已接近76亿。虽然7000多年来世界人口增长了无数倍，但今天人类的生产能力能够充分满足每一个人的生理需要。联合国的贫困标准是1.9

[①]　参见中国大百科全书总编辑委员会编《中国大百科全书·社会学》，中国大百科全书出版社，2002，第383页。

美元/天，联合国开发计划署发布的《2021 年全球多维贫困指数》报告显示，全球共有 13 亿人处于"多维贫困状态"，解决世界贫困人口生理需要的最低要求是每天 24.7 亿美元，每年 9015.5 亿美元。[①] 2020 年美国军费预算高达 7380 亿美元，仅美国一国的军费开支还不能完全解决世界的贫困问题，但美国的军费开支只占世界各国军费总开支的 40%[②]，如果将世界各国所有的军费开支都用于解决贫困人口的生理需要满足问题，世界上就可以完全消灭贫困。这里还没有考虑世界上那些有仁爱心的富人可能给予穷人的捐助。由此看来，今天人类已经完全具备使所有人类个体生理需要得到满足的条件和能力。

最后，当代人类的生存危机迫切要求人类将对好生活的追求从重生理需要的满足转向重人格完善需要的满足。当代人类生存危机早在第二次世界大战后期就已经显现。1945 年 7 月 16 日，美国在新墨西哥州的阿拉莫戈多沙漠上成功地引爆了人类历史上的第一颗原子弹，同年美国又将两颗原子弹投向了日本，十几万日本人瞬间丧生，人类的上空笼罩着核武器的阴云。瑞典斯德哥尔摩国际和平研究所（SIPRI）发布报告称，截至 2019 年初，全球 9 个核国家和"准核国家"共计拥有核弹 13865 枚。[③]

1962 年《寂静的春天》一书的出版预示着人类的环境危机即将到来。经过了半个多世纪，由于大多数国家只考虑自己的利益而不考虑人类整体的利益，环境问题非但没有解决，反而还在不断加剧。进入 21 世纪后，高科技的快速发展又给人类敲响了警钟，克隆人试验、基因编辑婴儿、超强机器人可能问世等，其中的任何一项成果都有可能使人类走向毁灭。人类的生存危机归根到底是人类的好生活观念发生严重偏差导致的。当人类把满足生理需要理解为好生活，并为过上更好的、最好的生活而疯狂赚钱的时候，就顾不得人类整体的利益了。然而，人类生存危机的现实性、严重

① 《UNDP 发布〈2021 年全球多维贫困指数〉报告》，中国网，2021 年 10 月 20 日，http://guoqing. china. com. cn/2021 – 10/20/content_77821653. htm。
② 《7380 亿美元天价预算！美参众两院就新财年国防预算达成协议》，参考消息百度百家号，2019 年 12 月 11 日，https://baijiahao. baidu. com/s? id = 1652591111715733751&wfr = spider&for = pc。
③ 《2019 年全球有核弹 13865 个，人类面临的威胁有多大》，《新京报》2019 年 6 月 19 日。

性迫使人类不得不重新理解好生活的内涵，重新设计好生活的方案。

现代化、全球化和科技化时代的到来，标志着人类对好生活的追求站到了一个新的历史起点。以这个新起点为界限，以往人类对好生活的追求可视为人类好生活的史前史，人类真正的好生活从当代开始。站在这样一个历史的转折点，我们应该绘制未来人类好生活的理想蓝图，并努力推进其实施，使之变为普遍好生活的现实。这个理想蓝图应包括以下五大要点，这些要点是人类未来构建好生活的总体要求，也是人类未来好生活的美好愿景和底色。

第一，人类的好生活是全人类所有个体（个人）的好生活。人类好生活的终极主体是个人，但不是部分人，而是所有人。历史事实证明，在一个国家内，只有所有人过上好生活，社会才会稳定和谐。世界亦如此，只有所有基本共同体都过上好生活，世界才会和平。如果只有一部分人、一些国家过上好生活，而另一部分人、另一些国家过着苦难生活，过上好生活的人和国家的好生活也难以持久。从当代世界的现实看，国家之间好生活的差异是一个十分突出的问题，也是世界不安宁的直接原因。为了解决这一问题，人类必须加快构建世界共同体，以使全人类生活在同一基本共同体内。当人类共享一个基本共同体时，全人类所有个体普遍过上好生活的问题才有可能得到妥善解决。

第二，人类所有个体都享有满足生存发展享受需要的充足资源。全人类所有个体都过上好生活的基本要求是他们都享有过上好生活的充足资源。从当代世界来看，一方面只有一小部分人缺乏好生活的充足资源，另一方面社会已经具有为他们提供充足资源的能力。从前文的分析可见，假如世界成为基本共同体，各国就无须军费开支，每个国家用于军费开支的经费就可以用于贫困人口的生理需要的满足。这就是说，解决今天世界所有人基本生存需要问题完全可以不影响今天已经过上富人生活的那些人。今天的许多贫困人口是战争导致的，当世界成为基本共同体时，战争也会随之消亡。从前生活在战乱之中无法创造资源的人们现在可以大量地创造资源，这样也可以为贫困人口生活质量的提高做出贡献。此外，世界共同体还可以采取适当措施限制个体对资源的过度占有，通过二次分配帮助贫困人口。人类所有个体都享有好生活所需的充足资源是未来人类好生活的基本要求。中国目前正在走的共同富裕之路可以为这种要求的实现提供经验。

第三，人类所有个体都充分开发高层次需要，着眼于高层次需要的满足来满足低层次需要。人类好生活发展史告诉我们，人们在现实生活中容易固执于生理需要的满足，把底线层次的好生活当作好生活的全部，导致情感需要和人格完善需要得不到开发和满足。事实表明，人在社会中生活，生理需要不用开发就会自然产生，而需要开发的是情感需要和人格完善需要。因此，社会要通过教育和宣传等途径引导人们开发情感需要和人格完善需要，并采取措施鼓励人们着眼于这两方面高层次需要的满足来满足低层次的生理需要。当人们意识到高层次需要的满足才是真正的好生活时，他就不会固执于生理层次的满足，而会为了使人格完善需要得到满足去满足情感需要、生理需要。如此，生理需要的满足就会成为情感需要满足的手段，而情感需要满足则会成为人格完善需要满足的手段，人的根本的总体的需要就能够得到全面的满足。人类所有个体都追求人格完善需要的满足，人类社会的好生活就能够得到普遍实现。

第四，有能力创造全人类所需资源的人把劳动创造作为自我实现的主要方式。随着自然日益人化，自然界能够直接满足人类生存发展享受需要的资源在人类需要满足所需资源中所占的比重越来越小，人类满足需要的绝大多数资源只能由人类的劳动创造。从现实情况看，能够从事劳动创造的人只是人类总体结构中的一部分，即成年人。但未成年人、退休后的老年人占总人口的比重相当大。

根据我国国家统计局发布的《第七次全国人口普查公报》，中国现阶段各年龄段人口结构是：0～14岁人口占17.95%；15～59岁人口占63.35%；60岁及以上人口占18.70%（其中65岁及以上人口占13.50%）。这一数据表明，真正能够从事劳动创造的人口不会超过64%，因为15～59岁的人口中，年龄在15～24岁的人口占一定的比重，另外还有不能劳动的残障人士。因此，具有劳动创造能力的人口可能要低于总人口的60%。中国人口结构虽然是个案，但对于了解人类总人口的年龄结构有参考意义。根据中国的数据可以推断，占人类总人口不到60%的人口要承担全人类所有人满足需要所需资源的劳动创造。这种情形是恒久的，未来任何时候都不可能发生颠覆性的变化。

有劳动能力的人肩负着创造全人类所需资源的责任，这是不可改变的事实，但承担责任的方式可以改变。自古至今，有劳动创造能力的人大多都把劳动创造当作谋生的手段，而在每一个人都追求自我实现需要满足的新时代，他们的态度会发生根本性改变。他们会把劳动创造与自我实现有机统一起来，不再把劳动创造作为谋生的手段，而是作为自我实现、人格完善的机会和途径。他们不再把劳动创造作为负担，而是作为发展层次上的享受需要的满足。这也就是马克思所说的把劳动作为乐生要素。他们不会因为要付出劳动感到悲哀，而会因为自己在职业上有机会充分自我实现感到庆幸、感到光荣。

第五，人们在好生活的水平和质量上存在适度的差异。既然全人类满足需要所需的资源要靠有能力的人劳动创造，那么对于他们的劳动社会要给予相应的回报。参与劳动创造的人还存在能力大小和产出多少的差异，为了调动参与劳动创造的人的积极性和创造性，社会应有相应的激励机制。社会给予劳动创造者的回报和激励不能只是精神上的，还必须是资源上的。社会要给予那些从事劳动创造的人、那些做出更大贡献的人更高的资源上的待遇，让他们的好生活的水平和质量更高，并使他们因而更受到社会的尊敬。当然，他们的好生活的水平和质量与其他人的差异只是量上的，而不是质上的。全社会不应存在两极分化现象，所有人的生活都是好生活，只不过那些劳动者尤其是优秀的劳动者的好生活具有更高的水准，能够成为后代人追求的样板。

（二）构建好生活的主体及其职责

个人的好生活构建不只是个人的事，而是所有关爱其成员的群体的事，也是关爱某个人的其他人的事，多方主体承担着个人好生活构建的职责。这里不考虑其他人（其他人通常属于某个群体，如兄弟姊妹、职场领导等），而只考虑群体这一类他者主体，那么构建一个人的好生活的主体，除了他自己，主要包括家庭、学校、职场、基本生活共同体即社会（当代是国家）。从人的生命过程看，为个人构建好生活的他者主体是不断变化的，终生都有家庭（最初是父辈家庭，后来是子辈家庭）和社会，某些阶段有学校和职场。人的好生活构建的主体有点像参加接力赛，一个主体工作完成后，下一个主体又继续承担起职责。每一个构建主体的作用发挥得好，彼此之间衔接得好、配合得好，个人才能持续地过上好生活。当然，在这个过程中，个人成年后就成为核心主体，其他主体作用发挥得如何主要取决于个人自身。

最初为个人构建好生活的是父辈家庭。这段时间的长短因人而异，可能只有几年，也可能有十几年。学前到小学阶段，是一个人的童年时期，也是个人迅速生长的时期，个人自己几乎发挥不了什么作用，家庭对于个人好生活的作用极为重要。这段时间家庭对于一个人好生活的作用体现在两方面。

第一，让孩子这段时间的生活美好。学前几年的孩子没有多少自我意识，自己表达不了好生活的愿望，其生活好不好主要在于其他人的看法，但也会给孩子留下记忆。美好的记忆会对孩子终生产生积极影响，而痛苦的记忆会对孩子终生产生难以磨灭的消极影响，通常人对消极影响印象更深刻。

第二，给孩子未来的好生活奠定初步的基础。从现实情况看，家长对于这段时间的孩子有两种极端的做法。一是完全放任自流。在中国改革开放前，就农村学前的孩子而言，家长除了安排孩子的日常生活之外，不重视孩子的教育。改革开放后，很多孩子变成"留守儿童"，他们的教育仍存在诸多问题。二是过度开发使用。今天中国的许多家长把自己没有实现的梦想强加给孩子，不顾孩子的生长规律，过度开发孩子的潜能。网上曾有一个"6岁的孩子需要背多少首诗"的问题，回答是300首唐诗，还有一些儿歌。有的家长更过分，让学前的孩子同时学钢琴、舞蹈、书法等，美其名曰不让孩子输在起跑线上。显然，这些都是揠苗助长的做法，其消极后果不言而喻。比较合理的做法是介于两者之间，给孩子以关爱和适当的指导，对他们的不当言行给予必要提醒。

一个人结婚成家后通常就会建立子辈家庭，子辈家庭对自己的好生活仍然有重要影响，对配偶和子女好生活的影响更大。不过，这时构建自己好生活的主体是自己和配偶。子辈家庭对作为家长的个人好生活的影响主要取决于三个方面。一是夫妻之间的关系。夫妻同心，其利断金，"家和万事兴"的关键在于夫妻和睦。二是夫妻与双方长辈尤其是妻与男方长辈的关系。中国历来流传着"婆婆和儿媳妇是天生的敌人"的说法，这确实反映了婆媳不和的普遍现象。导致这一问题的原因大多在婆婆，因为婆婆往往希望儿媳妇像自己一样对待儿子。但化解这一问题则主要靠儿媳妇，只要儿媳妇不与婆婆计较并孝敬老人，婆媳关系很快就会得到改善。三是年轻夫妻与子女的关系。当代中国比较普遍的问题是年轻夫妻对子女要求高，希望他们未来的人生比自己更好或者实现自己没有实现的理想，而祖辈通常对孙辈比较宽容。要处理好这种关系，年轻夫妻不能对孩子要求太高，祖辈也不能要求太松，两辈人的要求要相一致，而祖辈要尊重年轻父母的意见和做法。一般来说，一个人能处理好这三方面的关系就可以为自己营造一个好的家庭环境。自己作为家庭的主人，应有应对意外的思想准备。在现代社会，由于种种原因，家庭成员随时都有可能发生偶然事故或得重大疾病。这种情况的出现肯定会打乱家庭的秩序，好的家庭应能比较从容地应对这些意外情况，不让意外情况持久地影响家庭的稳定和秩序。

在上学期间，为个人构建好生活的除了父母，还有学校，而且个人自己的作用也逐渐增强，到了大学后，主要责任转移到自己身上。从小学到大学是一个相当长的过程，不同学段的学校主体是不同的，在中国通常一个学段有一个学校主体。但学校对于学生的好生活的作用有两个共同的方面：一是让学生在校期间学习生活愉快；二是为学生后续的学习以及将来的人生奠定良好基础。就前一方面而言，学校肩负着多项责任。首先，给学生提供良好的学习环境，包括校园的整洁美化、教室和桌椅的舒适和现代化的教学条件；其次，营造学生之间、师生之间、教师之间的融洽人际关系，教师热爱学生、关心学生的成长；最后，严格要求教师，使教师真正做到品行端正、为人师表。就后一方面而言，学校要以对学生高度负责的精神教育和引导学生，不仅要传授知识、培养能力，激发学生的学习热情，提高学生自主学习的能力，还要促进学生人格完善，使学生获得全面而自由的发展。

一个人参加工作后，构建好生活的主体除了自己之外，还有职场、家庭，虽然主要主体是个人自己，但职场会成为个人好生活构建的新主体。现代社会职业分工越来越细，而且层次也在不断增加，但个人的职场总是相对稳定的。职场的好坏，对于从业者的生活好坏有多方面的重要影响。首先，职场好坏直接影响从业者的心情和健康。职业环境既包括工作条件，也包括人际关系。好职场应给从业者提供干净整洁舒适的环境，工作环境没有任何污染。从业者之间、上下级之间的关系应融洽，同级之间虽然有竞争，但竞争都凭实力公平进行，工作报酬和待遇公平合理。其次，职场影响个人的自我实现。职场是人自我实现的最重要舞台，好职场应是每一个从业者能够充分发挥自己聪明才智和专业能力的平台，给每一个人公平竞争的机会，个人的升迁和待遇完全根据个人的贡献，而且贡献的评价有管理制度和规范作为依据。最后，职场好坏也会对家庭产生重要影响。一方面，职场获得的收入是家庭收入的主要来源，甚至是唯一的来源；另一方面，个人在职场是否顺心会直接影响个人的情绪，而个人情绪的好坏也会感染家庭，在现代核心家庭中尤其如此。总之，好职场是让从业者心情舒畅、能力得到充分发挥、能够获得公正而优厚的报酬的职场。

退休以后，构建个人好生活的主体包括个人、家庭、养老机构、医院等。在退休后的一段时间个人自己发挥着主要作用，到了丧失自理能力之后，家庭、养老机构、医院成为个人好生活的主体，个人生活的质量和水平主要取决于这些构建主体。对于老人来说，好家庭体现在几个方面：一是生活有可靠保障，吃穿住用行医等生理需要得到充分满足；二是有老伴儿相陪，有子女在身边；三是在身体健康的情况下有自己的兴趣爱好，有自己的朋友圈。在当代中国，除了第二方面以外，其他方面的要求基本上能够达到，不过差别比较大。就第二方面而言，如果存在缺憾可以采取其他的一些措施补偿。比如，如果没有老伴儿或没有子女在身边，有保姆或有条件较好的养老机构也可以，尽管质量肯定会差一些。

在人的一生中，社会都对个人的好生活发挥着间接的和直接的作用，社会对个人的好生活有根本性的影响。这里说的社会，主要是指基本共同体，在今天就是国家。从出生到走出学校的这一段时间，社会对个人生活的影响主要是通过家庭、学校产生的，这种是间接的影响。当然，在当代信息化社会，社会对在校学生的影响越来越直接，而且学段越高直接影响越大。如果社会处于战乱时期，家庭、学校很难为个人营造好生活的环境；如果整个社会默认应试教育和求高教育，学生就无可奈何，就会过着煎熬的生活。一个人成家立业后，社会的影响既有直接的也有间接的，社会对职场的存在和发展有直接影响，而在这种影响之下，职场对个人的影响就是社会对个人的间接影响。对于个人来说的好社会有诸多规定性，其中最为重要的是：社会安定有序；社会为其成员提供基本生活保障，包括医疗保障，为孩子入学、就业提供充分的公正的机会；社会为个人提供事业成功、个性发展、人格完善所需要的社会条件和平台等。

（三）个人的特殊作用

在个人好生活构建的过程中，个人自己出场比较晚，但其作用极其特殊，而且是一生大多数时间中的真正主角。个人的作用发挥得如何，直接关系到他的好生活的质量和水平，尤其是关系到他的人性实现的程度、人生价值的大小。个人好生活构建的其他主体具有可替代性，而个人自己是任何构建主体也替代不了的。如果替代了，个人就充其量只会有生存层次的好生活，绝无可能有发展层次的好生活，人性得到充分实现也就无从谈起。

个人在构建自己的好生活过程中的特殊作用体现在许多方面，其中特别重要的有以下几个方面。

第一，个人高层次的好生活只能由自己构建。前文说过，人的好生活可划分为底线层次的好生活、基础层次的好生活、高级层次的好生活、最高层次的好生活。这四个层次的好生活，除了底线层次的好生活之外，其他层次的好生活都离不开个人自己的努力。在古今中外都有这样一些人，他们依靠家族的条件（如西方中世纪的贵族），或者依赖某个人，一辈子过着衣来伸手、饭来张口的生活，甚至还生活得很潇洒自在。这些人的生理需要得到了充分满足，安全需要一般也有保障，但是情感需要就有问题。最主要的问题是，除了给他们提供生活保障的人之外，他们没有什么爱的对象，对基本共同体甚至家庭也没有什么归属感，通常也只能得到他人表面的尊重。至于发展层次的好生活，无论是人格高尚还是人格健全都谈不上，因为他们没有开发出人格完善的需要，所以基本上没有这方面的需要。这些人看起来过着富贵、潇洒的好生活，实际上他们的生活是有严重缺陷的。

人的情感生活、人格健全生活、人格高尚生活都必须由自己构建，其他任何构建主体都不可能替代。在人的归属感中，最基本的归属感是家庭归属感。家庭归属感并不在于自己是家庭的一员，也不在于家庭其他成员把自己看作家庭的一员，而在于自己对家庭有所贡献，就是说，家庭的和睦美好离不开自己。家庭的归属感实质上在于自己为家庭和亲人需要的满足做出了贡献。人最重要的归属感是基本共同体归属感，在今天这一基本共同体是自己的祖国，祖国在历史上是家的扩大。一个人不能对祖国产生归属感，他实际上就犹如"弃儿"，即过去所说的"游子"，处于无家可归的状态。对祖国的归属感的产生同样也根源于情感，即对祖国的热爱，而这种热爱是以个人自觉为之做贡献为前提的。不做任何贡献，甚至因为其他国家生活优裕就趋之若鹜，那怎么可能产生归属感的需要和满足这种需要呢？一个人的爱的情感、自尊的情感、得到尊重的情感，都是如此。对于人而言，没有以贡献为前提的爱就不是真爱，爱得深沉必须有行动。一个人活在世上只享受不贡献，肯定不可能得到他人真正的尊重，这样自尊也就没有了根基。

人格完善的需要及其满足更是须臾离不开个人的努力。要使自己观念一直正确就需要树立正确观念并适时更新旧观念，要使自己知识渊博而专业就得不断刻苦学习，要使自己专业能力卓越就必须勇于实践和积累经验，要使自己的德性完善就不能不长期修养践行。显然，如果一个人自己不去逐渐地开发人格完善的需要，不去努力满足它，那么这种需要就不会产生，更不可能得到满足。而这种需要的满足才真正体现了人的好生活的实质内容，如果好生活缺乏这个层次，好生活就不是真正意义上的好生活，人生也就缺乏应有的价值，那么富足潇洒的生活也不过是一种寄生虫式的生活。即使由于种种原因不能开发发展需要，一个人至少也得开发和满足情感需要，使自己过上基础层次的好生活。

第二，个人成人之后，构建个人好生活的各主体需要个人自己来协调，以使它们发挥对自己有利的作用。个人成人通常以成家立业为标志，成家立业以后，个人好生活的构建主体仍然是多元的，除自己之外，还包括家庭、职场、社会。这些构建主体特别是职场和社会都是要对所属成员的好生活普遍负责的，不可能只是考虑某一个人。在这种情况下，要使它们都成为自己好生活的构建者，为自己的好生活做出更大的贡献，就需要作为好生活主体的个人去对它们的作用进行协调，使之对自己的好生活构建有利的条件。

当一个人成家后，家庭对于他自己的好生活的作用，主要靠自己来协调。他这时已经成为家庭的主角，但是家庭并不是他一个人能完全左右的。他首先得处理好与配偶的关系，然后要处理好与长辈的关系，之后还要处理好与子辈的关系。只有所有这些关系都处理好了，形成了和睦家庭，家庭才能为自己的好生活做出贡献。如果家庭内部的关系处理不好，个人就过不上好生活。其中最为重要的关系是夫妻关系。夫妻关系和睦是家庭和睦的"拱心石"，如果夫妻不和，家庭成员的好生活就毁了。

在职场中，除非自己是老板或主要领导人，否则自己是不能左右职场的。但是，职场是对个人的好生活影响最大的领域，个人及家庭生理需要的满足要从职场中获取资源，个人能力的增强和发挥要职场提供机会和平台。所以，个人必须利用好职场来使自己过上好生活。利用好职场最主要的途径是爱岗敬业，利用自己的岗位为单位做出自己最大的贡献，而且要能做到不计较个人得失，不邀功请赏，埋头干事，把自己的工作做好，使自己成为德艺双馨之人。

至于社会，个人所能起的作用更是微乎其微，但个人还是可以而且也应该利用好社会这个大舞台。其前提是不能与社会作对，做违法违规的事情。一个人如果因为违法违规而受到社会的惩罚，好生活即使不会就此完结，也会因此受到重创并难以恢复。做遵规守法的社会成员只是底线要求，社会还有很多条件和机会是个人可以利用的，利用得好可以极大地提升个人的生活质量和水平。例如，我国社会给其成员提供了许多学习深造的机会，这对于个人来说就是很好的提高专业技能和综合素质的机会。当然，获得社会资源的机会和条件的关键还在于个人对社会的贡献。在一个公正的社会，个人贡献越大，不仅会获得越多福利方面的回报，还会获得越多的机会和平台，这种情形有点类似于"马太效应"。现实生活中有不少人总是抱怨社会亏待了他，但他们没有想想自己对社会做出了多少贡献。个人对社会的贡献实质上是对社会的回报，因为社会给每一个成员提供了生长的土壤和自我实现的平台，个人理应为社会做出贡献。这种回报即使远远超过社会的给予也不能过于计较，如同个人对家庭的回报一样。在这方面，作为社会成员的每一个人都应有一点林则徐说的"苟利国家生死以，岂因祸福避趋之"的精神。

第三，个人要为他人的好生活的构建履行职责、做出贡献并充分发挥构建自己的好生活的作用。个人构建自己的好生活不是与他人相冲突的，而是只有在为他人的好生活做出贡献的过程中才能得以实现。对于家庭其他成员来说，个人不同需要的产生和满足始终都是对家庭的贡献。就生理需要、安全需要而言，一个人满足这两方面需要，家人就不会为他担忧，就不会因为他患病或伤残而受尽磨难。就个人情感需要的产生和满足而言，家人是情感需要的直接对象，这种需要得到满足就是对家人的爱和对家庭的贡献。一个人构建自己的好生活，就家庭而言是直接为家人做贡献，在职场则既为他人做贡献，也为单位和社会做贡献。当一个人充分发挥自己的聪明才智发明了一种很有价值的新产品时，他自己取得了成功，同时也为单位做出了重大贡献，而这种贡献实际也能够惠及同事。如果一个德性高尚的人努力营造同事间的友好合作关系，他自己的德性得到了发挥，也会惠及同事和单位。在社会上，个人在很多场合对于他人来说都是陌生人，如果一个人诚实守信，扶危济困，热心为他人服务，他自己的德性就会得到发挥，促进社会的和谐美好。

如果一个人不努力构建自己的好生活，他就不能履行他作为子女、父母、职工、公民的职责，不能为家庭、单位和社会做出贡献，也就不能产生和充分满足他的情感需要和自我实现的需要，发挥和成就他自己的完善人格。个人承担多重社会角色、为他者做贡献的过程，也就是他构建自己的好生活的过程，两者是完全一致的。

第二章　好人格

　　好生活的主体是个人，个人的终极追求就是过上好生活，要过上好生活就要成为好人，而要成为好人就要有好人格。好人格从根本上说就是人性得到充分的实现，其基本内涵是人格完善。好人格得到充分发挥就能过上好生活，好人格是人性与好生活的中间环节，人只有造就了好人格才能过上好生活。好人格的基础是体质强健和内心强大，精气神充盈是好人格的身心保障，而其基本内涵是人格完善，包括人格健全和人格高尚。人格完善之人是真正意义上的好人，是人应该成为之人。人格完善虽然是一种理想目标，但应成为人的终极追求，而追求的唯一路径是修身。修身包括修体、修性和修心，其内核在于福慧双修。

一　好人格的含义与意义

　　人格是人性的现实化或人性得到实现的程度。每个人的人性都必然会转化为人格，但人格存在好坏的差别。好人格是人性得到充分实现的人格，是能使人的生存发展享受需要不断得到好的满足的人格，而坏人格则是人性实现得不好或有问题的人格，是不能使人的生存发展享受需要得到满足的人格。好人格是好人的实质内涵，好人则是好人格的外显。好人格是相对于坏人格而言的，但通常我们不怎么谈坏人格，只是谈坏人，而坏人就是人格坏的人。坏人虽然有层次的区别，但一般不会对其层次做明确的划分，而好人格通常被区分为不同的层次，最高层次就是人格完善。有好人格才有好生活，没有好人格就不会有好生活，充其量只有徒有其表的好生活或只有物质上的好生活。

（一）好人格的含义

"人格"主要是一个心理学概念，而"好人格"则是一个价值论概念。人格的概念已为人们广泛使用，但好人格的概念不多见。先秦儒家广泛谈论人格问题，孔子把人格划分为"小人""君子""圣人"，其中"君子"和"圣人"属于好人格。老子也大量谈到"圣人"，把圣人作为最高人格理想，庄子则谈到"圣人""至人""真人""神人"，它们都是各具个性的理想人格。在西方思想史上，柏拉图、新柏拉图主义者普罗提诺、斯多亚派也提出过理想人格"圣贤"（the Sage），普罗提诺和斯多亚派对理想人格有过较充分的论述。他们对圣贤的理解不尽相同，但他们都把圣贤视为智慧之人。今天我们也经常谈及"人格完善""人格高尚"，所表达的当然也是理想人格，中西思想史上的理想人格都可以说是好人格，但思想家们并没有使用"好人格"的概念，当然也没有给它的内涵做出一般性的界定。

我们把好生活的实质内涵规定为人的生存发展享受需要不断获得好的满足。那么，我们应当成为什么样的人才能够过上这样的生活呢？或者说，这种好生活要求什么样的好人格呢？根据这种对好生活的理解，我们可以对好人格做出以下基本界定：好人格就是人通过人性实现使自己的生存发展享受需要不断获得好的满足的完善人格。对于这一界定，我们需要着重把握以下三点。

第一，好人格是人性的潜能转变为人的高素质。[①] 人格实质上是人性的现实化，好人格就是人性现实化为人的完善人格，通俗地表达就是综合素质高。关于人性是什么，历来有不同的观点，笔者把人性看作人的本然本质，它是人的多层次、多维度的共享本质和独特本质的有机统一。就人类物种而言，其共享本质是人类与动物个体、生物个体、无生命事物个体共享的本质，这即是人与宇宙万物相通的方面，而其独特本质是人类所有

---

① 需要指出的是，人格作为综合素质是人的心理素质，但人的心理素质含义更为广泛，包含人类进化过程中积淀下来的非人类特有的自然天成的心理素质，如本能、非条件反射等。人格可以说是人类特有的心理素质，不包括人类心理素质中的非人类的那部分。

个体共享的不同于宇宙万物的特有本质。人类的本然本质就是事物性、生物性、动物性和人类性的有机统一。就人类个体而言，其共享本质还包括人类个体共享的本质，其独特本质则是个人不同于所有其他个人的特有本质。从心理学的角度看，人性就是人的禀赋中的各种潜质，即人性所具有的那些可以变成现实可能性的潜在可能性。人的各种潜质是人类在漫长的进化过程中积淀下来的，可以说是人的基因。人性包括潜在的需要、潜在的能量、潜在的能力以及形成知识、观念、意识、品质的潜在可能性。人性实际上是一个综合体，潜在的需要、能量、能力是其基本要素，知识、意识、观念和品质的潜在可能性则是潜在能力转化为现实能力过程中必然会产生的派生要素。所有这些要素一起构成了人性的立体动态结构。[1]　人格就是把人性潜在的需要、能量、能力及其积累的成果和形成的定式的潜在可能性变成现实可能性。

　　关于人性，历来有人性善和人性恶的争论，至今尚无定论。可以肯定的是，人性原初并无道德意义上的善恶性质，但总体上看具有向善的倾向。每一个人的人性并不相同，因为人性不是生来就注定的，而是有一个形成的过程。根据笔者的研究，每个人的人性大致上到 20 岁左右才基本形成。这时，虽然人的社会性尚在形成过程中，但作为人的根本规定性的自为性已经具备。[2]　每一个人的人性都包含人的本性，这就是谋求生存得更好。从生物进化的角度看，人类之所以能从动物界中脱颖而出，就是因为人类具有这种不断谋求生存得更好的本性。这种本性不是虚的，而是实的，体现在人性的各种潜能之中，只不过在体现为每个人的具体人性的过程中，这些潜能有了质和量的差异。我们如果承认人类高于万物、人是万物之灵长，那就必须承认人的这种本性有利于人类更好生存发展。显然，对于这种本性，即使不能说它本身就是善的，但至少得肯定它是向善的。正因为人的本性都是向善的，所以虽然这种本性在体现为每个人的人性过程中会朝着向善或向恶的方向发展，但人性仍然包含向善的本性，具有向善的倾向。这就是说，只要人性顺应其向善的方向现实化为人格，把人的

---

①　参见江畅《人的自我实现——人性、人格与人生》，《求索》2019 年第 4 期。
②　参见江畅《"成人"与人之为人》，《南国学术》2017 年第 4 期。

潜能转变为人的完善人格,所形成的人格就是善的、好的。这就是我们把人性充分现实化视为好人格形成的理由。

人性形成的过程也是人性开发的过程,而人性开发的过程就是人格形成的过程。这三个过程是同一个过程,只不过人格形成过程即人性开发过程比人性形成的过程时间更长。如果说人性的基本形成在20岁左右,那么人格的基本形成要到30岁左右,因为在现代社会这十年左右的时间是人成家立业的阶段,人格中的一些因素要到这个时候才健全、成熟。人性的开发就是开发人性的各种潜能,使之转变为现实的需要、能量和能力。当人性潜能的基本方面转变为现实时,人格就基本形成了。具体而言,开发人性的需要潜能,就是要使之转化为现实需要,开发出来的现实需要越多,满足需要的机会就会越多。开发人性潜在的能量,就是使之转化为现实的欲望、情感,开发出来的欲望和情感越多,驱动人去满足需要的动力和能量就越强,把需要变成欲望和情感、把需要的满足变成欲望活动和情感活动的力量也会越大。开发潜在的能力,就是使之转化为现实能力,开发出来的生理能力(体力)、认识能力、情感能力、意志能力(调控能力)和行为能力越强,人生存发展享受需要越能够得到好的满足,人也就越有可能得到好的享受。在人性既定的阈限内,对人性开发得越充分,所形成的人格就越好。当然,人性的阈限本身也不是完全确定的,只有在开发的过程中才能被发现,而且某种特殊的努力或现代技术手段也有可能突破阈限,实现对人性的超越。

第二,好人格是以人格道德为前提的、具有个性化特征的完善人格。好人格是人性得到充分实现所形成的完善人格,这种人格是道德的、完善的,并且具有个性化的特征。人格内涵十分丰富,涉及不同的要素、层次和结构。从人类社会生活现实看,其中最重要的是人格性质是否道德、人格要素是否健康、人格结构是否完整、人格层次是否高尚和人格是否具有鲜明的个性特色这五个方面。好人格是以人格道德为前提、以人格完善为主要内涵、具有个性化特征的人格。人格完善就是形成道德、健康、完整、高尚、个性化的人格,可以概括性地划分为人格健全(包括人格要素健康、结构完整)、人格高尚两个基本层次。

人格道德主要是指人格在性质上是道德的,具有正确的价值取向,能服务于个人更好地生活，能妥善处理个人与他人、群体和环境的关系，实现两者的利益共进。人格道德首先体现为人的品质是德性的。一个人只有品质是德性的，他的人格才会是道德的，相反一个人的品质是恶性的，他的人格就是不道德的。人格道德还体现为具有良心这种基本的道德情感以及其他道德的情感（可统称为"德情"），其对人的所有活动道德情感都能发挥自我调控作用。人格道德也体现为具有以社会道德要求为取向的意志控制机制，能在不同情境下做出正确的行为选择，能确保行为在任何情况下都是正当的。

人格健全主要指人格的各种构成要素及其结构是健康、完整、协调一致和前后一贯的，人格的各个要素没有缺损和障碍，不存在变形、扭曲、冲突、异化的情况。这样的人是全面完整的人，具有统一稳定的自我。一个知识贫乏的人不能说他人格完善，一个心理变态的人也不能说他人格完善，一个有自私、贪婪、懒惰等恶性的人更不能说他人格完善。人格健全的前提是具有自我同一性（ego-identity）。自我同一性又称"自我认同"，"就是对自我的定义与确认，即个体对自己是谁，将来要成为什么样子，以及如何适应社会的知觉与感受"。[①] 它的形成既不在青春期开始，也不在青春期结束，而是一个纵向发展的过程。

人格高尚以人格健全为基础，主要是指人格整体上达到了最高层次，有很强的自我调适能力、自我塑造能力和自我完善能力。作为人格完善的人格高尚，与通常意义上的人格高尚不完全相同。人们一般把人格高尚理解为德性高尚或有气节，这里所说的人格高尚是指人格的整体水平高、人的综合素质高，除了德性还包括观念、知识、能力等人格要素在最高层次上达到了协调一致。当然，德性在人格结构中具有更突出的地位，是人格高尚的主导方面。人格高尚的重要体现是富有智慧。人格高尚的人就是富有智慧的人，通常称其为"智慧之人"，类似于儒道两家所说的"圣人"。

一个人具有道德的人格、健全的人格，他的人格就是道德的、健全的，而在此基础上达到了高尚的层次，他的人格就是高尚的。道德、健

---

① 参见韩晓燕、朱晨海《人类行为与社会环境》，格致出版社、上海人民出版社，2009，第367～368页。

全、高尚的人格就是完善的人格，但完善的人格并不是千篇一律的，而是个性化的，人格个性化是完善人格的重要特征。由于每一个人的人性是不同的，每一个人的人格无论是否完善都各不相同。每一个人的人性本身就自然的是个性化的，在进行人格塑造和追求人格道德、健全、高尚的过程中不是要消除这种个性化，而是要在塑造道德、健全和高尚人格的过程中使人格更具有个性特色。因此，个性化也是人格完善的一个重要特性，只有具有个性特色的道德、健全、高尚的人格才是真正完善的人格。人格个性化，主要指人格具有独特性或不可替代性。一般来说，人格总是共性与个性的统一，不同人的人格总有一些共同性，同时或多或少有些差异。这种差异不是人格个性化，人格个性化不是自然形成的，而是通过自我塑造达到的。人格个性化所指的是每一个人应有自己不同于他人的独特人格，人格的共性寓于个性之中并通过丰富多彩的个性体现出来。①

第三，好人格能够使人的生存发展享受需要不断获得好的满足。人格是通过开发人性形成的，但其好坏的主要标志在于人格是否能够使人的生存发展享受需要获得好的满足。人类在进化的过程中之所以会逐渐形成人格这种人类特有的总体性心理特征，是因为这种心理特征能够更好地开发出人的需要，能够更好地满足开发出来的需要，并能够使人在满足中得到享受。但是，这种心理特征不是自然而然形成的，而是人通过开发人性形成的，人的作为起着主导作用。但人的这种作为可能是成功的、到位的，甚至是超常的，也有可能由于种种因素的影响而发生不到位或出现偏差的情况。因此，通过人的作为开发出来的人格，存在能不能更好地开发出人的需要并更好地满足开发出来的需要的问题，对于人类而言也就存在好坏的问题。

人一出生就会有生理需要，这些需要是本能的、无意识的，类似于动物。人出生一段时间后就会意识到这些需要，并会意识到安全需要。人成长到一定的年龄，尤其是在进入社会后，又会形成自尊和受人尊重的需要。所有这些需要马斯洛称之为人的基本需要，也就是人的生存需要，人要作为人在社会中生活就会自然地产生这些需要。它们不用人有意地去开

① 参见江畅《德性论》，人民出版社，2011，第 222 页。

发就会自然产生。但是，这些需要并不是人的需要的全部，而只是人的基本需要。人在满足这些需要的过程中就会形成人格，但是如果只是局限于这些需要的满足，充其量只能形成普通人格。好人格则是通过在这些需要之外进一步开发出人的发展需要形成的，而且形成后又会进一步开发发展需要甚至生存需要。好人格的重要特点之一就是不满足现状，不断进取，不断开发新的需要并满足新的需要，从而使人格更加完善。周恩来说"活到老，学到老，改造到老"，所表达的就是人不能满足现状，而要不断开拓进取。不断开拓进取就是不断开发和满足新需要，好人格中包含开拓进取的德性，因而人格好的人就会生命不息，奋斗不止。

好人格不仅能够不断开发需要，而且能够更好地满足生存发展享受需要。好人格的首要标志是有正确观念。人是观念动物，观念作为人的一切活动的定式发挥作用。认识活动有思维定式，情感活动有态度倾向，意志活动有意志力，行为活动有行为习惯（品质）等。有正确观念不仅能够保证人不会误入歧途（如犯罪），而且可以给人提供正确规导，从而使人能够顺利地实现自己的意图。

培根所说的"知识就是力量"几百年来得到了广泛的认同，而知识渊博就是好人格的标志。知识渊博不仅使人生充实，而且能够使人更好地利用资源，心明眼亮，从而更明智地生存发展享受。知识是能力的基础，知识专业才会有专业能力。

人的能力更是直接满足人的需要的主观条件。属于好人格的能力指的是人各方面的能力都强，包括认识能力、情感能力、意志能力、行为能力以及人的体力，尤其是指人职业方面的能力（通常称为"专业能力"）卓越。一个人能力强不仅能够更好地满足生理和安全需要，满足情感方面的需要，也能够开发并满足自我实现的需要。能力强的人通常被称为"强者"，强者在任何社会都不仅是能够自食其力的自助者，而且是能够为他者做贡献的助他者。相反，能力差的人通常是弱者，是需要他者帮助的他助者。

对于人格具有决定性意义的是品质。好品质主要是指德性品质，一个人的人格各要素乃至整个人格的品质是德性的，他就具有道德人格，就是道德之人。德性不仅能够给人的生存发展享受需要的开发、追求和满足提供强大的动力，而且可以营造良好家庭环境、学校环境、职场环境、社会环境，从而为自己需要的满足提供可靠的保障。一个人具备健全、高尚的人格还会产生人格魅力。具有人格魅力的人对他人会产生重要的影响力和感召力，自己也会因此更加自信和自豪。

人类之所以会通过进化形成人格这种总体性心理特征，就是因为它能够使人更好地满足需要，而好人格则能够比任何一种不好的人格更好地使人的需要得到满足。随着人类的进化，人性在进化，人格也在不断进化，不断朝着更广和更深的方向拓展。按照生物进化优胜劣汰的法则，只有好人格才会在发挥作用的过程中不断进化，而坏人格则会因为不能够正常地满足人的生存发展享受需要而在进化中被淘汰。

（二）人格的层次

好人格是相对于坏人格或不好的人格而言的，而好人格和坏人格是对人格所做的一种性质上的划分，这两种不同性质的人格本身还有程度上的差异。因此，我们需要讨论人格的层次，不仅要弄清楚什么样的人格是好的、什么的人格是不好的，还要对两种性质的人格做出程度上的区别。

在这里，笔者从我们对好生活的理解出发，着眼于人格构成的观念、知识、能力和品质四大要素进行考虑，并借鉴先秦儒家及其他哲学家的观点，将人格划分为五种：恶人人格、小人人格、常人（凡人）人格、君子（相当于贤人）人格和圣人人格。恶人人格和小人人格属于坏人格，君子人格和圣人人格属于好人格。常人人格在通常情况下属于好人格，但在不好的环境中可能转变为坏人格。这里说的"环境"指家庭环境、学校环境、职场环境和社会环境，其中最重要的是社会环境。在社会大环境不好的情况下，许多具有常人人格的人可能不能坚守道德底线，由常人人格滑落到小人人格或恶人人格。常人人格还具有过渡性的特点。在人格形成的过程中，在比较正常的环境中，绝大多数人都会先形成常人人格，然后在环境与自我相互作用下发生分化。大多数人停留在常人人格，而一部分人向上发展走向君子人格甚至圣人人格，另一部分人向下蜕变走向小人人格和恶人人格。走向小人人格的人会成为令人讨厌的人，走向恶人人格的人可能会成为罪犯；走向君子人格的人会成为社会的精英，走向圣人人格的人可能会成为政界、商界、学界的领袖；而停留在常人人格的人就会成为普通大众。

恶人人格是最低层次的人格，也是最坏的人格。从人格的角度看，恶人人格有三个方面的问题。一是观念上有严重问题。如果一个人人生观、价值观、权力观、金钱观或财富观等有严重的问题，他就可能形成恶人人格，成为恶人。比如，一个人有"人为财死，鸟为食亡"的观念，他就会不择手段敛财，最终形成恶人人格。现实生活中，许多贪官就是因为权力观、金钱观有严重问题而走上犯罪道路的。二是品质上有严重问题。一个人如果养成了极端恶性，如自私、贪婪、忘恩负义、唯利是图等，这个人的人格就是恶人人格。三是情感上有严重问题。一个人如果形成了傲慢、冷酷、残忍、仇恨之类的极端恶性，他的人格就是恶人人格。当然，这里需要指出的是，上面所说的恶人人格存在的问题，指的是上述问题已经成为一个人的行为定向或倾向，偶尔为之的不在此列，但值得警惕，防止其成为行为定式。许多恶人是有知识、有能力的人，但他们的人格出了严重问题，使得他的整个人格都成为恶的，这可谓"一粒老鼠屎坏了一锅粥"。恶人人格形成的原因很复杂，小时候家庭环境不好、长大后工作环境和社会环境恶劣都可能是诱因，尤其是个人自己或亲人受过严重伤害而在心理上留下了深刻的阴影却不能化解，会导致个人人性开发过程中发生偏差，人格中道德因素严重缺失。

小人人格是第二层次的人格，也是坏的人格。这种人格也存在明显的问题。孔子在《论语》中就曾对君子与小人做过直接对比，这些对比比较全面地勾画了小人人格的特点。具体包括十个方面。（1）看胸襟："君子坦荡荡，小人长戚戚。"（《述而》）（2）看交友："君子周而不比，小人比而不周。"（《为政》）（3）看利益："君子喻于义，小人喻于利。"（《里仁》）（4）看是非："君子成人之美，不成人之恶。小人反是。"（《颜渊》）（5）看言行："君子和而不同，小人同而不和。"（《子路》）（6）看气质："君子泰而不骄，小人骄而不泰。"（《子路》）（7）看志向："君子上达，小人下达。"（《宪问》）（8）看追求："君子怀德，小人怀土；君子怀刑，小人怀惠。"（《里仁》）（9）看人品："君子求诸己，小人求诸人。"（《卫灵公》）（10）看抉择："君子固穷，小人穷斯滥矣。"（《卫灵公》)① 小人人格形成的一个重要外在原因是人性开发不充分，尤其是德性品质没有形成，而满足基本需要的资源很匮乏，家庭或社会环境很恶劣。在这样的条件下，一些人就只顾自己，斤斤计较、贪图小利，甚至为了自己的蝇头小利不惜牺牲他者的重大利益。这个人格层次的人也基本上没有好生活，只有在所谓"小人得志"时才会有短暂的或岌岌可危的好生活。具有小人人格的人在现实生活中比较多，很难防范，甚至比恶人更可怕，许多人都吃过小人的亏。正因如此，孔子特别讨厌小人，在《论语》中对小人人格特点做充分的阐述，目的是提醒人们千万要远离小人，更不要成为小人。

常人人格是中间层次的人格，总体上看是最低层次的好人格。常人人格的基本特点是人性得到较为充分的开发，基本需要能够得到满足，并具备起码的道德素质。具有常人人格的人能够通过自己的努力和正当途径满足自己的基本需要，而这就客观上要求一个人的人格中有基本正确的观念、一定的专业知识、一定的职业能力等，至少具备底线的道德水平。常人人格中包含了道德要求，一个人要受到他人的尊重，重要前提是他必须在道德上是信得过的，至少要有良心且没有极端恶性和恶情。常人人格属于正常人格，一个人处在正常的家庭、职场和社会环境中，并接受一定的教育，就会形成常人人格。具有常人人格的人大致上能够过上正常人的生活，这种生活可以看作基础层次的好生活。无论从历史看还是从现实看，在社会中生活的大多数人都是具有常人人格的常人。这种人格之所以为大多数人选择，主要有两方面的原因：一是具备这种人格可以在世上安身立命，没有意外灾难日子就能平安过下去；二是这种日子虽然不是大富大贵，但比较轻松、从容，不用拼命去竞争，没有太大的生活压力。但是，常人人格的各人格要素基本上处于好人格的底线水平，容易滑向小人人格甚至恶人人格。因此，社会应倡导具有常人人格的人提升自己的人格层次，个人尤其是青少年要把更高的人格层次作为自己的追求，使自己成为人格完善之人。

① 参见江畅《中国传统价值观及其现代转换》（上卷），社会科学文献出版社，2020，第99页。

君子人格是好人格、精英人格。关于君子人格，先秦儒家有非常丰富的论述。概括来说，儒家所说的君子人格有以下六个方面的特质，这些方面是小人所不具备的：一是乐道尚德；二是安贫乐道，博学多才；三是言行一致；四是安定、乐观、豁达；五是敬畏有止；六是自助戒慎，内省修养。孟子特别强调君子应当具备大丈夫气概："居天下之广居，立天下之正位，行天下之大道。得志，与民由之；不得志，独行其道。富贵不能淫，贫贱不能移，威武不能屈，此之谓大丈夫。"（《孟子·滕文公下》）"穷则独善其身，达则兼善天下。"（《孟子·尽心上》）关于君子应当怎样行动，《易传》做了非常完整详细的阐明，在对《易经》六十四卦每一卦所做的解释中，都谈到君子应当如何面对这一卦象。所有这些论述的核心思想也许可以用《易传》中解释乾卦和坤卦的两句话加以表达："天行健，君子以自强不息。"（《周易·乾卦·象传》）"地势坤，君子以厚德载物。"（《周易·坤卦·象传》）《中庸》中记述了孔子对君子的两句总体表述："故君子尊德性而道问学，致广大而尽精微，极高明而道中庸。温故而知新，敦厚以崇礼。""是故君子动而世为天下道，行而世为天下法，言而世为天下则。"孔子的这两句话表达了他心目中君子的理想状态，也是他为君子提供的应当怎样的理想标准。① 先秦儒家关于君子人格思想的许多内容在今天都值得弘扬。

从好人格的角度看，君子人格是指在能够充分满足自己的基本需要的前提下不断追求自我实现需要的满足并达到了人格健全层次的人格。其主要特点是，确立了正确的世界观、人生观、价值观，掌握了渊博知识，专业能力卓越，具有完善的德性品质和德性情感，明智审慎，具有智慧。君子人格不会自发形成，而必须通过较为艰苦而长期的学习、修养和锻炼才会成就。具有君子人格的人通常能够找到层次比较高且适合自己专业的工作，能够在工作中取得成绩，同时也会营造良好的家庭环境和人际关系，能够过上高级层次的好生活。君子人格的形成，表明一个人各个方面都得到了相当好的发展，享有较高的社会地位，属于社会的精英。具有这种人

---

① 参见江畅《中国传统价值观及其现代转换》（上卷），社会科学文献出版社，2020，第95～100页。

格的人在生活方式上会发生一个重要的转变，即不再把满足基本需要而是把人格完善或自我实现作为人生目的，工作不是为了谋生，而是为了自我实现。他们热爱生活，珍视工作，持重沉稳，注重社会声誉和形象。

圣人人格是最好的人格，也是领袖人格。关于圣人人格，先秦儒家和道家都有很多论述，只不过他们赋予圣人的含义相去甚远。孔子和儒家所描述的圣人（先王）之圣主要体现在他们的杰出贡献上，其特点主要有三个方面：一是圣人目光敏锐，能顺应天地人之道；二是圣人智慧超凡，创制八卦以昭示吉凶；三是圣人德性高尚，顺应天道以德养民。老子谈圣人涉及的范围比孔子广泛得多，涵盖圣人对待天道、自然、人生的各个方面，认为圣人就是在所有这些方面都表现出卓越智慧并达到崇高境界的人。在老子眼里，圣人以无为实现有为；圣人不讲仁义，但"兼善天下"；圣人顺从自然，朴实无华；圣人富有智慧，品质高尚。虽然儒家和道家对圣人的具体含义理解不同，但他们都认为圣人是德智兼优、尽善尽美的完善之人。后来朱熹对圣人做了这样一个界定："圣人万善皆备，有一毫之失，此不足为圣人。"（《朱子语类》卷十三）① 朱熹的这个界定把圣人上升到了神的地位，现实中不会有这样的人，这是对孔子、老子的圣人人格的过度解读。智慧超凡而非万善皆备才是孔子和老子推崇的圣人的本质特征。

从好人格的角度看，圣人人格不仅基本需要能得到充分满足，而且自我实现需要也得到了充分满足。其最重要的人格特征在于，观念正确而超前、知识渊博而融通、能力全面而卓越、德性完善而高尚，人性得到了充分而圆满的实现。具有圣人人格的人可以过上最高层次的好生活，但他们的生活具有超然性，人格超凡脱俗，其思维方式和行为方式普通人常常难以理解。达到这一人格难度极大，孟子曾说"五百年必有王者兴"（《孟子·公孙丑下》），其中的"王"指的是圣王、圣人。虽然圣人的出现没有孟子说得那么难，但圣人在人类历史上也是凤毛麟角。圣人人格以具备特殊的天赋为前提，要经过艰苦的修养锻炼，甚至还要经历长期的磨难才能

---

① 参见江畅《中国传统价值观及其现代转换》（上卷），社会科学文献出版社，2020，第103~106页。

够形成，中外历史上达到了圣人人格的人大多如此。尧、舜、孔子、苏格拉底等。当然，即使是圣人，也不可能是"万善兼备"、十全十美的，可能会有这样那样的局限和缺点。事实证明，人间没有像上帝那样完善的人格，即使有那样的人格，也只是在成熟时期才如此，并非生来如此、终生如此。

谈到人格的层次，就涉及人格层次与人生境界的关系。中国传统文化中有丰富的探讨不同人格的文献，但似乎未见有关于人生境界的直接讨论。"人生境界"概念应是冯友兰第一次明确提出的，他根据人对自己生活境遇的"觉解"将人生划分为自然境界、功利境界、道德境界和天地境界。后来张世英按照人自我的发展历程、实现人生价值和精神自由的高低程度也将人生划分为四个境界，即欲求境界、道德境界、求知境界和审美境界。显然，这种人生境界不同于人格层次，不同于传统儒家小人、君子和圣人的人格层次划分。人格层次是就人性整体开发的结果而言的，而人生境界是就人格发挥的结果而言的，它们是人的生命过程的两个不同层次的标示。

人的生命过程有三个层次，即人性、人格和人生，其中只有人生是外显的，是人格见之于现实的层次。人性是在父母那里获得先天禀赋之后主要靠父母等亲人和教师的影响形成的，个人的作用不是很大；人格可以完全在家庭、学校和社会等环境的影响下自发形成，也可以由个人在环境影响下自主造就；人生则不同，它是人格见之于生活的过程，在这个过程中，个人的作为十分重要，但社会环境也有决定性的影响。假如一个人不得不终生生活在一个充满战乱而又极度贫困的国家，他的人生肯定是苦难不堪的，根本无不同的人生境界可言。这就是说，人生的境界取决于社会环境，在苦难的社会，任何人的人生境界都是苦难的，不会有层次之分。因此，学者们所说的人生境界不是真正意义上的人生境界，而只不过是人生精神境界。"人生精神境界"与"人生境界"显然是两个概念。

（三）好人格与好生活

好人格之"好"从根本意义上看就在于它有利于人类更好地生存，而直接地看是好生活的充分主观条件，能够让人真正过上好生活的人格就是好人格。当然，仅仅具备好人格并不就能使人过上好生活，好生活除了需要好人格这一主观条件之外，还需要好家庭、好学校、好职场、好社会、好自然等客观条件。但是，即便是好人格也必须见之于实践，必须通过行为活动体现出来，如此才会有好生活。否则，一个人的人格再好，也不能过上好生活。然而，好人格的发挥会受到诸多不可控的主客观条件的制约。如果不考虑外在条件，好人格是与好生活正相关的。人格越好，生活就越好，反之亦然。好人格与好生活之间的直接内在关联性表明，任何人要想过上好生活都要造就好人格，要想过上更好的生活就要造就更好的人格，而没有好人格就不可能过上真正的好生活。

第一，具有恶人人格的人只能过上痛苦的恶生活。具有恶人人格的人是恶人。恶人人格不能使人的生存需要得到满足，更谈不上发展需要的满足，因而具有恶人人格的人不能过上好生活，相反只会过上恶生活，即恶人生活。恶人人格之"恶"主要是指道义上的，即人格在道德上是恶的，表现在行为上就是有害于他者（包括他人、组织群体、基本共同体、人类整体）。这种人格除了道德品质是恶的之外，其他的品质要素可能是好的。希特勒是举世公认的恶人，但他的能力肯定是卓越的，否则他不可能成为德国纳粹党的党魁。诸如希特勒之类的恶人，其恶人人格使他们从损害他者开始，最后使自己过上痛苦不堪的生活，甚至使自己死于非命（如希特勒自杀、墨索里尼被绞死）。

具有恶人人格的人必定会过上痛苦的生活，至少体现在三个方面。一是过上贫乏的物质生活或失去自由的生活。一些人因为作恶而被剥夺了财产甚至基本生活资料，还有一些人因为犯罪而蹲大牢。二是过上心灵不安宁甚至惶惶不可终日的生活。一些人做了恶事，虽然未被发现，但事后非常害怕东窗事发，因而长期处于惶恐之中，生活再无快乐可言。三是过上良心终生备受煎熬的悔恨生活。有些人干了坏事后虽然受到了应有的惩罚，但这些坏事仍然让他终生后悔不已，无法让自己解脱。

需要注意的是，恶人人格作恶有作恶的行为定式，只要有机会他就会作恶甚至有时会做一些损人不利己的事情。只有当一个恶人彻底改变恶人人格时，他才能不再习惯性地作恶。但是，即便如此，他的生活也会有阴影，也难以过上轻松的好生活。

　　第二，具有小人人格的人过不上好生活。具有小人人格的人是小人。小人人格不能使人生存需要尤其是情感方面的需要得到充分满足，更谈不上发展需要产生和满足的问题，因而具有小人人格的人也不能过上好生活，通常只能过坏生活，即小人生活。孔子用"小人"表达虽然不是邪恶的但却是令人讨厌的那一类人的人格，十分贴切。小人人格的显著特征在于"小"，用通俗的话说就是"小气""小心眼""占小便宜""贪图小利""小人得志"等。

　　小人生活具有几个明显特点。一是低下。小人的生活通常只局限于物质生活，情感需要不能得到满足，更谈不上自我实现。小人没有对他者的爱，不讲归属感，既缺乏自尊也得不到别人的尊重。二是卑微。小人人穷志短，畏畏缩缩，卑躬屈膝，阿谀逢迎，缺乏骨气和胆量，占点小便宜便沾沾自喜，为了小利益可牺牲他者的重大利益，甚至可以出卖自己的人格和良心。我国抗日战争时期的汉奸大多数都具有小人人格。三是狭隘。小人患得患失，目光短浅，贪图小利，得志便猖狂，其结果往往是因小失大、得不偿失、"捡了芝麻丢了西瓜"。四是孤独。小人斤斤计较，喜欢搬弄是非，缺乏应有的责任担当，因而没有真正的朋友，人们对小人往往避之唯恐不及，小人的世界里只有一个孤独的自我。

　　所有这些特点表明，小人生活是自私的、可怜的、阴暗的、令人哀叹和同情的。小人的生活通常处于最低层次，既无高层次的需要，更缺乏满足高层次需要的素质。他们除了偶尔得到点小利引起的窃窃自喜之外，人生没有真正的欢乐和幸福，当然也就无好生活可言。小人过不上好生活是由其人格决定的，小人要过上好生活，就必须下决心改造自己的小人人格，使之成为常人人格以至更高层次的人格。这种改造虽然相当难，但必须进行，否则小人就只能过着可悲的生活而不能超脱。

　　第三，具有常人人格的人可以满足基本生存需要，过上低层次的好生活。具有常人人格的人就是常人，即普通人、平常人、一般人。常人人格一般来说是能使人的基本需要得到满足的人格，但是自我实现需要没有产生或者没有得到满足，因而常人的生活是一种低层次的好生活，即常人生活。

　　常人生活主要有以下特征。一是有比较可靠的生活保障。常人一般身体健康，有劳动能力和一定的专业能力，有较稳定的职业并具有再就业能力，因此个人和家庭有比较稳定的收入。收入水平虽然不高，但能养家糊口。二是有稳定的家庭生活和个性生活。常人通常家庭完整和睦，家庭摆脱了贫困，也可能达到小康之家甚至殷实之家的水平。个人有比较稳定的亲友，有自己的朋友圈，有一些个人的兴趣爱好。三是有基本道德素质。常人在通常的情况下有良心，有不太强的道德感，有基本的德性品质，遵纪守法，不会违反社会的道德规范。四是人格基本健全。常人的一些基本观念是正确的，有一定的专业知识和专业能力，无明显人格障碍和缺陷，有自我调适能力，能够处理日常的人际关系。

在正常情况下，常人既衣食无忧，也有正常的情感生活，能过上通常所说的"好日子"。常人一般没有恶人人格的那些邪恶品质，也没有小人人格的那些问题品质，生活安稳，平常不会受到侵扰。但是，他们的好品质并不是坚定不移的，由于其人格处于好和坏的边缘，经常会发生这样那样的问题，不能做到防微杜渐和慎独。因此，常人的好生活容易遭到破坏或损害，而且生活出现问题时常人常常无力应对，也难以正确面对。常人的这种低层次的、不稳定的好生活是由常人人格决定的，要提高常人的好生活水平，就要提升常人的人格层次，使常人人格上升到君子人格。

第四，具有君子人格的人能够过上高层次且稳定的好生活。具有君子人格的人是君子。君子人格不仅能使人的生存需要得到充分满足，而且能使人的发展需要得到基本满足，因而具有君子人格的人能够过上标准的好生活，即君子生活。

君子生活有几个基本特点。其一，物质生活有可靠的保障。君子是社会的精英，他们能找到适合自己专业和兴趣的工作，有较高的薪酬，而且再就业能力强。因此，他们的生活一般都在殷实水平以上，在当代中国属于先富起来的人群。其二，有丰富的情感生活。君子一般有稳定和睦的家庭，对家庭、职场、国家有认同感和归属感，有自己的密友和朋友圈，对他人有爱心，能够得到他人的尊重。其三，有正确观念。君子具有正确的世界观、人生观和价值观，观念完整系统，对社会变化敏感，能适时地更新观念，因而观念比较前卫、先进。其四，有专业知识和专业能力。当代君子通常受过高等教育，有专业特长，平常注重学习和知识更新，专业能力和综合能力强，能够从事难度大的工作，工作效率高、效果好。其五，道德素质高。君子注重自己品质、情感和智慧修养，良心和道德感强，道德品质完善，道德情感丰富，尤其具有强烈的事业心、责任感，能够正确对待自己和他者，有良好的人际关系。

对于君子来说，生活不是为了谋生，而是为了贡献，他们通过对他者的贡献而获得自己所需要的生活资源。与君子人格匹配的好生活是普通人所能够追求的最好生活，一个人过上了这种生活就会对生活感到满足、满意，就会有自信心、自豪感。虽然自古至今君子只是社会的少数，但随着历史的发展，君子在人口中所占的比重会逐渐增加。今天，发达国家的白领阶层大致上属于君子范畴，白领阶层在社会人口中占比呈明显增长态势。从人类发展的未来看，君子将会从社会的少数上升到大多数，成为社会人口中的主体群体。

第五，具有圣人人格的人能够过上普通人难以想象的超凡脱俗的好生活。具有圣人人格的人是圣人。圣人人格是对君子人格的巨大跨越，这种人格不太重视生存需要的满足，而极度重视发展需要的满足，追求人格高尚，尤其是致力于为人类做出巨大贡献，因而具有圣人人格的人能够过上一种超凡脱俗的好生活，即圣人生活。对于圣人生活，常人甚至君子都有一种"高山仰止，景行行止"的感觉。圣人生活的基本特点是伟大、神圣，具体体现在以下几个方面。

其一，人性得到充分实现，尤其是发展需要得到了充分满足，综合素质达到了最高的程度。朱熹的"圣人万善皆备"虽然有些极端，但可以肯定，圣人始终都在不断开发自己的人性，使自己的人格达到完善的程度。他们的观念不仅正确，而且前卫，领先于时代，具有"先知"的品格。他们视野开阔、知识渊博，能够将知识灵活运用于自己的实践。他们的能力尤其是专业能力极其卓越，能够解决时代面临的根本性的重大问题。他们的道德素质达到了最高的程度，具有大爱情怀，事业心、责任感、使命感、正义感极其强烈，人格健全、高尚。

其二，生活就是贡献，全身心地为人类做出自己的贡献。圣人终生献身于人类的解放、自由和福祉，在某一方面（如思想、政治、宗教、艺术等方面）为人类做出超绝的贡献，使人类在该方面实现了历史性跨越。他们活着就是为了实现自己的理想和追求，生活和事业有机融为一体。

其三，以苦为乐，历尽苦难痴心不改，富有巨大的牺牲精神，甚至常常伴有悲剧性。圣人的思想和实践高度超前，因而他们的所作所为常常不能为普通人和政治当局所理解，甚至遭到人们的讥讽、嘲笑，受到政治当局的迫害。但是，他们矢志不渝，坚忍不拔，从容面对一切诽谤、诬蔑、攻击、迫害，并且大义凛然、视死如归。圣人乐观、豁达、从容、超然，"不管风吹浪打，胜似闲庭信步"是对圣人品格和胸怀的生动写照。

总之，圣人生活是一种超常的好生活，是普通人甚至君子无法享受的圣洁生活。先秦儒家和道家都给人们提供了成为圣人的路径和方法，但实际上没有多少指导意义。可以说，圣人是可遇不可求的，圣人人格的形成极其特殊，虽然与时代变革和文化传统有深刻的内在关联，但并无规律可循。历史事实证明，社会既无必要也无可能培养圣人，但可以鼓励人们学习模仿圣人，以净化自己的灵魂，提升自己的人生境界。

人格的好坏之所以对生活的好坏具有如此直接的决定性作用，是因为人是生活的主体，而人格是生活主体的充分主观条件，或者说，人格就是现实的正常成年人的真实自我，就是正常成年人生活的主体。生活是人格的体现，人格则是生活的底蕴。虽然人格与生活之间存在个人作为问题，但作为本身受制于人格。

首先，人格决定需要的层次和维度。不同人格拥有不同层次、不同维度的需要系统。需要系统通常体现为欲望系统，人通过开发人的需要的潜能，形成了完整的欲望系统。一般来说，人格的层次越高越注重向需要的深度和广度开发，开发出来的需要层次和需要维度也就越丰富。人格既是需要开发的结果，又最终规定着需要层次和维度开发的程度。

其次，人格包含欲望满足所需的身体（客观）条件和心理（主观）条件。如果我们把人格理解为现实的人，那么人的身体和心理都属于人格的范畴。一个人的身体和心理越是健康，观念越正确、知识越渊博、能力越卓越、品质越道德，他具备的满足自身不同层次欲望的条件就越充分，也就越能过上好生活。

最后，人格决定欲望满足所需的作为。欲望的满足需要身体和心理条件，也需要人的作为，而一个人作为的能力、作为的动力都包含在人格之中。人格越健全、越高尚，人越是具有作为的能力和动力。好人格才会有好作为，坏人格则难有好作为。

二　身体健康

关于身体健康的重要性有这样一个比喻：健康好比 1，家庭、事业、财富、地位、名誉等都是后面的 0，如果没有这个 1，后面的 0 都会变得没有意义。健康是人生幸福的基础，也是好人格的题中应有之义。中西古代哲学在对待人的身体（包括生理和心理）问题上存在巨大差异。西方古代哲学对人的肉体及与之相关的情感和欲望持完全否认态度，而中国在先秦时期通常不仅不否认身体（包括欲望和情感）对于人生的重要意义，而且还十分重视身体健康。儒家把修身作为人生之根本，道家更是形成了一整套养生的理论和方法。随着近代自然科学的发展，身体健康问题逐渐成为生理学、心理学、医学、卫生学等学科的研究领域，哲学则自觉不自觉地放弃了这一领域。法国哲学家梅洛－庞蒂、福柯等人虽然研究身体问题，但所关注的不是身体健康，而是身体的现象学意义。

哲学既然要研究好生活、好人格，就必须研究作为其基础并对它们具有根本意义的好身体。好身体就是健康的身体，但身体健康有科学的标准，也有哲学的标准。道家把精气神作为身体健康的哲学标准对于今天具有启示意义。身体健康也有不同层次或境界，最高境界就是精气神充盈、身心通透。

（一）人格与身体

人格是人的位格，人格不是空虚的，也不是形式的，而是实在的、实质的，是有血有肉的。以往的心理学和伦理学几乎都把人格视为一种心理现象，认为人格是人的形象，是人的总体心理特征。这种理解是不对的。人格是相对于潜在的人（人性）而言的现实的人，或者说是由潜在的人转化而来的现实的人。人格不只包括心理层面，也包括生理层面，好人格是以好身体为基础的。

人格是人的实然本质或现实规定性，甚至可以说一个人的人格就是这个人。现实的人本身是一个不可分割的身心整体。古希腊思想家把人二元化为灵魂和肉体或更极端地把人划分为理性和感性两个方面，感性包括欲望和情感，与肉体感受相关联。因此，对于他们来说，人并不是一个有机整体，而是二元对立的，人活在世界上就是要使人的灵魂或理性战胜肉体或感性。古希腊哲学家对人的这种理解在科学中得到了弘扬或印证，西方有关人的科学都是把人划分为不同方面的，而基本的方面就是生理和心理，于是有了生理学和心理学。虽然西方古代思想家不怎么讲人格，但他们的学说包含人格方面的思想，到了近代，"人格"则成为心理学的重要概念，甚至还有人格心理学学科。在西方，自古以来人格都属于灵魂、理性，与肉体、感性几乎没有什么关系。

与西方不同，中国先秦思想家基本上都把人视作整体，无所谓灵魂与肉体、理性和感性之分。虽然那时也有"神"或"魂"与"形"的说法，如"魂气归于天，形魄归于地"（《礼记·郊特性》），但那是指人死后神形分散。儒道两家都讲人格，而人格并不是指人身体中灵魂或理性的方面，而是整个人的身体，包括躯体或形体（形）和灵魂（神）、心（心灵）和身（肉体）。所以，先秦的思想家特别强调修身，其中包括修行、修心、修性。中国传统哲学讲的修身，用今天的话讲，就是开发人性，使之转化为人格。只不过这种转化不是仅仅转化人性的理性方面，而是转化全部的人性，使本然本质转变为实然本质，使潜在的人性转变为现实的人格，使应然之人成为实然之人。

人的生理和心理构成了人的身体，但生理和心理是关于身体的科学概念，如果用中国传统哲学术语加以表达，人的身体包括体、心、性三个层次。"体"指形体或生理，即狭义的身体；"心"指人的心理，包括作为身体组成部分的心理活动和对人性开发形成的人格；"性"则是人之为人的本性。一个人的本性就是他的人性，其中既包括所有人的共同本然本质，也包括他的特有本然本质。人的本性通过心和体得到体现，就是他的实然本质或现实规定性。这种现实规定性实际上就是人的人格。当然，实然本质并不一定是本然本质的如实体现。由此可以看出，人格与身体的内在关联性在于：人格就是人的心和体，而其根基是人的性。也可以说，人格是人的本性（本然本质）见之于人的本质（实然本质），包含体、心、性三个由表及里的层次，是三个层次的有机统一体，但突出体现为"心"，即心理特征。

首先看看人格与"性"的关系。这里所说的"性"指的是人性或人的本性。笔者在很多著述中论及人格是人性的现实化或自我实现，已经回答了人格与人性的关系。在这里，我们把人性作为身体的根本属性或一个层次来讨论它与人格的关系。就人类整体而言，人性是人区别于宇宙万物的规定性或本然本质，但它本身又包含着与不同层次事物相同的本然本质。比如，人性包含宇宙万物所共同具有的存在性、与动物共同具有的动物性等。宇宙中的事物演化和进化的程度越高，其本性的层次也就越多，人处于宇宙万物进化的顶端，因而人性的层次最多。人类与万物共享的本性加上自身独具的本性就是人类的人性。就人类个体而言，人性是人类共享的本性或本然本质再加上个人自己独具的个性或独特性。因为在人类共享的本性中加入了个人独具的个性，所以每一个人的个性彼此不同，这种不同的人性就是个人的人性。个人的人性分享了人类的人性，而人类的人性分享了宇宙万物不同层次的物性。个人的人格与身体的关系，首先就是与作为个人身体（包括身心）的本性或本然本质的关系，人格是身体本性的现实化，是身体本然本质得以现实化的实然本质。

上面所讨论的人与万物所共享的本然本质及其规律，有些类似于中国传统哲学所说的"道"。中国传统哲学在宇宙本体方面做出了三方面的贡献：一是洞察到万物共享的本性或本然本质，即"道"；二是把具体事物特殊的本性看作对万物共享本性的分享或秉承；三是事物秉承的本性得到发扬光大就是事物本身，即"德"。"德"就是事物本然本质现实化为实然本质并通过形体体现出来的。但是，中国传统哲学至少存在两个含糊的地方。其一，它把所有事物的本性都看作对宇宙万物共享本性（道）的分享，似乎不同层次的事物不具有自己独具的本性。比如，如果说人像动物一样分享了"道"，而人与动物本身在本性上没有区别，那么，人与动物为什么会实际上有区别呢？这就是说，中国传统哲学无法解释宇宙万物有不同层次的差异以及同一层次的事物之间的个体差异问题。其二，它把事物看作由道产生的，那么就意味着道既是无形的本性，又是有形的基因或胚胎。这就混淆了事物的本性与其形体之间的区别，事物的形体不是由事物的本性产生的，而是宇宙演化产生的。事物的形体是事物本性的载体，而事物的本性是事物的本然本质，隐含在事物演化或进化过程中积淀下来的潜能之中。这种本然本质可以体现为实然本质，在人这里，这种实然本质就是人格。

其次看看人格与"心"的关系。"心"也是中国传统哲学的术语，在中西哲学史上也被称为"心灵""灵魂"等，而在现代科学中被称为"心理"，与"生理"相对应。从身体的角度看，"心"指心理活动。心理活动是大脑对客观世界反映的过程，它与大脑的高级神经活动一样都是脑内同一生理过程的不同方面：从兴奋与抑制相互作用而构成的生理过程看，是高级神经活动；从神经生理过程所产生的映象及所概括的事物的因果联系和意义看，属心理活动。笼统地讲，人的内心所进行的一切活动都属于心理活动，包括我们所说的人格形成和发挥。心理活动既包括心理过程，也包括个性心理特征。人格与"心"的关系包括人格与这两种含义的心理活动的关系。需要指出的是，心理学通常把能力、气质、性格等构成的个性心理特征视为人格，但从哲学的角度看，人格并不主要是由这些要素构成的，而是由观念、知识、能力、品质等要素构成的。因此，哲学并不将心理学的个人心理特征视作人格。

在心理学意义上，心理过程是指在客观事物的作用下，心理活动在一定时间内发生、发展的过程，主要包括认知过程、情绪情感过程和意志过程三个方面。认知过程指人以感知、记忆、思维等形式反映客观事物的性质和联系的过程；情绪情感过程是人对客观事物的某种态度的体验；意志过程是人有意识地克服各种困难以达到一定目标的过程，包括自觉性、果断性、自制性和坚韧性等，在意志过程中产生的行为就是意志行为。知、情、意、行有各自发生发展的过程，但并非完全独立，而是统一心理过程中的不同方面，它们相互联系、相互制约、相互渗透。心理过程是就一般意义的心理活动而言的，每一个人的心理活动都包括知、情、意、行的活动及其过程。从个体的角度看，人格就是在知、情、意、行有机统一的基础上形成的稳定的个性特征。人格中的知识是认识的结果，观念则是在知识基础上形成的信念，能力包括以体力为基础的知、情、意、行能力，品质则是根据相关观念、知识在能力尤其是意志力的作用下逐渐形成的。从一定意义上可以说，人格就是在心理过程中自发形成或自觉造就的具有稳定性的个性心理特征。

个性心理特征是指人的多种心理特点的一种独特的结合，是个体经常、稳定地表现出来的心理特点，比较集中地反映了人的心理面貌的独特性、个别性。它主要包括三个方面：能力，标志着人在完成某种活动时的潜在可能性上的特征；气质，标志着人在进行心理活动时，在强度、速度、稳定性、灵活性等动态性质方面的独特结合的个体差异性；性格，鲜明地显示人在对现实的态度和与之相适应的行为方式上的个人特征。人格中的能力大致上与心理学个性特征的能力相一致，品质则包含心理学个性特征的性格和气质。现行心理学的个人心理特征理论存在一个明显缺陷，即没有考虑到观念和知识这两种个性心理特征。严格来说，只有在能力、品质（气质、性格）之外加上观念和知识，才是完整的个性心理特征，它们一起构成人格。

观念是人的思维定式，其正确与否直接决定着人格是否健康、道德，甚至关系到人是否追求人格的健全和高尚。品质也是人在开发和运用能力的过程中逐渐形成的行为定式。在品质的形成过程中，意志具有决定性的作用，只有通过意志的力量，一些观念才能成为品质。观念以及知识对品质的形成也有重要影响，品质实质上是将某些观念和知识转化为行为定式。知识是人在开发和运用认识能力的过程中逐渐形成并积淀下来的心理特征，它对能力和观念具有直接的影响。知识是能力尤其是专业能力的基础，没有专业知识就不可能有专业能力。人对一些知识逐渐产生确信并使之成为信念时，这些知识就成为观念。能力主要指人的认识能力、情感能力、意志能力和行为（意志行为）能力等，它们在人性中都有直接对应的潜能。能力强弱决定着人格力量的强弱。品质是人格的品质，品质好，人格就完善；品质高，人格就高尚。品质存在道德性，品质道德与否决定着人格道德与否。道德的品质即德性是品质完善和人格完善的前提，也是人更好地生存发展所要求的品质。

观念、知识、能力和品质作为人特有的人格要素，都是人特有的心理特征，因而也是作为人特有的身体要素的"心"的要素。正是这些心理特征构成了人之为人的实然本质，它们是人区别于宇宙中任何其他事物的标志。

人特有的心理特征都是人开发自己本性（人性）的产物，它们都在人性中有其潜能。人格作为人的实然本质是人本然本质即人性的体现。人格的存在表明人性也区别于宇宙万物的本性。在宇宙万物中，只有人性能够开发出人格，其他事物则无论怎样开发也不可能形成人格中的任何一种要素，更不可能开发出整个人格。如前文所述，人性之中包含宇宙中不同层次事物的本性，但由于人性包含了人独具的本性，人性中包含的宇宙中不同层次事物的本性发生了质的变化。人独具的本性就是人的主体性，具体体现为人的自为性和社会性。人的自为性和社会性使人与其他不同层次事物共享的本性发生了质变。人和万物一样具有存在性，但人能够意识到自己的存在，并在社会中通过自为使自己按照自己的意图和目的存在于世。人和生物、动物一样具有生物性、动物性，但人由于有自为性和社会性而使生物谋求生存下去的活动、动物谋求生存得好的活动转变成为谋求生活得更好的活动，于是有了人类日益繁荣的文明。人性的主体性或者自为性、社会性是潜在的，只有当它们转化为人格后才能变成现实的主体性，现实的主体性正是人格的本质规定性。人格与人性的关系实质上就是中国传统哲学所说的"心"与"性"的关系。

最后看看人格与"体"的关系。作为人格实质内涵的"心"并不是独立存在的实体，而是人的形体的功能。可以说，人的"体"是人的"心"的载体。宇宙万物都有"体"，而且"体"都有其功能，但只有人的"体"才有"心"这种独具的功能。"心"是人类长期进化的产物，人类脱离动物时，人就有了"心"的萌芽，而这种萌芽的出现正是人类脱离动物的标志。在人类约300万年进化史中，人的"心"日益强大，最终形成了"人格"这种形式。相比较而言，人的"体"看起来似乎没有太大的变化，但必须肯定的是，如果人的"体"没有变化，人的"心"不会有大的变化。实际上，在"心"变化的同时，"体"也在不断变化。两者之间不仅相互依存、相互促进，而且相互生成、相互成就。

从逻辑的角度看，"体"变是在先的，有"体"变才有"心"变。因为"体"是一个生命系统，而"心"是"体"之"用"，是该系统的功能。只是这种变化不是外形上的，而是质量上的。就外形而言，无论是人类与人类的祖先森林古猿相比，还是现代人与原始人相比都变化不大，但形体的质量却有质的变化。比如，拿"心之官"的人类大脑来说，它与动物的大脑相比，除了大脑皮层的表面积、大脑的重量与体重之比占优势以外，人的大脑还有以第二信号为刺激条件的高级神经活动区域，这是人类的高级智能之所在，是任何动物都达不到的。如果我们肯定"心"的发达以"体"的发达为前提，那么我们就得肯定人格对"体"有绝对的依赖。

（二）体质强健

体质强健也就是生理强健，它是生理健康的最佳状态，也是好人格必备的生理条件。人的生理（或称作"形体"）好坏取决于体质。体质是人类个体在形态结构和功能活动方面所固有的、相对稳定的特性，是人的生理素质的集中体现。体质好坏受先天遗传的影响，但后天造就具有决定性作用。体质是人格的基础和前提，有好体质才会有好人格，完善的人格要求强健的体质。体质强健意味着形体的整体素质高，其前提是形体健康，而形体健康的前提是身体无重大疾病和伤残，其基本体现是精气神充盈、身心通透。

自古以来，关于人类健康有种种不同的说法，也有种种不同的标准。人们谈论健康的时候通常身心不分，既包括生理方面也包括心理方面。这里我们主要从生理方面讨论身体健康及其最佳状态——体质强健。根据有关文献和笔者本人的感受，可以把脸色红润、头发润泽、双目有神、中气充足、行动灵便、消化良好、睡眠高效、头脑清晰、情绪稳定、免疫力强等10个方面视作形体健康的主要体现或标志。

人不能只满足于形体健康，还要努力使自己体质强健。体质强健的主要标志是精气神充盈。"精气神"是中国传统养生理论的一个重要概念。道家把"精气神"视为人体生命活动的原动力和基本要素。自然界的运动变化离不开太阳、月亮、星星，人体生命离不开精、气、神。所以道家有"天有三宝日月星，地有三宝水火风，人有三宝精气神"之说。在道家看来，"精"是人生命的起源，"气"是维持生命的动力，而"神"的活动乃生命的体现。道家认为，天地万物及个体生命皆生于混沌之气，"气生精，精生神，神生明"，养生治身则要循此自然之道：炼精化气，炼气化神，炼神还虚。精气神三者之间互相依存，缺一不可，共同承担维护生命的责任。"三气共一，一为精，一为神，一为气。此三者共一位，本天地人之气根。神者受之于天，精者受之于地，气者受之于中和，相与共为一。故神者乘气而行，精者居其中，三者相助为理。"(《太平经圣君秘旨》)

人的生命是由精气神合于"道"而成的，人欲长寿，就必须"爱气、尊神、重精"(《太平经圣君秘旨》)，守气合神，使精气神不离形体。精充气就足，气足神就旺；反过来说，神旺说明气足，气足说明精充。古人有"精脱者死，气脱者死，失神者死"的说法，这表明精气神三者是人生命存亡兴衰的根本。所以，精气神在古代被视为人身"三宝"，保养精气神是健身、抗衰老的主要原则。① 精气神充盈是体质强健的标志，当人达到精气神充盈的状态时，人就具有旺盛的生命力，身体充满生机活力，感觉有使不完的劲。

除极少数人有先天性疾病或受意外伤害外，体质强健是人自己作为的结果，一个人的体质是否强健主要取决于他自己。要使自己的体质始终强健，最直接的是要注意饮食、营养、锻炼、保健、习惯。

第一，饮食合理。饮食（又称"膳食"）是指我们通常所吃的食物、喝的饮料。合理的饮食能够提供充足的营养，提高健康水平，预防多种疾病的发生发展，延长寿命。不合理的饮食，以及营养过度或不足，会给健康带来不同程度的危害。饮食过度会导致肥胖症、糖尿病、胆石症、高脂血症、高血压等多种疾病，甚至诱发肿瘤，如乳腺癌、结肠癌等。这些疾病不仅严重影响健康，而且会缩短寿命。饮食不足会导致营养不良、贫血，造成多种元素、维生素缺乏，影响儿童智力生长发育，使人体抗病能力及劳动、工作、学习能力下降。

第二，讲究营养。营养指人体为维持正常的生理、生化、免疫功能及生长发育、代谢、修补等生命活动从外界环境中摄取的物质，通常被称为营养素。合理营养可维持人体的正常生理功能，促进身体健康和生长发育，提高机体的劳动能力、抵抗力和免疫力，有利于某些疾病的预防和治

---

① 参见江畅《中国传统价值观及其现代转换》（上卷），社会科学文献出版社，2020，第239页。

疗。营养不合理会产生生理障碍以致发生营养缺乏病或营养过剩性疾病（肥胖症和动脉粥样硬化等）。人体所需的各种营养素分为七类，即蛋白质、脂肪、糖类（碳水化合物）、无机盐（包括微量元素）、水、维生素和膳食纤维。人体对这些营养素不仅有量的需求，而且各营养素之间还应有合适的配比。

第三，经常锻炼。这里说的锻炼是指利用计划性的、结构性的、重复性的肢体活动来提高一个或多个身体部位的健康状况的体力活动。锻炼对于形体健康具有重要意义：可以增强心肺功能，使心脏收缩和舒张功能改善，心脏跳动次数减少，使肺活量增大，增加肺和组织中的气体交换，促进二氧化碳的排出；可以降低血液中胆固醇的含量，提高血液中的高密度脂蛋白胆固醇含量，这种物质能够清除血管中沉积的脂肪和胆固醇，从而起到预防动脉硬化、冠心病、高血压、脑中风等疾病作用，延缓心血管系统的衰老；可以改善神经系统的功能，增强记忆力，提高机体反应的灵活性，使老年人保持充沛的精神，提高生理自理能力和工作效率；可以增强人体的免疫力，增强机体对寒冷、高温等不良环境因素的适应性，提高机体对各种疾病的抵抗力。锻炼不仅能够促进人体新陈代谢，改善人体生理功能，提高精力，增强体力，防止早衰，而且还可以培养人的勇敢、刚毅、担当等重要德性品质以及自信心。在今天，许多人大致知道锻炼的重要性，也偶尔参加一些锻炼，但不是有规律的、经常的。这种"三天打鱼，两天晒网"式的锻炼也有意义，但不能达到使身体强健的目的。锻炼贵在坚持，贵在经常化。

第四，注重保健。这里说的"保健"指的是采取各种措施包括养生对健康进行监控和保护，以预防各种疾病的发生，使身体始终处于良好状态。美国心理学家弗雷德里克·赫茨伯格（Frederick Herzberg, 1923～2000）的双因素理论认为，个体的工作受两类因素的影响：一是能使人感到满意的因素，它能增强人的工作积极性，并能激发人做出最好成绩；二是保健因素，亦称"维护因素"，指只能防止人产生不满的因素，它不起激励作用，是维护人的心理健全和不受挫折的必要条件，具有预防性，能保持人的积极性和维持人的工作现状。赫茨伯格只是从工作的角度谈保健的作用，实际上保健对于整个人的生活都意义重大。我国古代的中医学经典著作《黄帝内经》就全面地总结了先秦时期的保健养生经验，明确指出："圣人不治已病，治未病；不治已乱，治未乱……夫病已成而后药之，乱已成而后治之，譬犹渴而穿井，斗而铸锥，不亦晚乎！"（《素问》）这一保健养生观点为中国传统预防医学和养生学的发展奠定了基础。数千年来，历代的中医药学家和养生学家不断地积累和总结流传于民间的保健养生经验，并著有大量的养生学著作，促进了中国传统养生学的发展。中国的传统养生学流派较多，总体来讲主要分为精神、动形、固精、调气、食养、药饵等六大学派。各学派养生学说自成体系，各有所长，又兼收并蓄，形成了中国独具特色的养生保健方法。

第五，习惯良好。习惯是指积久养成的生活方式。作为生活方式，习惯对生活的方方面面都具有深刻影响，尤其是对身体健康和生活质量有直接影响。心理学之父威廉·詹姆斯说："我们的一生，不过是习惯的综合。"奥斯卡·王尔德说："最初是我们造就习惯，后来是习惯造就我们。"在一个人的习惯里潜藏着他的命运。习惯好，可以维护好身体，成就好人生；习惯不好，身体健康会受到严重消极影响，更谈不上体质强健。

（三）内心强大

内心强大也就是心理强大，它是心理健康的最佳状态，也是好人格必备的心理条件。关于内心强大对于人的意义有种种说法：只要内心变得足够强大，一切困难皆可战胜，一切问题皆可解决；心强则胜，心弱则败；没有强大的敌人，只有不够强大的自己；很多时候，打败我们的，不是生活的不如意，也不是情感的波折，更不是工作上的糟心，而是我们内心的脆弱；美好生活源于一颗强大的内心，只有内心强大的人，才能消化掉各种不顺心，各种不如意，将阴霾驱散，让美好留在心中；等等。这些说法虽然讲得有些极端，但充分阐明了内心强大对于人生的极端重要性。

内心强大就是心理素质高。心理素质是在先天素质的基础上，经过后天的环境与教育的影响、个人的作为所形成的心理的综合素质。心理素质是人格的基础，人格是心理素质的集中体现，相对于心理素质而言，人格可以称为人格素质。人格素质是心理素质，但心理素质的含义更为广泛，其中包含人类在进化过程中积累的一些非人类特有的自然天成的素质，如本能、非条件反射等。如果不考虑那些自然天成的方面，人的心理素质主要体现为在潜能开发基础上形成的心理需要、心理能量、心理品质、心理行为等心理状况。心理素质高就是心理潜能开发充分所形成的心理整体状况达到高水平、高质量，其要素之间良性互动，浑然一体。当内心强大达到最高境界时，人会豁然开朗，看待世界和事物的认知得到转化，获得智慧和洞见，能看到事物背后的真相和本质，变得平和、气定神闲。

内心强大的前提是心理潜能得到充分的开发，无论一个人的心理潜能大还是小，只要能够被充分开发出来，对于他来说，他的内心就是强大的。就是说，任何一个正常的人都能够做到内心强大。内心强大并不要求有超常的心理潜能，只需要将既有的心理潜能充分开发出来，使之成为现实的人格。当一个人的心理潜能得到充分开发时，他的人格也就达到了完善，他的心理素质也就达到了最高境界，他的内心也就走向了强大。心理潜能中的那些非人类特有的潜能无须开发就能转化为人的素质，如前文谈及的本能等，而那些仅属于人类的潜能则必须经过开发才能转化为人的素质。如果不开发这部分，人就成不了人。一个人只要生活在社会中，家庭和社会环境的影响就会使仅属于人类的心理潜能得到开发，但是这种自发开发的心理潜能总体上看是最低层次的。当人类意识到这一点时，也由于人类文明的进步，人类开始通过教育来开发人的心理潜能。随着教育层级的增加，对人心理潜能的开发也不断加深。然而，教育对人的心理潜能的开发仍然是有限的。一方面，人不可能终身接受教育，而心理潜能开发是人一生的过程；另一方面，教育对心理潜能的开发如果没有为受教育者所认可并成为他们的愿望或要求，也不能真正起作用。因此，心理潜能开发既需要家庭、社会条件，也需要教育的作用，但归根到底需要个人的积极作为。

心理潜能开发充分的标志是心理能量强大。人是一个由生理系统与心理系统构成的整体，而这两个子系统都有自身的能量。前者为形体能量，体现为体力；后者为心理能量，体现为心力：其综合体现就是生命能量，即生命力。人们在日常生活中经常会有一种对自己或对他人生命力的直觉，觉得自己或他人的生命力或强大或弱小，这实际上就是人所感觉到的人的能量之大小。生命力强，人就会生机勃勃；生命力弱，人就会萎靡不振。弗洛伊德认为人的生命力主要体现为"性的本能"，在晚年又把它说成"生的本能"。这种看法的问题在于把生命能量仅仅归结为本能，虽然本能是人生命的能量，但通过潜能开发出来的体力和心力都是能量，却不是本能的，而是后天获得的，人的心理能量更是靠开发心理潜能获得的。

心理能量是促使人意识到自己的需求和主体性，驱使人采取适当行为的冲动、勇气、意志力及具有各种特征的情绪、感情等心理力量的展现。心理能量可以自发产生，也可以被激发。心理能量被激发后，由潜在的能量变为现实的能量，就有了兴奋、激动、唤起、动机以及情绪等心理活动。心理能量在日常生活中处于不断积累和消耗的过程中，工作、学习和生活的压力所产生的紧张、焦虑的情绪，会消耗一个人的心理能量，让人产生"心累"的感觉。因此，心理能量的储量相当重要。储量越大，应对能力越强。因此，储量越多越好。内心强大的基础就是心理能量强大。心理能量强大的人并不能免于恐惧和焦虑等负面情绪的干扰，但在心理能量被巨大消耗之后，内心依然能够保持平衡，如孔子所说的"君子坦荡荡"。心理能量积累的过程也就是心理能量开发的过程，在这个过程中需要在不断增强形体能量的同时有意识地运用意志力强化心理能量。因此，心理能量开发的过程其实就是通过心理的涵养使心理能量强大的过程。

心理潜能开发充分的结晶是能力卓越和品质优秀。人自然形成的能力只有体力和本能，而人的认识能力、情感能力、意志能力和行为能力都是后天开发心理潜能的产物。一般来说，人在社会中生活都会自发地形成这些能力，但是要使它们卓越就必须通过有意识的训练、锻炼使之逐渐得到提升。能力的提升受诸多因素影响，其中最直接、最重要的因素就是知识。卓越的能力必须以知识为基础、为凭借，并且要实现由知识向能力的转化，而在这种转化过程中实践、经验发挥着关键作用。因此，能力卓越不仅需要接受良好的教育，而且需要在生活和工作实践中通过有意识的培养、锻炼使能力不断得到增强和提升。心理品质也并非心理活动本身所固有，而是后天习得的。几乎每一种心理现象都具有一定的品质，心理潜能开发充分的人各种心理品质都达到了最佳状态，其品质就是优秀的。比如，记忆的敏捷性、持久性、准确性、备用性，思维的灵活性、深刻性、独立性、批判性，情感的倾向性、多样性、固定性、功效性，意志的自觉性、果断性、坚持性、自制性，等等。心理品质优秀尤其体现为道德品质优秀，其标志是不仅具备基本德性，而且具备派生德性。心理品质是开发心理潜能的过程中开发出来的，因而实质上就是人格品质，心理品质优秀体现为人格品质完善。

心理潜能开发充分的外在表现是行为正当。无论简单的行为还是复杂的行为，归根结底都受人的心理的支配，都是人的心理的外部表现。因此，从这个意义上说，人的一切行为都可以称为心理行为。这种心理行为是心理素质的标志，通过它可以检验心理素质水平的高低。而且，心理素质的组成要素也都会明显地或不明显地在行为中反映出来。内心强大的人不仅遵守社会规范，充分承担自己的社会角色，还竭心尽力地为国家乃至人类做出自己的贡献。可见，心理行为是构成心理素质的一个重要成分。

内心强大或心理素质高的基础和前提是心理健康。心理健康是指心理的各个方面及活动过程处于一种良好或正常的状态，无任何心理疾病。其主要标志是智力正常、认知正确、情感适当、态度积极、意志合理、行为恰当、适应良好。心理健康也包括在遇到挫折、失败（失意）、痛苦时能自我解脱，经受得住考验，能正确对待权力、金钱、名誉、地位和美色等。心理健康是相对于心理异常而言的。心理异常是大脑的结构或机能失调，或者人对客观现实反映紊乱和歪曲，既反映了个人自我概念和某些能力的异常，也反映为社会人际关系和个人生活上的适应障碍。

人要达到内心强大，不仅需要心理健康，而且要使心理素质及其要素达到高水平、高质量，尤其需要良好的心态。良好心态包括三种心态，即平常心态、积极心态、超然心态。内心强大的人必须同时具备这三种心态。

所谓平常心态，用一个更优美的词替代就是"豁达心态"。有这种心态的人相信自己不过是一个普通人。其会意识到，相对于自然、人类，个人是渺小的，因而一个人离开了自然、离开了他人什么都不是。即使个人的官位再高，财富再多，自己也还是有七情六欲的平常人，平常人的性质并不因自己权高位重、钱多而改变。同时，他相信他人也是普通人，也是平常人，任何时候都不迷信和盲从，更不卑躬屈膝、阿谀奉承，也不用自己的人格和尊严从别人那里换取功名利禄。

有积极心态的人会把自己从事的工作当作事业，无怨无悔，不仅干得好、兢兢业业，而且准备终身为之服务。相信自己是自我的作者，也是自我的作品，不断提高按照自己意愿行事的能力，自己对自己负责，努力开发和实现自己的潜能，成为自己能够成为且应该成为的人。相信"自助者，天助之""天道酬勤""勤能补拙"，注重向内用功，讲究效率，追求效益，同时也努力争取和利用机遇，用心营造良好的生活环境。

有了超然心态，人就会意识到功名利禄只是过眼烟云，绝非人生的一切，因而能从容坦然地面对社会现实和自己的境遇，"不以物喜，不以己悲"，有"不管风吹浪打，胜似闲庭信步"的气度。相信明天会更美好，未来更值得期待，一时的失意、挫败绝不意味着世界末日，别人的成功并不会阻挠自己的机会，为别人的成功和机会庆贺而不妒忌、不怨恨。

在这三种心态中，超然心态必须以平常心态和积极心态为前提，超然心态是对平常心态和积极心态的超越，而不是对它们的否定。没有前两种心态作为前提和基础，单纯的超然心态就不是真正的超然，而是虚妄的自欺欺人。

（四）生命至上与生命质量至上

生命是身体的本质内涵，谈身体健康必须回答生命及其质量对于身体及其活动的意义问题，这就涉及生命至上和生命质量至上这两条价值取向不同的对待生命的原则及其关系。这两条原则与好身体、好人格、好生活有直接的关系，而且也与社会生活、现实问题关系十分密切（比如如何看待安乐死），需要加以深入解析。

"生命至上"的字面意思是人的生命至高无上，没有任何其他的东西可以与之相提并论。人们常常把生命至上原则仅仅理解为生命存在至上，这种理解只是表面的，没有把握住这一原则的深刻内涵。这里所说的"生命"主要指人的生命，既包括生命的存在，也包括生命的质量。人和动物不一样，动物只求活下去，而人不仅要活下去，而且要活得好，活得更好。因此，人的生命存在包含了更好地生存的要求，否则人的生命就和动物没有什么区别。从这种意义上看，不能把生命至上原则仅仅理解为生命存在至上。就是说，生命至上原则既包含生命存在至上的要求，也包含生命质量至上的要求。这两种要求也是两条原则，是体现生命至上原则的两条原则。从两者之间的关系看，生命质量至上原则包含了生命存在至上原则，或者说以之为基础和前提。因为很明显，没有生命的存在就不会有生命的质量。但是，生命至上原则并不等同于生命质量至上原则，它包含生命存在至上这一更基本的要求。这一基本要求历来更受到人类的重视是有其特殊原因的。

人类有史以来始终面临对生命存在的各种挑战，其中主要有几种情形：一是自然灾害或人为灾害造成的伤害，如地震、洪水、战争等；二是意外事故造成的伤害，如建筑工程事故、交通事故等；三是一部分人对另一部分人的压迫和奴役，如种族歧视、种族灭绝等。正是针对这些问题，人类历来把生命存在至上作为一条基本原则加以强调，甚至把生命至上原则理解为生命存在至上原则，而忽视了生命质量至上原则。显然，这种做法是可以理解的，也是必要的，而且由于人类生命始终都会面临各种挑战，人类就必须长期把生命存在至上作为一条基本原则加以坚持和贯彻。

生命存在至上原则实质上是把人类的生命延续下去看作至高无上的。简单来说，生命存在至上原则就是长寿原则，或长寿至上原则。生命存在至上原则认为，人只要活在世界上，其生命就具有绝对价值，而且是高于一切的，即使一个人的生命对于他者无任何实际价值，对于自己是极度痛苦的，亦是如此。一个植物人完全没有生命质量，仅仅是肌体还在延续，他的亲人和社会还要对他进行医护。一个不能说话和思考、瘫痪在床的严重中风病人不仅没有生命质量，也完全丧失了人的尊严，但他的亲人和社会却不能弃之不理。按照生命至上原则，所有这些生命都是至高无上的，必须全力治疗以维持其生命，甚至不惜一切代价救助他们。显然，这一原则体现了高尚的人道主义精神，特别是当社会发生重大灾难时，它更显示了对生命的尊重、崇敬和关怀，可以成为人们对处于困厄之中的人伸出援手的强大精神力量。

在我们高扬生命存在至上精神时，需要把这一原则与"好死不如赖活着"的观念加以区别。生命至上原则体现的是社会的大爱情怀，而"好死不如赖活着"只是对处于困厄状况的无奈心态。两者的内涵和意义完全不同。对于"好死不如赖活着"这一观点，有人做了这样的辩护。活着总比死了好，因为虽然你痛痛快快地死去了，但这样痛快的死是一切现实的结束，包括自己对未来的所有"希望"。反过来，只要活着，哪怕暂时活得很痛苦、很绝望，但总是存在"希望"！也许这个"希望"在遥远的未来才可能实现，可是再怎么说，这还是"希望"，等你实现自己这个"希望"的时候，就是你出头的日子。而如果你死去了，一切无从谈起。比如，让一个患了不治之症而又极度痛苦的人安乐死了，如果不久的将来发明了一种能治疗这种病的药，他也没有机会了。这一辩护看起来似乎有道理，但实际上并不能为"好死不如赖活着"这一观念提供有说服力的辩护。这一观念最大的问题有二：其一，它不像生命至上原则主要是面向芸芸众生的存在，而是只考虑自己苟活；其二，它不像生命至上原则那样乐观积极地面对困厄，而是消极无为地偷生。

生命质量至上是生命至上所隐含的一条原则，它以生命的质量为主要价值取向。不言而喻，生命质量是以生命存在为前提的，没有生命的存在，生命质量就会成为无源之水，但生命质量至上原则有更高的要求，就是人不仅要生存下去，而且要生存得好，生存得更好。生命质量至上原则的基础和前提是生存，而底线要求是身体健康（包括生理健康和心理健康）。但是，生命质量至上原则并不等于生命健康原则，它是比生命健康原则要求更高的原则。它不仅要求生命健康，更要求人们把生命的高质量作为至高无上的生命价值目标，倡导人们不断追求生命质量的提升，努力做到体质强健、内心强大，鼓励人们成为生命的强者。生命质量至上原则同样重视长寿，但长寿必须以健康为前提。如果生命虽然存在，但人非常痛苦，甚至完全依赖他人苟延残喘，这样不仅生命没有意义，甚至使人完全丧失尊严。当然，生命质量至上原则并不意味对治愈无望的危重病人、生活不能自理的伤残人弃之不顾，而是要求人们高度重视生命的质量，着眼于生命质量来谋求生命存在，始终都要把身体健康放在生活的首位，追求体质强健和内心强大。

好人格不仅需要形体健康，而且要求体质强健。体质强健所侧重的主要是生命质量，而不只是生命的长度，这就涉及生命长度与生命质量的关系问题。从现实情况看，有的人希望活得长，有的人希望活得好，当然更多的人希望既活得长又活得好。好人格既然要求好身体，那么也就重视活得好。要活得好就得重视身体好，不仅要保持生理健康和心理健康，而且要追求体质强健和内心强大。没有高质量的生命，绝无可能有真正好的人格，即使有好人格也不能得到充分发挥，也就不能过上好生活。因此，一个人要成为人格好的人就必须把生命质量至上作为人生的基本原则，在追求生命质量高的前提下追求生命存在长久，不仅要造就完善的人格，而且要创造使之得到充分发挥的身体条件。

三　人格完善

好人格是以人格道德为前提的具有个性化特征的完善人格。人格完善是好人格的基本内涵，而人格完善包括诸多不同的方面，其中最为重要的是观念正确、知识渊博、能力卓越和品质优秀。在中国传统社会，思想家高度重视人格完善，但传统的完善人格思想都有比较明显的局限：老庄的完善人格要求过高，几乎无人能达到；其他的完善人格则侧重品质方面尤其是道德品质方面，而忽视人格的其他要素或对其他人格要素重视不够。从现代的观点看，完善人格是其构成要素都完善且有机统一的人格。

（一）观念正确

观念是人格的第一要素，观念正确是人格完善的首要内涵和基本要求。人是观念的动物，观念是人特有的心理要素或心理特征。观念尤其是那些根本性的总体性的观念对人格有决定性的影响，只有观念正确才能使人获得更渊博的知识、更卓越的能力，才能使知识和能力得到合理的运用，也才能促进德性品质的形成，而错误观念必定会导致人格出现问题，甚至会使人格扭曲、变形。一旦确立了不正确的观念，那就意味着人格要素出现了问题，整个人格也就不可能完善，因而人也就根本不可能过上好生活，或者会破坏已经过上的好生活。一位本来已经过上好生活的官员，因为权力观错误，利用手中权力大量敛财，结果不仅毁掉了自己的好生活，也使家人陷入痛苦的深渊。现实生活的许多事例都有力地证明了观念正确对于好生活的极端重要性。

人的基本观念并非如同笛卡尔所说的是天赋的，倒有点像莱布尼茨所说的有花纹的天然大理石。人有形成观念的潜能，这种潜能经过人后天的开发会形成现实的观念。观念产生有两个主要途径：其一，观念是人们在自己的看法、观点等认识的基础上形成的对这些认识的确信或信念；其二，观念是人们通过学习（包括学校学习和生活中的学习）并接受别人的认识或观念形成的对这些认识或观念的确信。总的来看，人的观念最终都源于人的认识，认识是一切观念的终极根据。但是，观念并不是认识，而是对认识的确定无疑的相信。一个人看到今天下雨把地面打湿了，做出了"今天下雨后地面湿了"的判断，这就是认识。但是，如果一个人根据这种认识相信"只要天下雨地面就会湿"，这就不再是认识，而是在认识的基础上形成的观念。

观念在人性中并无直接对应的潜能，人只有形成观念的潜能，而形成哪些观念、形成的观念正确与否，则取决于人们后天的选择。观念作为人格要素，是人们在使认识潜能转变为现实的认识能力以及在发挥认识能力进行认识的过程中形成的。观念的形成可能是自发的，也可能是自觉的。人们的日常观念大多是自发形成的，如"天下雨路面湿""十五月圆"等，而人们的许多观念尤其是一些根本性、总体性的观念则可以自觉确立，如"地球围绕太阳转"等。随着人类科技和教育的日益发展，人们的观念越来越多的是自觉确立的，而且还可以通过自觉的观念更新使自发形成的观念转变为自觉确立的观念。当然，自觉确立的观念本身也可以更新。由于人能够自觉确立观念，而且能够更新观念，观念也就可以被视为人在开发人性的过程中造就的，视为人自觉确立的结果。正因如此，观念就成为人格的一个要素，人也要对自己确立的观念负责。

人在一生中不可避免地会形成和确立各种各样的观念，并且通过逐渐积累构成一个复杂的观念体系。如果不考虑人可能形成的虚幻观念（如鬼神观念、天堂地狱观念等），人的观念大致上可以划分为事实观念和价值观念两种基本类型。事实观念是人们在关于各种事物包括人自身的各种观点或看法基础上形成的对事物的客观事实（包括某事物本身，事物的属性、本质、变化规律，事物之间的关系等）的信念。例如，"地球是太阳系的一个行星"，就是一种事实观念。价值观念则是人们在关于各种事物所具有的各种价值的观点或看法的基础上形成的对这些事物所具有的价值的信念。"驴子爱草料不爱黄金""金钱不是万能的",就是价值观念。无论是事实观念还是价值观念都存在正确与否的问题。

那么,观念正确意味着什么?或者说,什么样的观念才是正确的观念?观念是以认识为根据的,只有正确的认识才能形成正确的观念。事实观念正确与否取决于事实认识正确与否,正确的事实认识一般来说会形成正确的事实观念,错误的事实认识则只会形成错误的事实观念。在哥白尼提出日心说之前,西方人几千年来一直相信地球是宇宙的中心,这就是一种错误的事实观念,而这种观念的认识根据是托勒密等人的地心说。价值观念正确与否则取决于价值认识正确与否,价值认识正确才会形成正确的价值观念,价值认识错误只会形成错误的价值观念。中国传统社会中的"人为财死,鸟为食亡"观念,所根据的就是对财产与人生关系的错误认识。观念是人的思维定式,一旦形成就会对人持续地发生作用,除非有意识地破除它或更新它,否则它会与人终生相伴。然而,人的认识和社会文明是不断扩展和深化的,如此一来,一些观念形成或确立时是正确的,但随着时间的推移和条件的变化可能会过时,变得不再正确。因此,观念必须与认识的发展同步才能保持其正确性。

受作为根据的认识的制约以及时间推移的影响,任何一个人都会不同程度地确立一些不正确的观念,也会发生正确的观念变成不正确的观念的问题。因此,对于人来说就存在如何确立和保持正确观念问题。这是一个人们始终都会面临的重大问题,也是人们要保持好人格必须解决的问题。人的所有观念都会不同程度地对人格和人生产生影响,但其中那些根本性、总体性的重大观念对人格和人生的影响尤其大。世界观、价值观、人生观就是这样的重大观念。人格完善所要求的观念正确主要指的就是这些重大观念必须正确。如果这些观念发生错误,那么人格不仅不会完善,而且会发生各种重大问题。

世界观的核心内容是本体观,世界观正确的首要前提是本体观正确。本体观是人们对宇宙本体(包括自然本体、人类本体和社会本体)形成的基本观念。对于什么是宇宙本体,人们有种种不同的看法,有的认为是物质,有的认为是精神,有的认为是上帝,但一般都认为它是宇宙万物中最真实或最实在的东西。本体观不仅会影响人们对自然的看法,也会影响人们对社会和人生的看法，因而它是通常所说的世界观的核心内容，甚至可以说就是世界观。在历史上逐渐形成的本体观有常识本体观、宗教本体观、哲学本体观、科学本体观几种基本类型，人们在本体观上存在不同选择的可能。四种基本本体观因程度不同地有利于人更好地生存发展而得到所有人信奉或者得到特定人群信奉。人们凭借常识本体观就可以生存，加上科学本体观会更有利于生存，但人要提升人生的境界，就需要确立宗教本体观或哲学本体观。

宗教的本体一般都是虚幻的，是纯粹想象的产物，而且这种想象产生于传统社会世界不同地区下层群众最苦难、最悲惨的黑暗时期。宗教本体观就是针对这种极其痛苦而又无法改变的现实提出的乌托邦，给生活在这种痛苦之中的人以一种虚无缥缈的希望，从而慰藉他们深受伤害的心灵。与宗教本体观不同，哲学本体观一般不否定世俗生活，而主张尽可能地过好世俗生活，但它要求人们不要满足于世俗的物质生活，而要顺应人的理性本性关怀终极实在并朝着终极价值不断提升自己的人生境界。有了这种终极关怀，人才不会沉溺于物质满足，才会追求人性的完善实现，从而使人真正成为人，使人真正有人的尊严和价值。哲学本体观是哲学家通过理性思辨构想的终极实在。这种终极实在虽然像宗教本体一样也不是客观存在的，但它是建立在理性思辨基础上的思想真实、观念真实，而不像宗教实在那样是纯然虚幻的。它得到了哲学家的充分论证，只要学习和领会了哲学家的论证，凭借理性的逻辑而无须宗教那样的纯粹信仰就能够认同和信奉它们。因此，相对于宗教本体而言，哲学本体的合理性通常是得到充分论证的，因而也能得到有力的辩护。就是说，哲学本体建立在以理服人的基础之上，而不像宗教本体那样靠宗教组织强调信仰来维护。①

价值观与人生观存在交叉关系。价值观是人基于关于事物价值的价值观念而自发形成或自觉构建的观念价值体系。价值观包括一般价值观和主体价值观，前者是关于万事万物的价值的观念，后者是关于人类作为主体的价值的观念。人生观是关于人生的观念。人类主体自身的各种价值问题是人生观的核心内容，在一定意义上可以说，人生观是主体价值观的体

---

① 参见江畅《人类本体观的历史与价值审视》，《阅江学刊》2019 年第 5 期。

现。主体价值观是由核心价值观和不同层次、不同维度的价值观构成的观念体系，人生观所体现的主要是核心价值观。从价值观与人生观交叉的角度看，许多观念都对人格和人生具有深刻影响，其中人们比较熟悉的有生死观、财富观（或金钱观、义利观）、权力观、自由观、平等观、公正观、信仰观、幸福观、家庭观、职业观、国家观或民族观等。所有这些观念都存在正确与否的问题，而且都会对人格产生重要影响，只不过有些观念对人格影响大些，有些影响小些。与事实观念不同，它们不是思维定式，不会只影响人们的思考，而是会影响人们对待和处理相关问题的态度，不仅会影响人格，而且会直接影响行为，甚至其本身就是行为定式或倾向。

每一种价值观和人生观正确与否都有各自特定的标准，但它们之中也存在某种共同的实质性内涵，可以说是各种特定标准的共同终极根据或最终标准。这种终极根据就是，有利于人更好地生存和发展。这里说的"人"既指观念主体，也指与观念主体有关的他者，包括他人以及观念主体生活于其中的共同体（组织群体和基本共同体）乃至人类整体。任何一种正确的主体价值观念和人生观念必须有利于观念主体自己更好地生存，还必须至少是对所有他者无害，最好是对他者有利。假如一个人有"好死不如赖活着"的观念，他肯定会贪生怕死，在强敌面前会为了苟且偷生而背叛祖国和人民。这对自己是有害的，他的这种观念会使他的人格卑鄙，而且也会给他留下千古骂名。显然，出于这种观念的言行也会对他者有害，因为他的背叛必定会给民族带来直接伤害和消极影响。相反，历史上许多爱国英雄确立的"杀身成仁""舍生取义"的观念，不仅成就了他们的伟大人格，而且保卫了江山社稷，给后人树立了不朽的光辉典范。

（二）知识渊博

知识是人们通过认识对象所形成的与对象相一致或相符合的、通常用语言加以表达并得到充分论证的、具有有效性的精神产品。知识是认识活动的结晶。认识活动可以根据对对象的不同认识方式划分为发现对象真相的认知、判断对象价值的评价、领会对象意义的理解、谋划对象构建的构想四大基本类型。与此相应，人的知识也可以划分为认知性知识、评价性知识、理解性知识、构想性知识。所有不同知识的共同本性是与对象相一致或相符合，具有真理性。知识是人格中的重要因素之一。它是观念的源泉，只有根据知识形成的观念才可能是正确的。它是能力的基础，也可以转化为能力，正是在这种意义上，培根称"知识就是力量"。知识是自觉的德性品质形成和提升的动力与依据，有渊博的知识才能有完善的德性品质。知识渊博是人格完善的基础和依据，知识匮乏不可能造就健全而高尚的人格。知识渊博终生对人格有影响，而知识专业主要是在职业期间对人格有影响，但影响极其大。

知识在人性中并没有直接对应的潜能，但人性中有形成知识的基因或潜质。知识是人在开发认识潜能过程中，并在获得现实认识能力之后进行认识活动过程中，逐渐积累的认识成果。在人类漫长的历史上，至少在文字出现以前，人类的知识都是没有文字记载的，知识只能来自个人的直接经验以及长辈或周围人的经验，通过个人的学习或他人的传授获得。有了文字以后，特别是自轴心时代开始，就出现了以文字为载体的知识文本，从此就有了通过学习文本和理解其意义所获得的理解性知识。到了当代，学习文本成为人们获得知识的主要途径，而学习文本的主要途径则是学校。

今天从小学到大学的学校教育主要承担两大任务。一是使人的一般知识不断丰富并使人掌握自学一般知识的能力。学校把人类到目前为止积累的有利于所有人生存发展的基础性知识以及获得知识的方法传授给学生。掌握了这些知识和获得知识的方法，人就能够在社会中生存和发展。二是使一部分人获得专业知识及自学和更新专业知识的能力。从中专或大学开始，学生就开始接受专业知识教育。有了这些专业知识，人就可以将专业知识转变为专业能力，也就可以在社会中从事某种职业，从而既可以谋生，也可以为从职业方面实现自我奠定基础。于是，这两个方面就成为作为人格要素的知识的两个缺一不可且相互联系的基本方面。完善人格所需要的知识不是常人所具备的一般性知识和专业性知识，而是这两个方面都超过了常人。当然，知识的渊博并不是分离的，"渊"以必要的"博"为前提。

就一般性知识而言，其"博"主要体现为丰富性，即对从小学到高中学习的"语数外政史地理化生"课程以及大学公共课程之类的一般性知识掌握得好。在基础教育阶段，一个学生不仅能够完成教学大纲要求，而且还能广泛地阅读，博学强记，好问肯钻，他的知识面就会宽广，知识内容就会丰富。还有不少人在离开学校后仍然保持强烈的求知欲望，好学上进，使自己的知识不断得到丰富和更新。不过，人们的一般性知识的丰富主要在于文科方面的知识，而不是理科方面的知识。无论是在校学生还是离开学校参加工作的人，他们阅读的大多都是哲学、文学、历史以及社会科学方面的书籍，而不是数学、自然科学以及工程技术方面的书籍。而且，大多数人在学校学习的数理化方面的知识后来没有多少运用的机会，时间久了，这些知识逐渐被遗忘。例如，初中开始学习的数学知识，许多人终生没有运用过。当然，不能简单说学习这些知识没有用，这些知识为其他知识奠定了基础，而且通过学习这些知识，人们的思维得到了训练。但需要注意的是，一般性知识的丰富主要在于文科知识，而非理科知识。文科方面的丰富知识对于人格完善来说作用更为重要。

一般性知识的"渊"主要是根据自己的兴趣爱好或专业需要通过学校的专业学习和自学钻研掌握了某一方面或几方面的知识。许多人对知识有强烈的兴趣，在学习中不局限于教学的内容，离开学校也不放弃读书学习，从某一方面或某些方面不断深化自己的学习，使自己的某方面或几方面的一般性知识得到深化。莱布尼茨被认为是博物馆式的学者，是人类历史上少见的集通才和多方面专才于一身的大学问家，在哲学、逻辑学、数学、博物学等诸多学科都留下了著作，并有所建树。他的巨大成就是靠他艰苦的自学取得的。从实际情况看，人们致力于深化的人文社会科学方面的知识主要有几类。一是哲学知识。不是哲学专业的人一般都对哲学了解不多，但有些人认识到哲学对于整个人生所具有的重要意义，于是阅读哲学方面的书籍，思考哲学问题，逐渐积累了渊博的哲学知识。二是经济知识。在市场经济条件下，人人都是市场主体，即使不是生产主体也是消费主体，因而经济知识掌握得好至少可以规避风险，甚至还可能抢抓机遇。三是政治社会知识。在现代社会，个人在社会中的地位得到提升，要求人们具备一定的政治知识和社会知识。这方面的知识丰富对于人格的其他要素和人生都具有极重要的意义。四是历史文化知识。"以史为镜，可以知兴替"，这是人们的共识。历史知识与文化知识紧密关联，人类历史就是一个文化的宝库，只有通过对历史文献的学习才能洞悉当代文化的源与流，才能使自己所学知识具有历史深度和厚重感。对于上述知识，无论是自修多类还是一类，都能使人的一般性知识深化，都能促进知识的渊博。

专业性知识渊博的情形与一般性知识有些类似，但知识的内容不同。就其"博"而言，主要是指专业性知识所需要的专业基础知识以及更为广泛的专业相关知识；而其"渊"则主要是指专业知识。我们把专业知识、专业基础知识和专业相关知识统称为专业性知识。专业性知识的结构实际上是一个金字塔形的结构：专业知识是塔尖，专业基础知识是塔身，专业相关知识是塔基。一般来说塔基越宽广，塔身就能够建设得越高大，塔尖就会越高，即越尖端。如果专业性知识是一个圆柱形结构，它就没有多大的发展空间。这里以哲学专业性知识为例加以说明。如果我们把哲学理论体系视为哲学专业知识（塔尖），那么，世界哲学史特别是中西方哲学史就是它的主要专业基础知识（塔身），而世界历史、中国历史、西方历史、自然学科（特别是心理学）、社会科学（特别是社会学、政治学、法学）就是专业相关知识（塔基）。专业相关知识越渊博，专业知识的基础就越宽深；专业基础知识越渊博，专业知识就越深厚。当然，专业相关知识也是有一个大致边界的，不能漫无边际。比如，不能把化工知识、工程知识作为哲学专业知识的专业相关知识。

人格的知识渊博既要求一般性知识渊博，也要求专业性知识渊博。一般性知识是专业性知识的更基础层次，没有一般性知识的渊博就不可能有专业性知识的渊博。而且，一般性知识本身对于人格和人生具有更广泛的意义。不过，人格完善要求人的能力卓越，而能力卓越必须有专业性知识作为基础、凭借和依据，因而专业性知识渊博对于人格完善和人生幸福来说更为重要，而且也更为难得。几乎人人都有一般性知识，但具有专业性知识的人只是少数，他们通常是社会的精英。

（三）能力卓越

作为人格构成要素的能力是人实现人性、实现自我的力量，是人一切有意识的活动得以可能的个人主观条件或个性心理特征。人有意识的活动可以划分为认识活动、情感活动、意志活动和行为活动，人的能力也可以相应划分为认识能力、情感能力、意志能力和行为能力。能力也可以从性质上划分为所有人具备的一般能力和技能、一部分人具备的专业能力。各种能力不是彼此孤立的，而是相互影响、良性互动的。在人格的诸构成要素中，能力是第一要素，其强弱直接决定着人性现实化的程度，决定着人性现实化所形成的人格的发挥程度，因而是一个人能否过上好生活的关键性要素。完善人格要求具备卓越的能力，但卓越能力不是孤立的，而是与其他人格要素紧密关联、良性互动的。一方面，卓越的能力需要以正确观念为前提，以渊博的知识为基础，以优秀品质尤其是德性作保障；另一方面卓越的能力又有利于人确立正确的观念，积累更渊博的知识，形成更高尚的德性。能力卓越不仅能使人格完善，还能使完善人格得到充分发挥，从而使人过上好生活。能力平庸，人就不可能充分地实现人性和自我，也难以过上真正意义的好生活。

人的能力是开发人性中相应潜能的结果。经过长期的进化，每一个正常人的人性中都积淀了能力的潜能。这种潜能需要开发才能变成现实的能力，但潜能的开发者并非只有能力主体自身。在童年和青少年时期，一个人潜能的开发者主要是他的父母等亲人和学校的教师，后来个人自己的作用日益增强，但教师的作用仍然非常重要。参加工作后，个人的能力潜能还可以进一步开发，这时的开发就完全取决于自己。能力开发最重要的途径是教育。从人类历史看，最初的教育者是父母和周围人，他们通过耳提面命和指导实践来开发孩子的能力，学校出现后，教师就成为孩子能力的主要开发者。到了当代，个人受教育程度越高，能力就开发得越充分。人的能力潜能并不相同，这是人在禀赋方面存在差异的最重要方面，但存在禀赋好而开发不充分、禀赋差而开发充分的情形。一个人的能力禀赋状况是任何人都不知道的，只有通过开发才能显现。因此，在能力潜能开发方面，无论是他人还是自己都必须假定被开发者的禀赋是好的，只有这样，才不至于让那些禀赋好的人的能力潜能得不到充分开发。

与人性的其他因素（如知识）开发不同，能力潜能开发不仅需要学习，而且需要锻炼，需要在锻炼中积累经验。学习对于能力潜能开发的重要性不言而喻，只有学习才能获得作为能力基础的知识，也才能根据学习到的知识进行实践。从这种意义上看，通过学习获得知识是能力潜能开发的前提。但与知识学习不同，能力开发通过实践（锻炼）才把知识转化为能力。因此，学习是能力开发的过程，实践也是能力开发的过程。只有在实践中，人才能使自己逐渐积累经验，而经验是能力潜能开发的熔炉。高铁是中国一个亮丽的品牌，高铁的最初设计者肯定是能力卓越的人。如果一个人没有长期从事铁路设计建设的实践和经验，无论他毕业于哪所学校、无论他有多高的学历，都不可能担此重任。实践能够使学习获得的知识与实际相结合，而且可以在结合的过程中使能力发生突变，从而超越原有的知识；经验则能够使能力在实践中达到运用自如、游刃有余、出神入化、登峰造极的程度。

能力是否卓越可以从两个维度考虑。一是用同一尺度对同代人的能力进行比较。在大致上属于同一代的人当中，有的人能力强，有的人能力弱。能力强的人通常被认为是能力卓越的。比如，我们可以对一定范围内（如中国）的同时代人（如所谓"80后""90后"）进行比较，有的人成为高考状元进入北京大学、清华大学，毕业后进入国家机关，前程似锦；有的人却名落孙山，只好去打工，前程暗淡。现实生活中，人们都是这样比较的，将人们的能力分为三六九等。二是根据个人能力潜能开发的程度进行比较。有的人能力潜能开发得充分，有的人能力潜能开发得不充分。那些能力潜能充分开发出来的人就是能力强的人，而那些能力潜能没有得到必要开发的人则是能力弱的人。一个考上北京大学的学生由于种种原因不认真学习，成天吃喝玩乐，结果他的能力潜能并没有得到充分开发；而一个名落孙山的人利用一切机会（如参加自学考试）学习和锻炼，他的能力潜能被逐渐开发出来。这两个人相比较，考上北京大学的人最终成为能力弱的人，而名落孙山的人却最终成为能力强的人。

尽管人们通常只是用同一尺度对同代人的能力进行比较，而且这种比较也是必要的（因为只有这样，才能辨别和选拔社会的精英），但从价值论的角度看，社会更应当重视根据个人能力潜能开发的程度评价一个人的能力强弱，这样评价能力才是对每一个人都公平的。每一个人的能力潜能是不一样的，而这种不一样不是个人自己能决定的，但每一个人都能够开发自己的能力潜能。在教育等条件既定的情况下，他们是否充分开发了自己的能力潜能完全取决于个人自己，因此个人应对自己是否充分开发出自己的能力潜能负责任。而且以是否充分开发了能力潜能为依据衡量和评价人的能力强弱，有助于促进所有人充分开发自己的能力潜能，从而成为能力卓越之人。

第一，能力卓越体现为认识能力强。如前文所述，人的认识能力不只是认知能力，还包括评价能力、理解能力、构想能力。一个人不可能在所有方面都强，但理解能力必须强。理解能力就是理解文本意义的能力，在现代生活中，直接认知对象在认识活动中的比重不断降低，而理解文本的认识活动的比重不断增加。在当代，文本的含义十分广泛，包括我们日常接触到的各种纸质的、电子的文本，以及其他各种实物的文本。理解文本就是通过学习来理解文本的意义，理解能力强就能够更有效地通过学习丰富自己的知识并提高自己的能力。除了理解能力强之外，在认知能力、评价能力和构想能力之中至少有一种能力强，才能称为认识能力强。在理解能力强的前提下，认知能力强的人可能成为自然科学家或社会科学家，评价能力强的人可能成为文艺评论家，构想能力强的人可能成为各种设计师或发明家，等等。

第二，能力卓越体现为情感能力强。在人格中，情感是一种特殊的要素，它既是动力要素，也是能力要素。任何人都有情感动力和能力，但就能力而言，情感可以是自发的，也可能是培育的。一个人即使有一些善良的自然情感能力，但这些能力也不可能是卓越的，而卓越的情感能力只能是开发人性中的情感潜能的结果。这种开发的过程也就是通常所说的情感培育（情感教育和情感修养）过程，通过培育一方面可以开发人性中的情感潜能，另一方面也可以使已经形成的自然情感转化为卓越的人为情感。

情感能力强主要体现在三个方面。首先，具有良心和道德感。良心是一个人的基本道德情感，一个人越是有良心他就越不可能做不道德的事情。道德感则是人强烈的道德情感，包括义务感、责任感、使命感、正义感、荣辱感等，道德感强是一个人情感能力强的重要标志。其次，具有对他人之爱和对环境之爱。对他人之爱包括对亲人、朋友、陌生人、同胞、人类之爱等，对环境之爱包括对家庭、家乡、祖国、世界、自然之爱等。情感能力强意味着一个人对他人、环境具有爱的能力和情感。最后，对他人和环境既具有温情之爱也具有激情之爱。爱有温情和激情之分，爱的能力卓越既表现为日常生活中对他人和环境的关爱，也表现为在特殊情况下对他人和环境的炽爱或大爱。在祖国受到外敌侵犯的情况下，在同胞遭遇重大自然灾害的情况下，一个人能挺身而出，舍生忘死，他就具有大爱的能力和情怀。

第三，能力卓越体现为意志能力强。在人格中，意志和情感一样，既是动力要素，也是能力要素。意志的根源是人性中基于需要的欲望，它像欲望一样既指向对象，又为追求对象提供动力。但与欲望不同，意志可以接受人的理性的控制，从而可以对欲望进行调控。意志能力主要体现为人的调控能力，受理性控制的意志通常被称为理智，而理智受到德化又会转化为智慧。人的意志包括意愿、抉择、谋求的结构和活动，意志能力也可以划分为意愿能力、抉择能力和谋求能力三个基本方面。人们常将意志能力强仅仅理解为毅力或坚忍不拔的精神，这是有局限性的。意志能力强既体现为意愿丰富而合理，又体现为抉择正确而明智，还体现为谋求有效而坚毅，而其集中体现就是富有智慧。智慧之人首先就体现为意志能力卓越，他不仅能够为人生确立正确的终极目标，并使其具体化为日常追求的目标，而且能够为终极目标的实现提供强大动力，并通过调控来保证追求不会发生偏离或异化。而且，智慧作为人的一种综合调控机能，不仅仅是调控能力，也内含认识能力、情感能力、行为能力，以观念正确、知识渊博、品质优秀为前提。可以说，智慧是意志能力强的集中体现和显著标志。

第四，能力卓越体现为行为能力强。这里说的"行为能力"不是像动物那样自然行动的能力，而是指人在意志控制下行动的能力，或者说指人有意识、有目的的行动的能力，在哲学上通常被称为实践能力。行为能力虽然直接受控于意志，是意志能力见之于行的能力，但人的认识能力、情感能力也可以见之于行，因而行为能力也是它们见之于行的能力。在这种意义上，行为能力实际上是认识能力、情感能力和意志能力见之于行的能力，是这几种能力付诸实践的能力。但是，行为能力并不等于前面所说的几种能力，也不是在认识能力、情感能力、意志能力之外的某种能力，而是意志对这些能力的协调综合运用。例如，任何正常人都有一定的办事能力，而这种办事能力就是上述几种能力的综合运用，离开了哪一种能力事情都办不好，甚至办不成。行为能力的强弱当然取决于认识能力、情感能力、意志能力的强弱，但主要还是取决于对几种能力调协能力的强弱，实质上取决于人的意志能力。行为能力以人的体力为前提，其卓越隐含着体质强健，没有好体力就不可能有好行为能力。因此，行为能力强意味着在体力强的前提下，意志能够协调各种能力以使某种能力有效地见之于行并达到目的。例如，科学家做实验是一种认识活动，做实验的卓越行为能力就是意志协调认识能力、情感能力、意志能力完成这项实验活动并达到实践目的的能力。

能力卓越可以体现为认识能力、情感能力、意志能力和行为能力强，也可以体现为一般能力、专业能力和技能强。但就个人而言，各方面能力都强的情况极少，大多有所侧重。对于能力卓越来说，它要求至少有一个方面的能力强，而其他能力也要达到一般水平。如果一个人的某种能力很弱，即使有某种能力很强，那也很难称他能力卓越，充其量只能称他某方面的能力卓越。比如，有一个人原本是一个唐氏综合征患者，虽然他有音乐指挥天赋，能够指挥交响乐，不过，由于他的其他能力都很差，我们不能认为他能力卓越。从好人格的角度看，最重要的是专业能力强。当然，任何一位专业能力强的健康人都不可能不具备良好的一般能力（如智商、情商）和基本技能。例如，在现代社会，一位科学家不能运用电脑处理文字，那是不可想象的。专业能力强可以分为认识专业能力强、情感专业能力强、意志专业能力强和行为专业能力强。科学家、哲学家等就是认识专业能力强的人，艺术家等是情感专业能力强的典型，将军是意志专业能力强的代表，工程师、工艺高超的工匠堪称行为能力强的范例。

（四）品质优秀

品质作为人格构成要素是人格及其构成要素的质量水平或规格，品质优秀是人格完善的主要标志。人们通常主要从道德意义上理解品质，但从广义上看，人格道德并不是衡量人格品质的唯一向度，人格品质除了道德的向度之外，还有非道德的向度。人格中观念、知识和能力都存在品质问题。一般来说，观念的品质、知识的品质、能力的品质如何，可以分别用正确性、渊博性和卓越性来加以衡量。品质是否优秀受制于观念是否正确、知识是否渊博、能力是否卓越，但品质优秀对这些人格因素具有重要的导向和激励作用。优秀品质会潜在地给正确观念的确立和旧观念的更新、知识的丰富和深化、能力的提高和完善指引正确的方向，同时又能为人们持续地这样去做提供强大而持久的动力。

不过，这些衡量品质的标准是一般性的标准，它们都可以具体化为更多层次的标准。能力中的认识能力就存在进一步衡量其卓越性的复杂标准。认识能力主要是智力，而智力本身是一种认识方面的综合心理特性，主要包括感知记忆能力（特别是观察力）、抽象概括能力（包括逻辑思维能力和想象能力）、创造力等。人的智力是能够测量的，其水平用智商表示，智商越高，智力的品质就越优秀。情感能力也能够测量，其水平则用情商表示，情商越高，情感能力就越卓越。正因为人格中的观念、知识、能力等要素都有自己的品质标准，而道德则是它们的共同标准，所以人们主要从道德的角度考虑人格的品质要素，而一般不在品质的名义下讨论人格其他要素的品质问题。

人格的品质首先存在道德与否的问题，道德的品质通常称为德性或美德，而不道德的品质称为恶性。优秀品质是德性品质。德性是相对于恶性而言的品质性质，指的是那种能使人的活动及其主体成为善的品质。品质是德性的，人格才是道德的，人也才是道德的，否则人格及其主体就不是道德的甚至是不道德的。品质是道德的或德性的，人格的其他要素才会具有正面价值，才会是好的。具备德性品质不仅可以为人行善提供保证，而且可以使人的情感德化为道德的情感（德情），使人的理智德化为智慧。如果一个人的品质是不道德的或恶性的，则无论他的观念多么正确、知识多么渊博、能力多么卓越，他的人格都是不道德的，都是坏的、恶的，他的情感不可能转化为德情，他的理智也不能转化为智慧。品质对于人格和人生的意义就像康德所说的"善意志"对于人的意义一样，它是其他一切人格要素和整个人格好（善）的前提条件。

道德的品质即德性还存在程度的不同。品质是不是德性的决定人格是否道德，而德性本身又有程度的不同，存在优秀与否的问题。有的人格只具备基本德性，而有的人格则在养成基本德性之后，通过持续的修养不断促进德性的提升，使其德性既健全又高尚，达到了完善的水平。德性品质优秀指的就是德性完善。不过,德性完善并没有一个终点,而是一个不断通过涵育、锻炼使德性更加完善的过程。德性是力量,完善的德性则是强大的力量,可以"惊天地泣鬼神"。正因如此,品质优秀通常被看作人格优秀、人优秀的主要标志,道德人格也受到普遍重视。

德性作为对人的生活具有规范和导向作用的心理定式,涉及与自我、他人、组织群体、环境的关系,因而德性也可以相应地划分为四类:有利于自我生存发展的利己德性,有利于人际关系和谐的利人德性,有利于群体利益增进的利群德性,有利于自然环境美好的利境德性。每一类德性又都可以划分为基本德性和派生德性。例如,自重、自尊、自助、明智、乐观、刚毅、节制、勤劳、节俭、好学属于利己德性,其中的自重、刚毅、节制、勤劳、节俭是基本德性,其他德性是派生德性。①

就德性整体而言,有一些最基本的德性,如善良、诚实、正直、负责、感恩等,它们也可以说是人格的最基本德性。基本德性是德性的基本要求,或者说是底线的德性。这种德性是一个正常的人必须具备的,不具备就不是一个正常人,而是有问题的人或恶性之人。基本德性之所以是底线,是因为它从总体上规定着一个人的品质是不是道德的,突破了它,其品质就是恶性的。因此,具不具备基本德性决定着一个人的品质。派生德性则是德性的更高要求,或者说是倡导的德性,也就是优秀德性。这种德性是一个优秀的人应该具备的,如果不具备,即使是一个正常的德性之人,也不是一个优秀的、德性高尚的人。派生德性之所以是非基本的,是因为这种德性必须以基本德性为前提才是德性,否则它就不是德性,在有些情况下可能还是恶性的帮凶。② 由此看来,德性品质优秀不仅要求人格具备基本德性品质,还要求人格具备派生德性品质,优秀德性品质是基本德性品质与派生德性品质构成的有机整体。

人的德性品质虽然在人性中有其潜能,但主要是个人在社会中通过培育获得的。人类自诞生开始就面临与他人、共同体和自然环境的联系,有了自我意识之后,又有了与自我的联系。德性品质实质上就是个人处理好

①　参见江畅《德性论》,人民出版社,2011,第80页。
②　参见江畅《德性论》,人民出版社,2011,第79页。

这些关系所形成的心理倾向和行为定式。经过几百万年的进化，德性品质由于有利于人类更好地生存而逐渐积淀为人类的基因。但是，这些基因是人的心理性基因，它们与人的生理性基因可以自然生长不同，需要人类培育才能生长和发扬光大。如果不培育，德性品质基因就生长不出来，更不可能是优秀的。从人类历史和现实看，德性既可能是自发形成的，也可能是自觉修养的。在漫长的人类历史上，人只要生活在社会中，就会受父母、周围的人以及社会环境的熏陶自发地形成在世界上安身立命的德性。进入文明社会后，人们逐渐发现人的德性可以培育，通过培育形成的自觉德性优于自发形成的自发德性。于是就有了社会的教化，后来又有了个人的修养。虽然今天世界上还有不少人的德性是自发形成的，但自觉培育的德性越来越成为人类德性的主流。自发形成的德性虽然也有程度的不同，但不可能达到完善的程度，完善的德性只能通过自觉培育尤其是个人有意识修养才能形成。

在现代社会，基本德性通常是在一个人参加工作前养成的，而派生德性则是成家立业的过程中通过进一步修养形成的。诸如敬业、务实、合作、进取、创新、公正等利群德性中的派生德性就通常是在就业以后形成的。人们德性的形成和完善过程大致上可以划分为四个阶段。

（1）从出生到上高中之前，个人在家庭、朋辈、学校和社会的影响下会自发地形成一些德性。这些德性是没有经过个人自己有意识选择和修养的，因而是不系统的，也是不牢固的，耐不住外部的冲击。

（2）从上高中到参加工作前，随着主体性的增强，个人能够对自己的品质进行反思，并在反思的基础上对已有的品质进行甄别、挑选，保留那些得到自己确认的德性，还会通过接受教育或自我观察接受一些自己认定的德性进行修养，于是就形成了自己的基本德性。这些德性是自觉的德性，是比较系统而牢固的。

（3）从参加工作到成家立业基本完成，个人有可能在给自己的德性补充家庭和职业方面的德性的同时，大幅度地从基本德性向派生德性扩展，德性结构开始完整，一方面涵盖了生活的各个领域，另一方面既包含基本德性又包含派生德性。同时，人的基本德性也会在德性拓展的过程中得到提升，趋向高尚。因此，在这个阶段，人可以达到基本的德性完善，品质优秀亦可显现。

（4）成家立业基本完成后一直至衰老（以生活不能自理或丧失理智为标志），个人有可能在人生阅历不断丰富的过程中通过修养不断提升自己德性的整体水平，使德性从健全走向高尚，从而使德性更加完善、优秀。

在德性形成和完善的四个阶段中，除了第一阶段外，其他阶段个人的主体性作用都是决定性的。虽然任何一个正常人都可以走完这四个阶段，但不少人在第一阶段完成后德性发展就终止了，其德性水平始终停留于自发德性阶段。这样的人，品质是最低层次的，完全谈不上优秀。也有人只是停留在第二阶段，虽然具备人格的最基本德性，成家立业的过程中也会形成一些家庭和职业所要求的基本德性，但缺乏派生德性，因此他们的品质也不可能是优秀的，只能说是德性的。一个人只有完善了第三阶段的德性发展任务，他的德性才能达到完善，品质才可能是优秀的。德性从基本德性拓展到生活的各个领域，并且引申出应有的派生德性，德性才算得上基本完善，品质也才是真正道德的。要使德性品质更为优秀，还需要持续终生修养。

（五）完善人格与智慧

人格不是静止的显性结构，而是动态的隐性结构。一般人格的功能集中体现为理智，而完善人格的功能集中体现为智慧。这里所说的"理智"不同于理性，而是理性加上意志，有点类似于康德所说的"实践理性"；而这里所说的"智慧"则被看作理智的优化或最佳状态。

说智慧是理智的优化或最佳状态，有两方面的意思。其一，理智被德化。理智是中性的，一个道德之人可以是理智的，一个邪恶之徒也可以是理智的。与理智不同，智慧是理智被德性浸染或德性融入了理智，因而智慧总是道德的。使理智德化，就杜绝了它被恶用的可能，所以这是理智优化的重要表现。在日常语言中，人们可以说一个邪恶之徒很理智，但不会说一个邪恶之徒很智慧。这表明即使在日常语言中，两者之间的区别也是明显的。其二，给理智注入了非理性的成分。理智的本质是理性，理性与意志相结合就使意志理性化了，因而理智不包含非理性的成分，如情感、感性、直觉等。理智在德化的同时，又加入了非理性的成分，它就不再是只追求抽象性、普遍性、共同性、统一性、整体性，而是同时注重具体性、特殊性、独具性、个别性、个体性。在理智中注入非理性成分，可以避免过分张扬理性所导致的现代文明的诸多弊端，因而也是对理智的优化。

正是实现了这两方面的优化，理智才转化为智慧。而理智向智慧的转化，对于人格来说意义重大，既使人格成为道德的，又使人格不断走向完善。据此，大致上可以把人格区分为以理智为中心的人格和以智慧为中心的人格。以理智为中心的人格可能是道德的，也可能是不道德的；可能是完善的，也可能是不完善的，甚至可能是病态的。以智慧为中心的人格则肯定是道德的、完善的，而且会不断追求更加完善。完善人格与智慧无论在逻辑上还是在发生上都无所谓孰先孰后，它们相互促进、共同生长、一起形成。两者之间的关系大致上是结构与功能的关系，实质内涵是一致的。人格完善之人就是智慧之人；反之，没有智慧之人不是人格完善的，也没有人格完善之人不是智慧的。

近代以来，受市场经济利益最大化原则的影响，无论是他者（如某人的父母）还是个人自己都只注重开发人性的理智潜能，而忽视其他潜能。理智是理性加意志，因而运用理智开发人性的过程既是一个理性的认识过程，也是一个意志的实践过程，是二者的有机统一。理智实际上也就是人的智能。《现代汉语词典》将智能解释为"智慧和能力"，这种解释并不准确。"智能"的基本含义应为"理智能力"，是与"理智"完全同义的，它既有理性认识能力的含义又有意志实践能力的含义。正因为近代以来只重视智能或理智的潜能开发，所以通过开发形成的人格都是以智能为中心的人格。从结果看，只重视智能潜能的开发，而忽视甚至压抑非理性的能力潜能的开发，必定会导致以下两个明显的问题。

其一，所形成的能力人格（就能力而言的人格）只能是智能人格或理性人格，而这种人格是畸形的。人的能力潜能是多方面的，除理性之外还有感性、情感、直觉等非理性的能力潜能，它们对于人格完善和好生活都是不可或缺的。如果只开发人性的理性潜能，其他的能力潜能就得不到应有的开发，所形成的能力人格就只会是单纯理性的理智人格，而不可能是包含理性和非理性的智慧人格。这种片面的能力人格会导致严重的消极后果。非理性的能力潜能本身是一种潜在的力量，这种力量必须通过合理开发才能成为正能量，否则就会成为一种盲目力量，对正常的人格和生活起破坏作用。

而且理性也离不开非理性尤其是情感。有研究表明，人类大脑中有一个很小的叫作额前叶的部分，该部分受损后，患者看上去与正常人无异，但会失去情感的机能。面对不幸，面对令人兴奋的好消息和各种令人恼怒的挫折，他们都无动于衷，对事物或行为也无法做出判断，他们失去了抑制力，对自己的工作也无法胜任。这说明，情感的缺失可能会导致非理智行为的产生。"如果一个人失去所有情感，他将变成'理智的傻瓜'。"[①]当然，这是极端情况，现实的情况是，人的情感即使不开发、不培育，仍然需要表达和宣泄，否则就会导致心理疾病。中国科学院心理研究所和社会科学文献出版社共同发布的《2019 年科技工作者心理健康状况调查报告》，对中国科学院各科研院所及其隶属机关和企业的 1 万余名科技工作者进行了问卷调查。结果显示，近 1/4 的调查对象有不同程度的抑郁表现，其中 6.4% 的人属于高度抑郁风险群体，17.6% 的人有抑郁倾向。此外，超过 1/2 的受访者存在不同程度的焦虑表现，其中 42.2% 的人有轻度焦虑问题，8.8% 的人有中度焦虑问题，4.5% 的人有重度焦虑问题。[②]

今天，心理问题普遍存在，只不过科技工作者由于科研压力很大而问题更严重而已。导致心理疾病问题发生的原因很复杂，但可以肯定的是，人的情感等非理性需要潜能没有得到必要开发和适当满足是重要原因之一。

其二，以智能为中心的理智人格必然会导致对德性品质培育的忽视。能力在人格中处于中心地位，当能力人格成为理智人格时，理智人格也就成了人格的中心。理智与智慧不同，它既不像智慧那样包含非理性的因素，又不像智慧那样经过了德化。就是说以理智为中心的人格不像以智慧为中心的人格那样必须有德性及非理性要素与之相配套。对于以理智为中

---

① 〔美〕麦特·里德雷：《美德的起源：人类本能与协作的进化》，刘珩译，中央编译出版社，2004，第 150 页。

② 《2019 年科技工作者心理调查显示 1/4 抑郁、1/2 焦虑》，新浪网，2021 年 3 月 26 日，https://k.sina.com.cn/article_5895622040_15f680d98020013k28.html。

心的人格来说，有没有德性无关宏旨，德性是否完善更不是它所关心的问题。如果说这种人格还关心德性的话，那也只是把它作为更好地实现理性所追求的利益目标的手段。至于非理性要素更是要被排除的。这种理智人格所导致的后果十分严重。

无论是古希腊时期还是先秦时期，思想家和社会都非常重视人应该过什么样的生活和应该成为什么样的人的问题，好生活被视为人的德性和人格完善的生活，因而人的德性问题、人格完善问题受到高度重视。近代以来，为适应市场经济发展要求，思想家和社会为了给人们更大的自由，都只重视人们的社会行为的约束，而不再考虑人的人格和生活问题。与此同时，市场经济的利益最大化成为普遍通行的社会原则，而理智是最有利于实现利益的，而且会激励人们对利益的无限追求和占有。在这种社会条件下，家庭、学校、社会、个人自己都只注重智能的开发，而忽视其他能力的开发。人们形成的人格不再是综合性的人格，而是利益人格甚至是资本人格，无限占有利益而不是人格完善成为人们的普遍追求。

我国长期奉行的应试教育、求高教育就是这种开发方式的典型表现。这种开发结果的一种典型表现就是造就了所谓"精致的利己主义者"。这一说法来自北京大学中文系钱理群教授的一段话："他们有很高的智商，很高的修养，所做的一切都合理合法无可挑剔，他们惊人地世故、老到、老成，故意做出忠诚姿态，很懂得配合、表演，很懂得利用体制的力量来达成自己的目的。"[①] 精致的利己主义者是指经过精心打扮甚至伪装的"利己主义者"，他们对人生有自己的追求，有自己的生活品位，不是一味地追求物质价值，但他们的一切活动都以利己为核心，他们不讲德性品质，如果还讲道德的话，那也是因为讲道德能够更好地利己。高智商而无德性是其最突出特征。

实际上，只注重理性潜能的开发和理性能力的运用而忽视人性其他潜能的开发是现代文明重大缺陷和问题的最重要根源，"精致的利己主义者"只是这些问题的一种表现形式而已。

只注重理性潜能的开发必然会导致以上两个不可克服的问题，为了克

---

① 钱理群：《重建家园：我的退思录》，广西师范大学出版社，2012，第 75 页。

服只注重理性潜能开发的偏颇及其所导致的问题，人类必须从注重理性潜能开发转向能力潜能的整体开发，从注重能力潜能的开发转向对人性的整体开发。要实现这两种转向首先需要转变人性开发所追求的目标，即要把追求造就以理智为中心的人格（理智型人格）转变为对以智慧为中心的人格（智慧型人格）的造就。这种转变在某种意义上是对传统的回复。中西方传统社会都重视人性的整体开发，也在某些时候（如古希腊雅典时期）取得了成效，只是由于历史的局限尤其是当时社会内部的阶级斗争和宫廷斗争的影响，人们不具备开发人性和发挥人格所需要的社会条件，社会成员不可能普遍做到对人性的整体开发，从而形成智慧型人格。在人类生存危机日益严重的当下，鉴于近代以来人们只重视理智潜能开发所导致的问题，人类社会必须重新重视人性的整体开发，致力于社会成员智慧性人格的造就，引导人们努力实现人格完善与智慧修养的良性互动，追求更好的生活和更高的人生境界。只有这样，人类才可能有效地克服片面诉诸理智所导致的各种问题。

四　修身成人

"修身成人"是先秦儒家的著名命题和重要价值理念，2018 年在北京召开的第二十四届世界哲学大会的主题"学以成人"就是据此确定的，足见这一命题的影响之深远。这里所说的"修身"指的是修养身心，包括形体和心灵；这里所说的"成人"指的就是成就好人格，即理想人格。中国文化中有非常丰富的修身思想资源，中国历史上的思想家和宗教家对为什么要修身、修身修什么、如何修身给予了各种回答，而先秦儒家的修身思想对后世的影响最大。修身之"修"，在汉语中的词义很丰富，但从修身的角度看，就是指修养，有两种含义：一是化生，让人性中潜藏的东西化育生长；二是涵养，滋润养育生长出来的东西，使之更加完善。修身之"身"指身体，包括形体、心灵以及人性。修养身心从修体开始，进而修心，止于修性，其要旨在于福慧双修。修身实质上就是个人化生涵养自己的人性，在使体质强健和内心强大的同时使人格完善，在成为智慧之人的同时成为幸福之人。在先秦儒家看来，成就理想人格只能靠修身，所以他们强调修身为本。修身是人格完善之路，也是人生幸福之路。没有修身，好人格、好生活都无从谈起。在物化日益严重的当代社会，通过弘扬儒家修身成人思想促使人们增强修身意识且注重修养身心，对于人们走出现实生活中普遍面临的重重困境、重获身心自由具有重要意义。

（一）修身与好人格

人是社会动物，人在社会中生活就会形成人格，就会成人。个人离开社会，他的属人的本性就无法发展起来，也就不可能获得人的本质，无法达到人的兴盛或者幸福。[①] 在进入文明社会以前的人类，如果承认他们有人格，他们的人格就是在社会（主要是氏族部落）环境中自发形成的。但是，进入文明社会后，统治者希望其成员能够成为社会所期望成为的人，因而有意识、有目地对他们施加影响（主要是教化），以造就他们的人格。这种人格通常也被看作好人格。后来，随着社会成员个人的自我意识增强，他们在接受社会施加的影响的过程中，逐渐有意识、有目地造就自己的人格，使自己成为自己所希望成为的人。这就是中国传统文化所说的修身。

从历史和现实看，社会教化可以使一些社会成员的人格成为社会所期望的好人格，但由于种种原因通常并不能使所有社会成员都形成统治者所期望的好人格。中国传统社会极为重视教化，特别是自宋代开始，社会采取种种教化措施，如官方教化、乡规民约教化、家族家规教化、艺术感化、神道设教、通俗读物浸染、旌表激励等。当时，不仅形成了严密的立体教化网，而且教化强度空前，愚忠、愚孝、愚节的典型比比皆是。然而，在社会教化措施如此周密而又强有力的情况下，宋代许多人不但没有形成统治者所期望的好人格，还举起义旗反对朝廷。据史料记载，宋代一共发生了400多次农民起义，是中国历史上发生农民起义最多的朝代，而且宋代的农民起义与其他朝代发生的不一样，只要发生了农民起义，起义就会一直持续下去，不会停止。在比较民主的现代社会，社会教化也从未

---

① 参见姜丽《社群、良制与好生活：亚里士多德政治伦理观的核心义旨》，《湖北大学学报》（哲学社会科学版）2020年第6期。

停止，但犯罪现象比比皆是，公民不服从问题也普遍突出。

以上事实说明，社会仅仅靠教化来使其成员普遍形成统治者所期望的好人格是"完全不现实的"。导致这种情况的主要原因在于，社会的一切决策在最好的情况下也只能采取多数决定的原则，而根据这种原则做出的决策几乎都会或多或少地照顾不到甚至伤害少数人的利益，而在"家天下"的时代，社会的决策更会经常伤害大多数人的利益。在受伤害的人群中，总有一些人因利益而与统治者离心离德，也就会抵制统治者的教化。

更值得注意的是，统治者所期望的好人格是统治者统治的国家所需要的人格，而不一定是真正意义上的好人格，不一定是好生活所需要的完善人格。在中国先秦，儒家所设计的好人格是君子人格和圣人人格。这两种人格在今天看来有过分重视道义的局限，但总体上看还是好人格，它体现了"道"和"德"的要求，一个人真正能造就这种人格，还是具备过上好生活的主观条件的。但是，自汉武帝实行"罢黜百家，独尊儒术"国策之后，先秦儒家所憧憬的君子人格、圣人人格就被改造成为忠臣孝子人格。传统社会的俗语"忠臣孝子人人敬，佞党奸贼留骂名"就是社会大力倡导这种人格的写照。忠臣孝子人格是极端畸形的人格，它只要求人们在家尽孝、在国尽忠，而完全不考虑人格的其他要素，不考虑好人格的终极指向——好生活。因此，这样的人格很难形成，而一旦形成了这样的人格，这个人就成了社会的牺牲品。在统治者采取各种教化措施强制推行这种人格的社会条件下，社会上最终形成的只会是两种人格，一种是伪君子，另一种是奴才。

由于上述原因，完善人格不能完全依赖社会教化，而要靠个人自己的修身，主要取决于自己的作为，这就是萨特的"存在先于本质"①所指出的。当然，个人的修身不可能完全脱离社会的教化，但个人仍然具有相当大的独立自主性和作为空间。可以这样说，没有个人自己的修身，就不能造就个人的完善人格。中国传统儒家思想家大都把道德作为修身的唯一目标，而修身就在于使人成为道德之人，在于培养自己的理想人格，以达到

① 〔法〕让-保尔·萨特：《存在与虚无》，陈宣良等译，生活·读书·新知三联书店，1987，第565页。

至善的人生境界。[①] 如果把先秦儒家"修身成人"中的"人"理解为完善人格，那么这一说法就揭示了这样一条人生真理：唯有修身才能造就完善人格和不断促进人格完善。一方面，只有修身才能造就完善人格。如上文所说，完善人格不能仅仅靠社会教化。虽然社会教化可能给人们提供某种理想人格，但这种人格即使是合理的，也是一般化的、普遍性的，还需要个人结合自己的实际情况，尤其是要与自己的人性状况相对接，使之具体化为适合自己的好人格。在实现这种理想人格的具体化之后，还需要个人将这种理想人格现实化为自己的实际人生，这样才完成了个人自己好人格的塑造。在整个过程中，个人的修身起着决定性的作用。另一方面，社会是变化的，个人的生活也是变化的，个人形成的理想人格既有可能受到冲击，也有可能不再适应变化的主客观条件，因而需要不断与时俱进，否则好人格就会变得不再好，甚至会出现问题。这就要求个人的修身不断进行，不能终止。从这两个方面看，一个人要形成和始终保持好人格，就得终身自觉修身，至死方休。中国传统文化不仅重视修身成人，而且主张人任何时候都不能满足现状，而要不断追求更高的人格层次。

身体健康和人格完善是好人格的两个层次，修身对于这两个方面均具有决定性意义。在中国传统文化中，儒家更重视修身对于人格完善的意义，而道家则更关注修身对于身体健康的重要性。两家的修身思想具有互补性，共同构成了中华传统文化的完整修身观念。在现代文明条件下，无论是身体健康还是人格完善都面临严峻的挑战，需要弘扬传统的修身观念。

在当代人们的身心普遍疲惫且处于亚健康状态的情况下，修身首先要注重身体健康。身体健康问题不解决，好人格的造就就不过是一句空话。从历史上看，许多人的身体健康并不是通过修身达到的，长期的艰苦生活也能使一些人体质强健、内心强大。但至少就中国传统社会而言，普通百姓都缺吃少穿、缺医少药，加上战乱频发，抗御自然灾害的能力弱，因此他们的身体很难达到健康状态，人口的平均寿命很短。虽然自先秦时代开

[①] 马永庆：《儒家传统修身观与现代人格完善》，《山东师大学报》（社会科学版）1996 年第 3 期。

始思想家们就注意到修身的重要性并提供了丰富的修身思想观念，但这些思想观念难以传达给普通百姓，因此人们普遍缺乏修身意识。当然，他们成天为生计奔波，疲惫不堪，也不可能顾及修身。

现代化运动使世界上不少国家改变了过去贫穷落后的社会面貌，传统社会缺吃少穿、缺医少药的状况得到了根本性改变。但是，现代文明又给人们的身体健康带来了两个突出的问题。一是营养过剩和环境污染导致的形体问题。营养过剩导致了诸多所谓"富贵病"，如高血压、高血糖、糖尿病、痛风、肥胖症等；环境污染导致了许多恶性疾病，如恶性肿瘤、呼吸系统疾病等。据《中国心血管病报告2018》推算，我国心血管病现患人数2.9亿，其中高血压患者高达2.45亿人。[①] 二是竞争日益激烈以及人们占有欲膨胀导致的心理疾病，如抑郁症、轻度躁狂症、强迫症、神经衰弱症、焦虑症等。据《中国国民心理健康发展报告（2019~2020）》，全国有24.6%的青少年患有抑郁症，其中重度的占7.4%。《中国居民营养与慢性病状况报告（2020年）》显示：2019年，我国因心脑血管疾病、癌症、慢性呼吸系统疾病导致的死亡人数占总死亡人数的88.5%，其中心脑血管疾病、癌症、慢性呼吸系统疾病死亡比例为80.7%。[②] 在现代文明病的严峻挑战面前，任何一个人都不能像传统社会那样放任身体自然生存，而必须通过修身来确保身体健康，否则各种现代文明病就会找上门来，好人格的造就和发挥就会受到严重影响。

修身并非身体健康的唯一路径，但人格完善却舍修身而别无他途。人类自诞生开始就是社会性动物，一个人只要天赋正常并生活在基本共同体（社会）中就可以成为一个正常人（常人）。随着人类的进化和文明的进步，人积淀的遗传基因的种类越来越多、层次越来越深，也就是说，人性的内涵或潜能越来越丰富。一个人在社会中自然生长，其潜能只能在一定程度上转变为现实的综合素质，即成为一个正常的人，社会的教育和影响作用莫过于此。一个人要成为优秀的人、成为社会精英，就不能满足于社

---

① 胡盛寿、高润霖等：《〈中国心血管病报告2018〉概要》，《中国循环杂志》2019年第3期。

② 《中国居民营养与慢性病状况报告（2020年）》，《营养学报》2020年第6期。

会对自己的教育和影响，而必须在此前提下自主地开发自己的潜能，而这就是我们所说的修身。可以这样说，一个人在社会中自然地生长充其量只能成为一个常人，而只有通过不断修身才能使自己成为精英。

精英有两种意义，一是与一定社会范围同辈人相比较而言的精英，二是相对于自己潜能开发充分来说的精英。前一种精英在人类历史的任何时候都存在，但他们并不一定都将自己的潜能充分开发了出来；后一种精英则是将其潜能充分开发出来的人，这种精英只有在文明社会才可能存在。因此，同辈人中的精英并不一定是自我实现的人，而潜能开发充分的人则一定是自我实现的人，他们才是真正的精英。从这种意义上看，一个人即使不能成为同辈人中的精英，但仍然可以成为充分开发自己潜能的精英。因此，每一个正常人都可以成为精英。但是，一个人要成为精英就必须持续不断地修身，使自己的潜能尽可能地充分开发出来、发挥出来，造就自己的完善人格，从而使自己成为幸福的人，过上好生活。

近代以来，随着市场经济的发展，追求物质利益最大化成为风习，人格开发退隐，人格完善恍如隔世之梦。今天，人普遍成为亚当·斯密所说的"经济人"，"经济人"的世界呈现给人类的是这样一种画面：人们物质生活的极大丰富导致诸多"富贵病"；人们的生活压力极大地增加，导致传统社会未曾有过的心理疾病泛滥；人类文明高度发达，但自然环境到了崩溃的边缘，人类陷入了严重的生存危机。在这种严峻的形势下，人类的价值追求必须从追求资源占有、利益最大化转向追求人格完善、自我实现。而这种转向的路径只能是人们普遍重视修身。从某种意义上可以说，修身而非逐利才是人类的自我拯救之路，也是人类未来发展的不二选择。

（二）修体、修心、修性

修身包括修养身心的方方面面，从人格的角度看，概括起来无非是修体、修心、修性三个方面。这三个方面也是修身的三个层次：首先要修体，修体才能确保形体健康、体质强健；其次是修心，修心才能使心理健康、内心强大；最后是修性，修性才能使人性得到充分开发、充分实现。在现实生活中，对于修身的这三个方面，有的人偏于修体，注重激发身体潜能；有的人偏于修心，强调增进心灵智慧①；有的人偏于修性，致力于人性的开发。当然，也有人选择其中两种，这是难免的，也是或多或少有益处的，但真正的修身或者说从好人格角度看的修身，是包括三个方面的整体的修身，而不是某一个或两个方面的修身。修身的三个方面存在层次递进关系，从逻辑上看，修性要以修心为前提，修心要以修体为前提。既然如此，修身就似乎要从修体开始，但实际上好人格所需要的修身是体、心、性同修，而且要着眼于修性来修心、修体。因为只有这样，修身才能充分发挥造就好人格的作用。

修体的关键在于养生保健。所谓养生是指个人主动根据人的生命过程规律通过各种方法颐养生命、增强体质、预防疾病，从而达到身体健康、延年益寿。保健则是指为保持和增进人们的身心健康而采取的有效措施。保健是为了养生，保健是手段，养生是目的。养生之生，指生命的活力，其底线是无重大疾病和伤残，理想状况是生机勃勃，精气神旺盛。养生重在养。养生之养，指健康养护，即康养，包括营养、补养、保养（亦称颐养）、调养、滋养、涵养等。营养和补养要求摄入的营养充分、合理，发现身体缺乏某种养分时及时给予补充，使身体机能增强；保养和调养要求遵循生命法则，通过适度的健身运动，加之合理营养、必要护理、适时调理等手段，让身体机能得以休养生息，恢复应有机能，通过治未病使精气神充溢；滋养和涵养要求遵循天地四时之规律，通过适时、适地、适人调配各种养生要素滋润养护身体，以滋养周身，益寿延年。总之，养生保健就是要以中、西医学理论为指导，采取健康科学的饮食、娱乐、健身、药械等方式，通过调节个人生活习惯、生活环境及心理状态来调理身心，达到已病促愈、病后复健、不适消除、未病先防、体质强健的目的。

修心之根本在诚意正心。诚意正心是使一个人心理健康乃至内心强大的牢固根基，因此是修心之至要。"诚意正心"这一表达源自《大学》，它揭示了人类修心不可违背的人生真谛。

《大学》对诚意做了这样的解释："所谓诚其意者，毋自欺也。如恶恶臭，如好好色，此之谓自谦。"就是说，诚意的意思是不要自己欺骗自己，

---

① 何锡蓉：《修养：中国哲学的道路》，《社会科学》2008 年第 1 期。

就好像见到美色动心、闻到恶臭厌恶一样，所有感受皆是发自本心。绝不会欺骗自己将臭说成香，这是诚意的根本要求。"要做到诚意就需要时刻对私意有所觉察"①，不但在人前要时刻真诚不欺，更重要的是"慎独"，就是自己独处时也要诚意。独处时行为要端正，不做恶事，内心也不能胡思乱想，不能见利忘义。

孟子把诚看作天之道，而把追求内心的诚视为人之道。他说："诚者，天之道也；思诚者，人之道也。"（《孟子·离娄上》）他认为诚对于人的意义重大，达到至诚还不能感动别人，那是没有的。《中庸》更把诚的重要性推到了极致，认为天下只能通过至诚实现化育："唯天下至诚，为能经纶天下之大经，立天下之大本，知天地之化育。""唯天下至诚，为能尽其性；能尽其性，则能尽人之性；能尽人之性，则能尽物之性；能尽物之性，则可以赞天地之化育；可以赞天地之化育，则可以与天地参矣。"

荀子也认为，诚是贯穿天地人的道，或者说是天道、地道、人道之中的道，也是人的道德的根基和根本。正因如此，诚是修心养性最有价值的内容，只要不断循环往复地坚持下去，人就可以获得"天德"。他说："君子养心莫善于诚，致诚则无它事矣。"（《荀子·不苟》）儒家的这种诚意修心的思想已成为中华民族广泛的共识，于是有了"心诚则灵""精诚所至，金石为开"等成语。

意诚是为了心正。王阳明认为，"心之本体本无不正，自其意念发动，而后有不正"，所以强调意诚为心正的前提，"意无不诚，而心可正矣"（《大学问》）。正心的意思是使内心端正无私、正大光明。按照《大学》的解释，人之所以要正心，是因为人心受到恐惧、好乐、忧患等情欲的影响会不得其正，不正则不能安身立命，不能齐家治国平天下。而要使内心端正就必须诚意，因为诚意心才能不乱而正。所以，"欲正其心者，先诚其意"；"意无不诚，而心可正矣"。

正心类似佛教所说的"云水禅心"。云水，无形无态，乃漂流不定、柔情万种的世间自由之物。禅心，谓清静寂定的心境，即所谓"禅心暮不

---

① 周海春、徐艳萍：《成圣的不变之教：王阳明的立志说》，《湖北大学学报》（哲学社会科学版）2021 年第 6 期。

杂，寂行好无私"（江淹《吴中礼石佛》）。云水禅心说的是悠然自得的心境，可超越浮世和人世间的杂乱无绪，不为物所迁，不以物喜，不以己悲。既然恐惧、色欲、物欲、贪心都会使心不正，那么就通过诚意去坚定本心，时刻保持心正。不过，云水禅心作为佛教的追求，过于潇洒飘逸，人们很难达到，今天所说的正心需要考虑世俗的进取因素。扬弃"云水禅心"的正心，就是要通过诚意养成良好心态，实现平常心态、进取心态和超越心态的有机统一。有了这种心态，人的心理就会健康，而且会从健康走向强大。

修性就是个人化生涵养自己的人性，用现代语言来说，就是开发人性，使之成为完善的人格。修性可以包含修体、修心，三者可以统一起来。但从现实情况看，有些人只修体，有些人只修心，也有些人只修性，当然也有些人同时修其中的两者。所以，我们需要分别讨论这几种不同的修身情形。从人性的开发来看，以上这些修身情形都是有偏颇的，最终都不能将人性充分开发出来，使之成为完善人格。正确的做法是，着眼于人格完善去开发人性，在开发人性的过程中修体、修心。如此，人性就能得到整体的开发，而不会发生只开发其中的一两个部分或层次的偏颇。

当然，在实际修身的时候，既可以选择不同的切入点，也可以有所侧重。孟子说："尽其心者，知其性也。知其性，则知天矣。存其心，养其性，所以事天也。"（《孟子·尽心上》）孟子这里是把修心作为修身的切入点和侧重点，通过修心来修性，并通过修性体察和遵循天道。孟子不仅重视修心、修性，而且高度重视修体。他独创的理想人格是"大丈夫"："居天下之广居，立天下之正位，行天下之大道。得志，与民由之；不得志，独行其道。富贵不能淫，贫贱不能移，威武不能屈，此之谓大丈夫。"（《孟子·滕文公下》）要成为大丈夫，必须善养"浩然之气"："其为气也，至大至刚，以直养而无害，则塞于天地之间。其为气也，配义与道；无是，馁也。是集义所生者，非义袭而取之也。行有不慊于心，则馁矣。"（《孟子·公孙丑上》）他所强调的善养"浩然之气"就是形体方面修身的要求。孟子的修身思想是中国传统社会最完整、最系统且最有价值的修身思想，值得发扬光大。

今天讲修性，虽然包含修体、修心，但重点是通过化生涵养人性造就完善人格。狭义的修性指的就是造就完善人格。造就完善人格，就是个人要自觉地通过自己化生涵养人性的实践确立正确观念，获取渊博知识，锻炼卓越能力，培养优秀品质。人在成为具有自为性的主体之前，会在环境影响和学校教育下具有一定的观念、知识、能力和品质，但这一切基本上是自发形成的。修性是在人有了主体意识之后才可能进行的，其起点就是对已经初步形成的人格因素进行反思，在反思的基础上对它们进行审查、甄别、选择和造就。如果主体意识不觉醒，修性就不可能发生，一个人的人格就会终生处于自发状态。

在所有人格因素中，观念是最需要反思和勘定的。自发形成的观念基本上都是常识观念，而常识观念是不完整的，而且一些常识观念是不正确的。比如，今天流行的资源占有幸福观和欲望满足幸福观就是不正确的，一个人如果不对它们进行反思、批判，它们就会成为其终生的幸福观。时代在变化，经过勘定确立的观念也会过时，同时社会又会出现一些新的观念，因此观念还存在更新和丰富的问题。这些问题要通过观念修养来解决。

知识修养的主要任务是丰富和深化知识，相对而言，勘定和更新的要求没那么突出。丰富和深化知识，使之走向渊博的唯一途径就是学习，包括向书本、实践和他人学习。一个人只要勤奋学习且方法得当，他的知识就能够逐渐变得渊博。

能力修养的情形与知识修养有些类似，主要任务不是反思和勘定，而是持续提高。能力的提高除了要求个人不断丰富和深化知识之外，还要注重实践锻炼、总结经验和学习他人。这个过程就是能力修养的过程。

品质像观念一样，也是一种定式，形成难，改变也难。自发形成的品质必须经过反思、勘定和长期践行才能更新，而且随着人生活领域的扩展，还需要养成一些新的品质。品质和观念不同，它并不是一次性成就的，而是有无尽的提升空间，可以不断完善。品质的更新、拓展和提升过程就是品质修养过程。

修性实质上就是修养人格，人格早在童年就开始了形成过程，但其自觉修养是与修性同步的，或者说就是同一过程。发展心理学把人的生命的发展定义为"从受精卵形成到死亡（或者说'从子宫到坟墓'），个体身上所发生的系统的、连续变化的过程"①，可以划分为胚胎期、婴儿期、儿童早期、儿童中期、儿童晚期、青春期、成人早期、成人中期、成人晚期。修性大致上从青春期（10～12 岁至 18～22 岁）才开始。修性一旦开始就需要持之以恒，直到个人的主体性丧失。只有这样，人格才能达到最大可能的完善。如果不能坚持，人格水平就定格在修养停止时人格达到的水平，不可能达到最大可能的完善。

（三）性福慧三修

中国传统文化讲求福慧双修。"福慧双修"最初出现在唐代慧立的《大慈恩寺三藏法师传》第五回："菩萨为行，福慧双修，智人得果，不忘其本。"唐代法藏法师的《华严五教章》卷二亦有云："此终教中论其实行，从初发意即福慧双修，故成佛时无别修也。"民间还流传不少有关"福慧双修"观念的说法，如"修福不修慧，大象挂璎珞；修慧不修福，罗汉托空钵""修慧不修福，不是大智慧；修福不修慧，不是真慈悲"等。这些说法一方面反映了佛教"福慧双修"对民间的影响，另一方面也对这一观念做了通俗的阐释。"福慧双修"是极具中国特色的优秀传统观念，集中表达了修身的实质内涵。福慧双修既指明了修身的目的在于获得幸福或过上好生活、任务在于获得智慧，也隐含着对修身提出的运用智慧谋求幸福的实践要求。

不过，"福慧双修"的命题忽略了"修"的对象，即人性，如果加以修性，这个命题就周全了。据此，我们将"福慧双修"完善为"性福慧三修"。"性"是修身的对象，"福"是修身的目的，而"慧"是修身的任务。三者三位一体，构成了完整的修身概念，而修慧是中心。修性、修福、修慧作为修身整体结构的组成部分和实质内涵必须统筹兼顾，不能顾此失彼或抓住一点不及其余。否则，修身就不仅不能为自身的幸福提供服务，而且可能导致消极的后果，人类历史上有过许多教训。在性福慧三修方面，主要存在三种突出的问题。

---

① 〔美〕卡拉·西格曼、伊丽莎白·瑞德尔：《生命全程发展心理学》，陈英和审译，北京师范大学出版社，2009，第 2 页。

一是缺乏修身意识，性福慧哪方面都不修。中国传统社会虽然有极为丰富的修身思想，但历代的统治者只重视社会教化，而不重视个人修身。这种情况产生的原因是多方面的，但统治者通过实行愚民政策使百姓成为驯服的臣民是主要原因。皇权专制统治者这种做法的结果就是国家发展缓慢，老百姓苦不堪言。不过，即使是在文明昌盛的今天，也仍然有不少人缺乏修身意识，或者有这种意识而懒得修身，放任自流。这样的人当然不会有完善人格，也不会有真正的好生活。

二是只重视修性福慧中的一种或两种。西方中世纪基督教神学家就只要求人们修养"信望爱"神学德性，而放弃了对人们修慧和修福的要求与引导。奥古斯丁甚至把智慧等同于敬畏上帝，认为"敬畏上帝是人的真智慧"，而"敬畏上帝"就是"上帝要我们以信、望、爱敬拜他"。[①] 他们强调信仰，而信仰与智慧对立；他们要求人们追求死后进天堂而放弃现实幸福，这就意味着不要人们修福。中世纪的这种修身观导致大量伪善者滋生，最终葬送了天主教教会在西欧的统治地位。在现实生活中，许多人只修福，而不修性，更不修慧，而且把福理解为快乐，或者是资源占有的快乐，或者是欲望满足的快乐。这种快乐完全可以不用人性的整体开发，不用造就完善人格，只需要顺从人的自然欲望，运用自然的理性就可以获得。这种修身的偏颇显而易见，其最坏的结果要么走向犯罪的道路，要么患上心理疾病。

三是虽然注重修身，但对性福慧本身的理解片面。在受教育程度普遍提高的当代，许多人在教育的影响下已经意识到修身的重要性，并致力于修身，但对修身内容的理解存在问题。其主要表现有：其一，把人性理解为自私的，主张扼制甚至改变自私的人性，其结果是人性得不到应有的开发，人格当然也不可能完善；其二，把幸福理解为快乐，认为占有更多的资源和享受优裕的物质条件就是幸福，如此一来，作为幸福重要内容的德性品质被忽视，其后果是犯罪问题频发和心理疾病流行；其三，把理性当成智慧，只注重智力水平的提高和智力的运用，而忽视能力潜能其他方面

---

① 〔古罗马〕奥古斯丁：《论信望爱》，许一新译，生活·读书·新知三联书店，2009，第 28 页。

的开发，同时也忽视品质的培养，其结果是智商高而情商低，许多人成为"精致的利己主义者"，也有不少人患上了抑郁症。

事实证明，现实中普遍存在的不修身或片面修身问题总会导致消极后果。从好人格的角度看，修性、修福、修慧三者必须统一起来，只有统一起来才能达到修身的目的，即造就好人格，使人过上好生活。

修性就是要使人的潜能充分开发出来，但充分开发人性本身并不是目的，其目的是造就好人格。好人格不是自然形成的，而是人为开发的，这种开发就是修性，因此好人格造就的过程就是修性的过程。修性实质上就是使人的潜能转化为健康的身体和完善的人格。因此，必须把造就好人格确定为修性的目的和任务，使修性的过程成为造就好人格的过程。实际上，"三修"也完全可以整合为一个有机统一的过程。修性能够使人造就好人格，将好人格付诸实践，使人过上好生活，这实际上就是一个修福的过程。

造就好人格也不是终极目的，其终极目的是过上好生活。要过上好生活就要将好人格付诸实践，加以发挥，使之见于好生活或幸福，而使好人格见于好生活或幸福的过程就是修福的过程。这就是说，要使人过上好生活，不仅要修性，而且要修福。虽然修福离不开修性，必须以修性为前提，但修性不等于修福。如果说修性的任务在于人格完善，那么修福的使命则在于人生幸福。从逻辑上看，修性与修福存在先后问题，修福必须在修性之后进行，但修性与修福实际上是不能完全分开的。人们总是在将人性现实化为人格的同时将人格付诸实践，通过人格的实践进一步开发人性，因此不能将修性与修福截然分开。

在修性使人性现实化为完善人格的过程中，同时使人的理智转化为智慧。由理智转化而来的智慧，一方面能够使人更充分地开发自己的人性，造就好人格；另一方面又能使人形成的好人格尽可能地付诸实践，使人过上好生活。这两个方面也就是智慧的运用，这也就是亚里士多德所说的实践，实践智慧是指"善于考察对自身的善以及有益之事，但不是部分的，如对于健康、对于强壮有益，而是对于整个生活有益"。① 这里的前提是在

---

① 〔古罗马〕亚里士多德：《尼各马科伦理学》，苗力田主编《亚里士多德全集》第8卷，中国人民大学出版社，1992，第12页。

修性的过程中要着眼于修福，而在通过修福进行修性的过程中要注重修慧。无论是修性还是修福，都需要在修慧上下功夫，即注重智慧的开发和运用。当人有了智慧时，人就能够充分地开发自己的人性潜能，并将开发出来的人格发挥出来。如此就形成修性、修福和修慧的良性循环。

如果在修身的过程中将三者像这样有机地统一起来，三者就会相互促进、良性互动。如此一来，修身的过程与修性的过程、修福的过程、修慧的过程就是同一个过程。因此，在修身的过程中，需要同时兼顾修性、修福和修慧。当然，在修身的过程中也需要突出重点，不能平均用力。突出重点的情形有所不同，需要在修身过程中把握好。

第一，在不同年龄段，修身有不同的侧重点。在人的一生中，不同年龄段修身的重点会有所不同。大致上说，在成家立业前，修身的重点是修性。在这个阶段，修身的任务最重，既要解决体质强健的问题，又要解决内心强大的问题。这两个问题解决好了，就会为下一步的修身奠定坚实基础。成家立业后一直到修身能力丧失，修身的重点是修福。在这一漫长的过程中，要使已经造就的完善人格付诸实践，使好人格转变为好生活。这个修福过程实际上是一个创造好生活的过程，需要人坚持不懈地奋斗。从开始修身到修身终止的整个修身过程都是修智的过程，但重点也有所不同。在成家立业前，修智的重点是在开发人性的过程中开发智慧，使人具有智慧。开发智慧就是要使理智优化，即在使理智德化的同时融入非理性的因素，形成以观念正确和知识渊博为基础的、品质德性化的卓越能力。在成家立业后，修智的重点则是运用智慧去创造好生活，并在运用智慧的过程中进一步提升智慧水平。

第二，在修身过程中补齐短板和解决问题是重点。人们修身的实际情况有很大差异，并不都是按照以上所说的不同年龄段修身，即使这样做了也未必能取得应有的效果、达到预期目的。在这种情况下，修身就需要补齐短板。比如，有的人修身在观念、知识和能力方面卓有成效，但品质的问题比较突出，急功近利，甚至有弄虚作假的行为。对于这些人来说，造就德性品质就成了他修身需要破解的难题，这个难题得不到解决，好人格和好生活就都谈不上。修身过程中，出现短板的情况时有发生。不仅那些修身本身存在某种缺陷的人存在短板，即使那些修身整体情况较好的人，也会在生活过程中出现短板。另外，人自身的条件、生活的环境是不断变化的，人在修身的过程中如果由于种种原因没有对变化做出合适的反应，其人格就会出现问题。在这种情况下，修身就需要针对出现的问题采取对策，解决问题就成为修身的重点。在修身的过程中，如果不能做到及时补齐短板、解决问题，修身的目的就无法达到。

第三，修身起步晚时需要重点修性。人们受教育的程度不同，接受家庭和社会的影响不同，自我意识觉醒也存在相当大的差别。由于这些方面的影响，现实生活中有些人修身意识觉醒得晚，因而修身起步晚，当然也有人修身意识终生没有觉醒。修身起步晚的人面临的第一个问题就是重点修什么的问题，重点是修性，还是修福、修慧？回答只能是修性。修身的终极目的是过上好生活，好生活是好人格付诸实践的结果，而好人格只能通过修性造就。因此，无论一个人什么时候开始修身，只要他修身的目的是过上好生活，而不是献身上帝或他者，那么他就必须先有好人格，也就是必须修性，因为"好生活必须以好人格为充分主观条件"。[①] 在这一点上，没有任何捷径可走。有的人可能认为，只要我积极有为、努力奋斗，就可以过上好生活，就是说，不用修性就直接修福。这种想法是不对的，因为未经修性形成的人格必定是有局限和有问题的人格，这种人格付诸实践的结果，只会是有局限和有问题的生活。

尽管由于上述原因，修身突出重点是不可避免的，也有其合理性，但无论在什么情况下，都必须兼顾修性、修福和修慧，必须始终指向好人格、好生活，不能顾此失彼。也就是说，修身始终必须立足于修性，着眼于修福，着力于修慧。兼顾修性、修福和修慧，是修身的一条基本原则，违背这条原则，修身是不可能达到其应有目的的。

（四）修身的基础和条件

修身是人成为主体后所进行的旨在实现自我从而过上好生活的自为活动。人生长到一定年龄（18岁左右）且身体健康，具有主体性（包括自为性和社会性），就具备了修身的基础，就能够修身。修身总是在家庭、

---

① 江畅：《好人格与好生活》，《求索》2021年第5期。

学校、社会环境中进行的，这些环境是修身的外在条件，它们对修身有极其重要的影响。缺乏自身基础或外部条件不好，修身便无法正常进行，当然也不可能达到目的。因此，研究修身问题必须研究修身所需要的基础和条件。虽然中国传统哲学修身的思想很丰富，但几乎都没有考虑修身所需要的主体自身的基础和外部条件，因而这些思想很难付诸实践，具有空想性。

修身主体的基础状况对修身有根本性影响，只有具备必要的修身基础，修身才有可能进行。修身主体的基础包括修身意识、身体健康、人性发展、自发形成的人格等四个基本方面的状况，它们共同决定着一个人的修身状况。

第一，修身意识是修身的先决性前提。修身作为一种自为活动，以个人意识到修身对于人生的极端重要性为前提。无数事实证明，一个人可能一辈子顺从社会习惯、惯例、规范度过一生，没有意识到修身的重要性。如此，他一辈子就生活在他者为他铸就的模子之中，就不会想到要修身，就不会去修身。而不修身，他就不会有自己的独特个性和独立人格，不会有属于个人的世界，也不会有人性充分实现意义上的好生活。只有当一个人对修身的重要性有清醒认识时，他才会自觉地开发自己的人性潜能，追求完善人格。有修身意识才会有修身活动，无修身意识绝对不可能有修身活动。

修身意识的觉醒需要某种触媒的作用。这种"触媒"可能来自学校的教育、个人的学习或环境的影响，但任何一种"触媒"要发挥作用，原动力都在于个人自己。个人自觉意识的觉醒、个人自主性的增强，以及个人对人格完善和个性化的渴望与追求，是修身意识觉醒的原初动因。修身意识觉醒后还需要保持这种意识，只有始终保持修身意识，才会始终自觉地修身。修身并不是一种独立的活动，而是贯穿于人的一切活动之中。修身有点类似禅宗的"见性成佛"，只要有强烈的修身意识，人们的一切活动，包括认识活动、情感活动、意志活动、行为活动，都可以成为修身活动。如此，人们的活动既可以达到活动的目的，又可以获得修身的效果，从而获得双重的效益，整个人生的过程也就成为修身的过程。

第二，身体健康是修身的必要条件。身体是人格和生活的载体，修身作为完善人格和创造好生活的活动也必须以身体健康为载体和必要条件。疾病缠身，人就无心甚至无力从事各种活动，自然也不会有心修身养性。尤其是在人应该开始修身的时候，如果身体不好，就不会产生修身意识，修身就会迟滞。即使开始修身活动，如果身体发生变故，修身也可能会中止。因此，要想持续不断地修身，就必须使身体保持健康，而且不能满足于无病的状态，而是要努力使体质强健、内心强大。身体达到了这种理想状态，就能够更有效地抗御疾病，而且能够更有效地达到修身的目的。实际上，当人有了自主性以后，身体的健康需要通过修身来实现。这就要求我们将身体健康纳入修身的范围，有意识地采取各种合适的方法维护健康、增强体质、强化内心。做到这一点，健康和修身就会良性互动，相互促进。

第三，人性发展水平是修身可能达到水平的阈限。人的本性是所有人共同具有的人作为人的根本规定性，但人的本性作为抽象的人性并不是独立存在的，而是体现在每一个人的人性之中。每一个人的人性从母亲受孕开始就因基因不同而各不相同，而且并不是一蹴而就、固定不变的，而是生长变化的。一般来说，人性到人18岁左右就基本形成。人性在生长的过程中深受环境的影响，受孕期间受母体的影响，出生后受家庭、学校、社会的影响，后来个人自己的作为也会起到日益增强的作用。由于这些因素的影响，到人性基本形成时，不同人的人性发展状况就会存在差别。有的人人性发展得充分，有的人人性发展得不充分，而充分与否主要体现在人性潜能的大小。人性发展得越充分，其潜能就越大，反之，其潜能就越小。修身就是开发人的潜能，使之转变为现实的综合素质，转变为人格。在通常情况下，对人性的开发不可能超过人性发展所形成的潜能，人性潜能就是人性开发所能达到的最大限度。人性的潜能越大，开发即修身可能达到的水平就越高，人格就可能越完善。

第四，自发形成的人格状况规定着修身起点的高低。在人性形成的过程中，人格就开始了造就过程，只不过人格造就的起点比人性形成的起点要早。人格通常是人出生后才开始造就，直到30岁左右才基本形成。在这一漫长的时段，人格一直都在造就的过程中，先是他者帮助造就，后来个人造就的作用逐渐增强。不同人由于环境和个人自为性不同而自发形成的人格及其水平也各不相同。人格自发形成过程的基本结束，意味着人格自觉造就的开始，而原来自发形成的人格也就成了个人自为开发人性的起点。自发形成的人格水平越高，修身的起点也就越高，也就越有利于完善人格的形成。

修身虽然是个人的主体性活动，但并不只是纯粹的精神活动，更不是封闭的，而是诉诸实践、见之于行的。因此，修身作为一种活动受环境影响很大。每个人修身的外部环境虽不完全相同，但也无非是家庭、学校和社会几种主要环境。这些环境好不好对修身的可能性、现实性和实效性有直接的影响，其中任何一种环境不好都会对修身有致命性的消极影响。

家庭对修身可能具有的积极影响通常不会太大，但对修身的消极影响会很大。在人的一生中，通常要经历两种家庭生活，一是父辈家庭，二是子辈家庭。在父辈家庭中，人处于成人阶段，在此阶段后期（18岁左右）人才开始修身，而当开始修身后，人的独立性已经较强，家庭无论好坏，其影响都不会太大。在成家立业后自己建立的家庭中，家庭对于夫妻的修身有一定的积极作用，但在当代夫妻各自的自主性增强的情况下，这种作用十分有限，但有可能产生巨大的消极作用。如果夫妻关系不好，两口子经常吵嘴打架，或者同床异梦甚至冷战分居，两人都会因为夫妻关系不好而苦恼心烦，根本无心修身。因此，夫妻关系不好是修身的绊脚石。此外，家庭老人身体不好、子女不成器或有残疾、夫妻一方或双方有严重疾病等，这一切都会给夫妻修身带来严重的消极影响。因此，一个人要想修身必须维护和促进夫妻的和谐关系与家庭成员的身体健康。

学校对修身通常不会有什么消极的影响，但可以产生很大的积极影响。在中小学阶段，学生通常还没有达到修身的年龄，学校对学生修身的影响并不是直接的，而是奠基性的、深远的。到了大学阶段，学校对学生修身的影响既可能是直接的，也可能是深远的。学校对修身的积极影响有几个方面。

第一，中学可以营造学生修身的氛围，促进学生修身意识觉醒，并引导学生走上修身之路。中学是人的自我意识和修身意识觉醒的最重要阶段，学校如果有意识地激发学生的修身意识，学生的修身意识就能够较早觉醒，并开始自觉修身。

第二，中学和大学都可以给学生传授修身方面的知识，包括修身的目的、任务、方法等。修身虽然是自主的活动，但如果完全靠个人自己去摸索，可能需要很长的时间，还有可能误入歧途。修身需要相关的知识，如此才能收到事半功倍的效果。修身的知识是历史上的思想家研究取得的成果，教师可以在中学和大学通过教学传授给学生。学生学习这些知识，可以强化修身意识，掌握了这些知识就可以从事修身活动。

第三，学校可以给学生提供修身的机会和榜样。学校为了强化修身教育，可以组织各种相关活动对学生进行训练，也可以通过树立榜样引导学生学习。

社会对修身的影响最大，好社会对修身有巨大的正面作用，而坏社会对修身有巨大的负面作用，甚至会压抑人们的修身意识。好社会对修身的正面作用主要有以下几个方面。

第一，社会秩序稳定和谐，社会氛围自由宽松，人们可以根据自己的实际进行修身，而不会受到无端干预。修身的前提是个人具有意志自由和社会自由，如果社会是专制性的，那么人们就没有了修身所必需的外在条件。专制统治久了，人的意志自由也会丧失。康有为说过"中国民不拜天，又不拜孔子，留此膝何用"，就表明在专制制度下生活久的人会心甘情愿地做奴才。

第二，社会可以通过学校和媒体促进人们修身意识的觉醒，并给人们提供修身所需要的知识和方法。社会成员普遍修身需要社会动员，也需要通过学校对人们进行修身教育。好社会为了让社会成员普遍修身从而过上好生活，会对人们进行系统的修身教育并营造激励人们修身的舆论氛围，以强化人们的修身意识，帮助人们掌握修身的知识和方法。不过，直到今天，世界各国在这方面都做得不够，普遍存在重视教化而不重视修身的问题。从当代人类生存危机的角度看，这种状况亟须改变。

第三，社会可以采取适当措施鼓励注重修身并取得良好成效的人，为人们提供榜样。好社会会采取各种措施鼓励人们修身，对那些在修身方面做得好的人给予奖励，并将其作为榜样，号召人们向他们学习。这样做，确实可以激励更多的人自觉修身，同时人们也有学习的榜样和追赶的目标。

坏社会对修身可能产生的负面作用很多，主要有以下几个方面。第一，社会处于战乱状态，人们生存面临严重威胁，根本不可能考虑修身问题。社会一旦陷入战争或混乱状态，人们这时所关心的焦点是生命安全，而不会奢望好生活。按照马斯洛的需要层次论，生理需要和安全需要是强度最大的需要，当它们的满足受到威胁时，其他一切高层次需要或者被压抑，或者退隐。

第二，社会虽然倡导甚至鼓励人们修身，但修身的目的不是让人们过上好生活，而是成为统治者的良民。中国传统社会中统治者也要求官员修身养德、洁身自好，但其并不是为了官员自身的人格完善，从而过上好生活，而是为了让官员成为完全听命于朝廷的忠实奴仆。在这种情况下，官员虽然做出各种修身的样子，但骨子里是抵制皇帝所要求的修身的。结果，中国皇权专制时代伪君子丛生，修身的结果完全走向了反面。

第三，社会缺乏应有的修身文化资源，没有对修身的教育，也没有对修身的指导，只有约束人们的规范，人们的成长和生活处于自由放任状态。西方近代以来的社会基本就处于这种状态。思想家不给人们提供修身的知识，社会不对人们进行修身教育和指导，人们只要不违反法律就可以随心所欲地生活。在这种社会，修身是一个空场，没有人修身，其结果是人越来越成为没有什么真正情感的"理性动物"。事实强有力地证明，如果社会环境不好，修身就是一句空话，人也不可能过上好生活。

第三章　好家庭、好学校与好职场

人终生都生活在家庭里，家庭好不好之于生活好不好不仅是重要条件，也是重要内容。人类社会在差不多有文字的时候就有了学校，好学校自古至今都是好生活的重要内容，更是为未来好生活准备条件的场所。学校一般来说都是给学生提供正能量的，但在市场经济利益最大化原则浸染整个社会的今天，学校也难以幸免被浸染。因此，人们要过上好生活必须有好学校作为重要支撑条件。在现代社会，正常成年人大多有职业，职业对于人生最重要的意义在于它是人获得成功的主要领域，职业成功可以使人获得无与伦比的成就感或成功感，从而获得有深度的幸福感。职业是以职场为载体的，有好职场才可能有职业成功，而且好职场也是好生活的重要组成部分。总之，好家庭、好学校与好职场既是实现好生活的主要领域，也是好生活的构成部分。要使社会成员普遍过上好生活，社会必须重视好家庭、好学校与好职场的构建。

一　好家庭

一般来说，家庭是以婚姻关系、血缘关系或收养关系为基础，以亲情为纽带，由亲属构成的社会生活单位。家庭是人的安身立命之所，也是人最重要的精神寄托，家庭好是个人幸福的源泉，对于个人的好生活具有不可替代的重要意义。家庭是人类自身再生产的基地，也是最基本的社会单元，因而也是社会稳定发展的基石，即所谓"家和国兴"。家庭与人终生伴随，也与人类始终相伴。人是社会动物，而最早的社会就是家庭。自原始社会末期开始，社会的范围逐渐扩大，家庭扩展为家族（家族是家庭的扩展形式，为叙述的方便，家庭和家族统称为家庭）并成为社会的基本单元。当许多家庭共存于同一社会时，家庭就有了好坏之别。虽然不同时代家庭好坏的标准不同，但也有一些贯穿始终的共同因素，托尔斯泰所说的"幸福的家庭都是相似的，不幸的家庭各有各的不幸"，表达的就是这个意思。一般来说，好家庭就是有利于家庭所有成员过上好生活的家庭，而不好的家庭则是有害于其成员的家庭。家庭的形成虽然有一定的自然性和不可控因素，但家庭成员特别是其中的核心成员即夫妻的作为对于家庭的好坏具有决定性意义。因此，个人要过上好生活就要重视好家庭构建，社会要使其成员普遍过上好生活也要重视好家庭构建。

（一）家庭的演变及其本质

在人类漫长的历史上，家庭经历过无数次变化。导致家庭变化的原因极其复杂，从根本上说，人类的生存能力不断增强是根本原因。生存能力增强首先体现在智能的增强，进而引起制造生产工具的能力和生产能力增强、社会范围扩大和社会控制能力增强，再后来又使个体从整体中分化出来。人类的生存能力增强引起了人类生存方式的变化，而生存方式的变化又引起了家庭的变化。人类还在进化，家庭也会进一步演变。笔者曾经谈到，人类先后经历过三种生存方式，即自然生存方式、奴役生存方式和自由生存方式。[①] 人类的家庭演变与人类生存方式的转换有密切的关系，一方面家庭形态是为适应生存方式转换的需要而演变的，另一方面家庭形态的演变又会为新的生存方式提供保障。如果我们肯定生存方式归根到底是人类在谋求更好地生存的过程中所自觉不自觉地选择的活动方式，那么可以说家庭就是这种活动方式之一，尤其是这种活动赖以进行的基地。家庭是人类谋求更好地生存或实现好生活的方式，它随着人类谋求好生活的活动的变化而变化。

纵观人类的全部历史，家庭演变大致上可以划分为四个阶段，即原始家庭（约10万年前）、直系家庭（约10万年前至约1万年前）、家族家庭（约1万年前至工业革命前）、核心家庭（工业革命以来）。这四个阶段的家庭形态也可以说是家庭的四种基本形态，虽然今天的家庭的主导形态是

---

① 参见江畅《幸福与和谐》（第2版），科学出版社，2016，第328页。

核心家庭，但家族家庭、直系家庭也不少见。

原始人群时代的人基本上是猿人，这是人类历史上最漫长的一段时间。那时的人类没有定居的家，像群居动物一样到处觅食，后来又通过采摘果实、狩猎或捕捞获取食物。当时人们群居在山洞里（洞居）或群居在树上（巢居），以一些植物的果实和根茎为食物，同时集体捕猎野兽、捕捞河湖中的鱼蚌来维持生活。山洞中的遗迹和遗物很多能被考古发现，如北京周口店北京人遗址发现的各类猿人化石和文化遗物，但树居生活却很难留下什么遗迹。中国史书对这个时期人类的生活状态多有描述，如："凡人之性，爪牙不足以自守卫，肌肤不足以捍寒暑，筋骨不足以从利辟害，勇敢不足以却猛禁悍，然且犹裁万物，制禽兽，服狡虫，寒暑燥湿弗能害，不唯先有其备，而以群聚耶。群之可聚也，相与利之也。利之出于群也。"（《吕氏春秋·恃君览》）"天下为一家，而无私耕私织，共寒其寒，共饥其饥。"（《尉缭子·治本》）这时的猿人通过血缘关系维持着家庭内部的关系，与氏族外部的原始人群没有什么交往。

到了晚期猿人时期，人类能两足直立行走，能制造较进步的工具，能使用火。在血缘家庭内部，逐渐改变了不同辈分的乱婚状态，婚姻按照辈数来划分，同一辈分的人互为夫妻。家庭就是社会单位和生产单位，家庭内部两性有初步的分工，男性狩猎，女性采集和抚育小孩。对此，中国史籍也有记载，如《管子·君臣》曰："古者未有君臣上下之别，未有夫妇妃匹之合，兽处群居，以力相征。"《列子·汤问》亦云："长幼俦居，不君不臣；男女杂游，不媒不聘。"这样的家庭是最原始的家庭。原始家庭可以说是人类最早的社会形态，它的出现标志着社会系统与生态系统开始分离，社会系统作为一种新型系统处于孕育之中。

在漫长的原始人群时代，人类并没有完全与动物界分离开，其生存方式与其他群居动物非常相似，进食、睡觉、迁移等行为都以群体为单位，彼此间相互关照、相互协助。这种生存方式不是人类自觉选择的，而是生物进化到这个阶段自然形成的，因而它是一种自然生存方式。每一个原始人群就是一个群体，也就是一个原始的家庭，因此可以说原始人群的生活就是家庭生活，其生存方式就是家庭方式。人类的进化史表明，这种原始的家庭生活和家庭方式不仅使人类作为种群在残酷的生存竞争中保存了下来，而且使人类进一步脱离了动物界，成为真正的人。应该承认，原始人群的原始家庭就是当时人类实现好生活的最佳方式。

在从猿到人的转变过程中，氏族公社出现了。氏族公社经历了从以母系血缘关系为纽带的母系氏族公社到以父系血缘关系为纽带的父系氏族公社的演变。氏族公社仍然以血缘关系为纽带，实行生产资料氏族占有制，氏族成员共同劳动，产品平均分配，选举出氏族首领管理公共事务。氏族公社是人类第一种正式的社会组织形式，它由猿人群体转化而来，但又与之不同，是一种不断走向完善的原始社会形态。氏族是按同一祖先的亲属关系结合在一起的社会群体，是原始人的基本组织和社会单元。后来，几个有共同血缘关系的氏族常常联合成为一个大氏族，即所谓的胞族，几个大的胞族又常常联合成一个部落或部落联盟。氏族公社存在的时间比原始人群短得多。

在原始人群阶段，家庭只是一个雏形，而到了母系氏族公社阶段，家庭有了比较完整的形态，每一个氏族公社就是一个家庭。这时的家庭结构并没有太大变化，用现代的语言表达，就是直系家庭或主干家庭，即由几代有直系血缘关系的成员组成的家庭。但是，家庭管理发生了变化，最主要的体现是氏族公社开始成为组织群体，其中有管理者。这种有组织的血缘群体能够把群体成员的力量组织起来共同谋求生存，因此它比完全没有组织的、主要靠本能维系的血缘群体更有利于群体成员的生存。虽然一直到人类定居前，母系氏族公社人群与原始人群并没有太明显的差异，其生存方式主要还是自然生存，但人类的自我意识逐渐得到增强，其自然生存方式开始向自为生存方式过渡。

在母系氏族社会，一个氏族就是一个家庭，而到了父系氏族社会，部落和部落联盟出现，家庭开始扩展成为家族，这就是家族家庭。这时，小家庭也存在，但一般从属于家族，已经不再是社会的基本组织和基本单元。家族家庭在原始社会末期出现后，一直延续到了进入现代社会以前。虽然不同文明古国的家族情形不同，但家族是社会的基本组织和基本单元，家庭从属于家族的格局没有发生根本性变化。中国宗法制家族是最典型的家族家庭。宗法制源于原始社会末期的父权家长制。父权家长制家庭普遍实行"一夫多妻制"，据《独断》记载，"天子取十二，夏制也，二十七世妇。殷人又增三九二十七，合三十九人，八十一御女"。如此，就需要在诸子中分出嫡庶、长幼，为权力、爵位、财产分配提供依据，从而确保家族的内部和谐和长治久安。宗法制的核心是嫡长子继承制，即以正妻所生的长子和法定的宗族始祖的嫡系继承人为核心。嫡长子为族内兄弟所共宗（尊），故称"宗子"或"宗主"，即世袭族长。所谓"宗法"，就是"宗子之法"，讲的是族长的确立、继承和权力的行使等，其要领在于规范嫡庶系，实行嫡长子继承制，以定亲疏、别统绪。① 家族家庭不只是社会的基本组织、基本单元，而且是中国社会的原型。国家是家庭的扩大，家庭是国家的缩小，这即是所谓"家国同构"。国家是"家天下"，实行家长制统治。

欧洲传统社会的家族虽然不像中国家族那么普遍，但贵族家庭在社会中的地位显赫，当时的王室几乎都是由家族控制的。罗马帝国后期和整个中世纪的庄园制就是家族统治的缩影，中世纪有很多家族控制着世俗国家。例如，卡佩家族就是法兰西王国的第一个强大王室，欧洲中世纪的庄园制和农奴制就是由它开始的。后来，从卡佩家族又分离出了安茹家族，并建立了多个王朝，如英国的安茹王朝（金雀花王朝）、意大利的安茹王朝、匈牙利的安茹王朝、波兰的安茹王朝等。哈布斯堡家族更是欧洲历史上最强大的、统治范围最广的王室，曾统治神圣罗马帝国、西班牙王国、奥地利大公国、奥地利帝国、奥匈帝国等。

父系氏族时期是人类从自然生存方式向自为生存方式转变的时期。按照母系氏族内在演变逻辑，这种转变的结果是由单一氏族（家庭）扩大到部落（家族），而家族是一种仍然靠血缘关系维持，只是在规模上大大扩大的家庭。然而，家庭演变到这个阶段发生了分化。世界上的一些地区差不多一直到第二次世界大战后都维持着这种部落或部落联盟，而另一些地区则发生了部落之间的战争，战争的结果是传统国家的诞生。人类最终走向国家化的历史事实表明，后一种路径代表了人类进化的方向。但是，这一进化方向是以人类的巨大牺牲为代价的。直系家庭演变为家族家庭后，世界上一些地区的家庭规模扩大到部落或部落联盟，由此引起了不同部落

---

① 参见冯天瑜《中国文化生成史》（下册），武汉大学出版社，2013，第469页。

之间的战争。这种情况导致了两个结果：一是部落内部由于种种原因出现了贵族和平民的区别，贵族在氏族中占据统治地位，占有更多的财富并掌握着部落的统治权；二是原始社会无阶级划分的格局被打破，那些在部落战争中被打败的部落成为被统治者，他们受统治者的奴役。

随着被征服的部落增多，被统治者在社会中的比重大幅度增加，大多数人开始以被奴役的方式生存。如此一来，从家庭的角度看，社会就形成了这样的格局：家族仍然是社会的主要家庭形态，但处于统治地位的家族（王朝）统治着社会中所有其他家族，而在所有的家族内部几乎都实行家长制，家长统治着家庭。家族家庭比氏族家庭更有利于其成员的生存，但由于当时生产力低下，生产和生活物资十分有限，家族内部以及不同家族之间就不可避免地出现了尊卑贵贱的差别，家族和社会都不平等。这种不合理的家庭和社会结构必定不可能持久地维持下去，所以即使在传统社会，冲突和战争也几乎从未间断过。

自18世纪中叶的工业革命开始，在历史上占统治地位的家族家庭受到了越来越大的冲击。第二次世界大战后，受工业化和现代化影响，传统的家族家庭几近消失，只有少数残余。取代传统家族家庭的是核心家庭。核心家庭就是由一对夫妇及未婚子女（无论有无血缘关系）组成的家庭。在这种家庭中，夫妇是核心，子女依赖父母，子女结婚后又会组成新的核心家庭。核心家庭的重要标志之一是家庭规模变小。中国在这方面的变化比较典型。新中国成立后，家庭的规模不断变小。在土改与集体化时期，家庭户规模相比新中国成立前有大幅度下降。1947年家庭户规模为5.35人，1953～1978年的最高峰也仅为4.81人。自改革开放至2000年，家庭户规模的下降趋势更为明显。1979年的家庭户规模为4.65人，2000年降至3.59人。进入21世纪后，家庭户规模总体上仍在变小，但2005年后降幅较小，且存在波动。2001年家庭户规模为3.55人，2014年降至2.97人，为历史最低。① 新中国成立以来我国的家庭结构总体趋于小型化，虽然传统直系家庭、三代及以上户仍然占有一席之地，但占主导地位的已经是核

---

① 参见汪建华《小型化还是核心化？——新中国70年家庭结构变迁》，《中国社会科学评价》2019年第2期。

心家庭。总体上看，整个世界范围内传统家庭的地位已经摇摇欲坠，不论是在中国还是在西方，核心家庭都是一种主流的家庭模式。

核心家庭取代家族家庭而成为主导家庭形态的原因十分复杂，市场经济、工业革命、现代科技都是重要的因素，而最根本的还是这些因素所引起的自由平等观念的流行以及政治上对自由平等权利的维护。自由平等观念既是对传统家长式专制的反叛，也是对社会尊卑贵贱等级的否定，更是对氏族社会直系家庭的革命。核心家庭的出现也顺应了家庭的传统经济、政治功能丧失而成为单纯的休养生息之地的新情况。从总体上看，核心家庭在当代社会成为主导家庭形态是一种历史进步，也与现代自由的生存方式相适应。但是，当代核心家庭也存在诸多问题。其中最突出的问题有高离婚率、婚外情、家庭暴力、不要或少要子女、子女娇惯、老人孤独等。导致这些问题的原因很复杂，但主要的原因有两方面：一是从家庭成员的角度看，人们过分重视个人自由，缺乏家庭所必需的德性，这是导致当代家庭问题的根本原因；二是从家庭结构看，核心家庭太脆弱，婚姻一旦破裂，家庭就会崩溃。因此，人类要普遍过上好生活，还需要寻求与之相适应的更好家庭形态。

从家庭的历史演变看，家庭的变化很大，我们不能简单地说直系家庭就是好的，而家族家庭、核心家庭不好，不同形态的家庭都有其历史合理性。但是，无论家庭形态如何变化，其本性都在于它是人类满足生存发展享受需要从而过上好生活的血缘共同体。这是家庭的本性，也是家庭的应然本质。任何一个家庭只有体现家庭的这种本性、实现家庭的应然本质才是好家庭，否则就是不好的家庭。

（二）好家庭的含义

笔者曾经从个人幸福生活或优雅生活需要的角度对好家庭做过界定，认为好家庭有底线要求，也有理想状态。在《理论伦理学》一书中，笔者提出了衡量家庭"好""坏"的几个主要方面，即家庭是否完整、夫妻之间的关系是否和谐、家庭成员的权利是否得到尊重、家庭成员是否尽自己应尽的责任。在《走向优雅生存：21世纪中国社会价值选择研究》一书中，笔者又提出了家庭的理想境界，包括其成员对家庭有自由感、舒适感、温情感、惬意感、眷恋感等五种感受。① 这些看法虽然是对的，但主要是基于核心家庭提出的，而问题在于当代占主导地位的核心家庭本身是有局限的，因此需要着眼于人类普遍过上好生活来对好家庭做出界定。从这个角度看，我们可以这样界定好家庭：所谓好家庭是指家庭完整、生活殷实、夫妻恩爱、父慈母爱、孝亲敬老、兄友弟恭、亲友互助、邻里和睦、家风敦厚的家庭。界定中的夫妻恩爱、父慈母爱、孝亲敬老、兄友弟恭、亲友互助、邻里和睦等六个方面乃家庭伦理道德的规定性，可概括为"家德高尚"。如此，好家庭就是家庭完整、生活殷实、家德高尚、家风敦厚的家庭。好家庭的这些规定性具有普遍意义，可以用来评价文明社会②古今中外的一切家庭。

1. 家庭完整

家庭完整是好家庭的最基本要求。什么样的家庭才算得上完整的家庭？笔者曾提出"完整的家庭应包括夫妻（父母）、子女"，这一看法今天看来是有局限的。当时主要是根据核心家庭提出的家庭完整的标准，这一标准的问题在于，在考虑家庭的完整性时没有考虑到家庭的祖辈成员。如果把完整家庭的构成视为父母子女，不把祖辈纳入家庭的范围，那么父母的父母虽然也有家庭，但这种家庭就只有老人。他们没有子女在身边给予照顾，因而可能是孤独的，特别是在老夫妻有一方先离开人世时，一个老人就会孤苦伶仃。

家庭是人安身立命之所，其重要职能既包括抚育子女，也包括赡养老人。如果子女结婚后就离开父母独立成家，那么实际上就丢弃了赡养老人的责任。今天我国社会之所以存在老人无人照料，甚至死后很长时间都没有人知道的现象，就是因为子女结婚后另成新家，对老人照顾不周，甚至将老人弃之不顾。我国曾流行的歌曲《常回家看看》就是老人们对子女的一种无奈的呼唤。因此，完整的家庭不是核心家庭，而是直系家庭或主干家庭，包括有血缘关系的祖辈、父辈和子辈。中国传统社会推崇的四世同

---

① 参见江畅《幸福与和谐》（第 2 版），科学出版社，2016，第 381 页。
② 文明社会的家庭都可视为其成员自觉构建的，因而可纳入好坏价值评价的范围，而原始社会的家庭基本上是自发形成的，对其做价值评价没有多少借鉴意义。

堂在今天应大力提倡，并应采取必要措施加以鼓励。

2. 生活殷实

好家庭应有良好的物质保障，但也不是越富裕越好。好家庭无须大富大贵，因为世界上不可能所有家庭或大多数家庭都做到富贵，而且历史事实表明家庭越富贵风险越大。从历史和现实看，家庭的良好物质保障大致上相当于中国传统文化所讲的殷实水平。笔者曾把中国传统社会的家庭生活划分为"贫困之家""小康之家""富裕之家"三个层次，小康之家是脱离贫困之后所达到的家境状况，但尚未达到富裕的程度。小康之家可以是温饱型的"温饱之家"，也可以是殷实型的"殷实之家"。① 温饱之家由于没有多少财富积蓄，容易因为天灾人祸、疾病伤残等原因一下子返贫；而殷实之家丰衣足食，家庭成员基本生存需要的满足有可靠的保障，但没有大富大贵。

根据我们关于好社会的构想，好社会是社会成员的基本需要得到充分满足的社会，这意味着每一个家庭都能过上殷实的生活。当然，这里所说的"基本需要得到充分满足"指的是正常的成年人要依靠自己的劳动获得基本需要的满足，而对于那些家庭成员中不具备劳动能力的人，社会要提供相应的社会保障。在今天，家庭达到殷实生活水平对于许多国家（例如中国）来说已经不是太大问题，因此好家庭的这个条件已经普遍具备。但是，家庭成员不能满足于生活殷实，而要勤劳致富、勤俭持家、建功立业，这既可以使家境更好，也可以为社会做出更大贡献。

3. 家德高尚

家德即家庭作为血缘共同体的道德，属于"私德"范畴，也就是通常所说的"家庭美德"，它既具有道德规范的含义，也有道德品质和道德情感的含义。对于一个共同体来说，其成员的道德极为重要，关系到共同体能否有序和谐，能否形成合力。家德作为其成员家庭生活共同体的道德，对于家风、家庭和睦和兴盛意义重大。正因如此，中国自古以来都十分重视家德建设。据《尚书》记载，早在尧舜时代人们就重视家庭的"五典"，即"父义、母慈、兄友、弟共（恭）、子孝"，今天中国仍然把"家庭美

---

① 江畅：《小康社会理想及其实现》，《武汉大学学报》（哲学社会科学版）2021 年第 1 期。

德"作为道德建设的重要内容。

家庭道德不是家庭成员道德的总和，而是体现为家庭成员家庭角色道德的家庭共同体道德要求，包括好家庭所要求的道德规范、道德品质和道德情感。家庭道德规范在中国传统社会被确定为"五典"，通常包含在家规之中。道德品质和道德情感既包括对家庭成员家庭角色方面的要求，也包括一些对所有家庭成员的一般要求，如善良、诚实、正直的品质，有良心、有道德感、爱亲人、爱家庭、爱祖国的情感等。家德涉及家庭生活的各个方面，家庭的每一个角色都有相应的道德要求。自古以来，对家德有不同的概括和表达，一般来说，家德的核心要求可概括为六个方面：夫妻恩爱、父慈母爱、孝亲敬老、兄友弟恭、亲友互助、邻里和睦。

夫妻恩爱是夫妻角色的基本道德要求。夫妻恩爱有非常丰富的含义，通常是指作为家庭核心成员的夫妻（在直系家庭，夫妻通常有两代甚至三代）相亲相爱、情投意合、鸾凤和鸣、相濡以沫、比翼双飞、白头偕老。夫妻恩爱是家庭和谐的"拱心石"，有了这种家德，家庭就不仅能够经受各种风雨，而且能够使家庭生活温馨、甜蜜、幸福，给家庭带来持久的欢乐。夫妻恩爱是对夫妻双方共同的家德要求，而夫妻每一角色又有本身的要求。例如，中国传统文化中把"出嫁从夫""相夫教子"视为对妻子的道德要求，当然其中有男权主义的糟粕。在现代社会，夫妻恩爱这一家德遭到了严重的破坏。离婚率不断攀升、夫妻同床异梦、第三者插足、家庭暴力和冷战等，都是当代家庭德性败坏的典型表现。有这些问题的家庭不可能是好家庭，在问题严重的家庭中生活是一种煎熬。

父慈母爱是父母角色的基本道德要求。父慈母爱的含义也很丰富，不过概括地说无非三个基本方面。一是父母疼爱、呵护子女，给未成年的子女提供充分的生活必需品以及安全、医疗保障。二是父母在为人处世方面为子女做出示范和榜样，处处严格要求自己。一方面，要养成良好习惯，做到品行端正，注重学习和修养；另一方面，要勤奋努力，积极进取，追求事业成功。三是父母注重对孩子的教育。父母对子女的教育其实从怀孕时就在进行，只不过那时的教育主要是情感方面的，母亲怀孕期间良好的心态和情绪有利于胎儿的生长。孩子出生后，父母就要有意识地、有计划地对孩子实施教育。这种教育一直要持续到孩子成家立业。父母是孩子的第一任教师，而且其教育有天然的亲和力，因此教育孩子是父母不可推卸的责任。

现实生活中，许多父母在孩子相关方面存在诸多问题。其中最突出的问题有四个。一是不愿意生孩子。今天不少人因为工作忙、负担重而不愿意生孩子，或者只生一个，不愿多生。二是放任自流，即所谓"放养"。父母为了忙工作或自己的娱乐而不管孩子的教育甚至生活。三是过度宠爱，即所谓"贵养"。父母和上辈把孩子视为心头肉，给孩子最好的条件，一味顺从孩子，溺爱娇惯。四是过度要求。在现代社会竞争压力大的情况下，许多父母担心孩子输在起跑线上，于是让孩子上许多培优班、兴趣班，在学校之外给孩子增加大量学习负担，使孩子失去童年的欢乐。不愿生养孩子其实就是不愿履行做父母的责任，如果所有人都不养孩子，人类很快就会灭亡。后面的三个问题都会伤害孩子，导致严重的后果。家长这样做实际上是严重违背家庭道德的，家中有这样的父母，家庭就不是孩子的天堂，而是孩子的地狱。这样的家庭对于孩子健康成长来说就是坏家庭。

孝亲敬老是家庭下辈角色的基本道德要求，其基本内涵是家庭中的下辈都要孝敬长辈。在传统社会，孝亲敬老包括两方面的基本要求：一是"养"，也就是赡养老人；二是"敬"，即尊敬老人。在社会有了良好社会保障的条件下，"养"的经济负担逐渐为社会承担，但照顾长辈尤其是老人仍然得由下辈承担。尊敬老人并不是说对老人要客客气气的，而是要尊重老人的个性、选择、生活习惯，遇到一些大的问题要听取老人的意见，尽可能地发挥老人的作用。在传统社会，父母养育子女的一个重要原因是为了防老，而且在没有社会保障的情况下，子女完全是父母生养的，因此父母老了后子女不得不赡养他们，即所谓"养儿防老"。今天，社会把抚养子女视为父母的责任，子女被抚养是他们应享受的权利。在这种情况下，子女就不再有回报的义务，而且老人也逐渐有了社会保障，孝亲敬老就完全成为一种义务外行为，因而也就缺乏道德约束力。但是，孝亲敬老仍然是一种家德，这是因为每一个人都会成为长辈、都会变老，如果子女不善待他们，那么子女有了子女后也不会得到善待。

兄友弟恭是对家庭同辈兄弟姊妹角色的基本道德要求，其含义相对比较简单，即兄弟姊妹之间要互爱团结、互助共赢。兄友弟恭自远古以来一直被视为家庭德性，而且人们很珍视这种德性，所以有"手足之情""打虎亲兄弟，上阵父子兵"等说法。但是，这种德性自古至今并没有得到普遍弘扬，兄弟反目、手足相残的事情屡见不鲜。其原因主要有两个。一是父母对子女不公。父母对有的子女更关心、更疼爱、更呵护，给更多好处等，这是导致子女之间不和的重要原因。二是遗产和权力继承不公。在财产私有制的社会条件下，父辈遗留的财产需要在子女之间进行分配，而在分配中有种种人为因素使分配不公，这样就会导致子女之间为了争得更多财产而相互斗争。在传统社会宗法制度下，财产乃至王权都实行嫡长子继承制，这种极其不公的制度是传统社会家庭和国家种种争斗乃至战争的重要原因。解决父母不公的问题，需要父母增强自身的家庭公正德性。至于遗产和权力继承不公的问题，今天已经不存在权力继承问题，而遗产继承问题一方面家长在立遗嘱时要公正，另一方面要诉诸法律解决可能出现的纠纷。

亲友互助是家德在家庭及其成员对待亲戚朋友方面的基本道德要求，主要有对亲友要讲信修睦，关切、关心、关爱亲友，无条件地给予力所能及的帮助。每一个家庭都有亲戚，包括近亲（如叔伯家成员）、远亲（如祖辈的亲友），每个家庭成员都有朋友，包括好同学、好战友、发小等，有些家庭还有一些多代友好的朋友，即所谓"世交"。亲友一般没有直接的血缘关系，因而没有家庭成员亲，但与同乡、同事、同学又有所不同，彼此之间由于有过比较亲近的交往而建立了一定的友情。因此，处理与亲友的关系通常被纳入家德或私德的范畴。中国传统文化十分重视对亲友关系的处理，将其列入"五伦"之一。孔子的"有朋自远方来，不亦乐乎？"更把朋友相聚视为人生的最大乐趣。中国传统文化中对亲友的道德要求是"信"，曾子把与朋友交往是否讲信用作为一个人每天必须反省的三件事之一，鲜明地表达了传统家德在对待亲友方面的基本要求。但是，从家庭与亲友的关系看，对亲友讲信用是最起码的要求，并没有完全体现对待亲友应有道德要求的特点，因为对亲友以外的任何人也都要讲信用。对待亲友除了要讲信用之外，最重要的是有超乎家庭成员以外的其他人的关切、关心、关爱，平时为他们提供力所能及的帮助，在他们需要时及时无条件地伸出援手。当然，家德反对传统社会在亲友方面的一些极端做法，如"为朋友两肋插刀"。

邻里和睦是家庭成员处理邻近家庭之间关系的基本道德要求，包括对邻里要和气友善、互敬互让、互帮互助，营造良好的邻里氛围等。进入文明社会以后，大多数家庭都生活在一定的社区之中，因而就存在家庭之间的关系即邻里关系，处理这种关系的道德通常也被划入家德。家德在邻里关系上的要求是邻里彼此照应、相互帮助、适度退让、和睦相处。在中国传统社会，人们十分重视邻里之间的互帮互助，有所谓"远亲不如近邻"的说法，"六尺巷"更是妇孺皆知的故事。邻里关系并不限于隔壁左右的人家，而是一个社区不同家庭之间的关系。在传统熟人社会，同一社区（通常是一个村子，最大范围通常不会超过一个乡）的人在同一范围内生活、劳动、交往，大家彼此熟悉，容易形成邻里互助的道德。在现代社会，随着城镇化的推进，传统的自然社区遭到严重破坏，城镇高楼大厦的阻隔、劳动区域与生活区域的分离、隐私意识的增强等是邻里关系淡漠的主要原因。不过，就我国而言，尤其是适应抗击新冠肺炎疫情的需要，社区的作用大大强化，社区内部家庭交往增多。因此可以预见，邻里互助的道德要求及其意义将会逐渐凸显出来。

4. 家风敦厚

"家风"是在祖辈或父母提倡并身体力行和言传身教的基础上形成的能够涵育和规导家庭成员的家庭风尚和传统，是家庭价值观的体现。家风敦厚的本意指的是家庭风气敦朴厚实，引申义为家庭勤劳节俭、求真务实、崇道贵德、行善积德、风清气正、行稳致远等。家风敦厚表明家庭通过长期培育形成了一种良好的文化和道德氛围。这种氛围具有强大的感染力，既能在思想行为上规导其成员，又能使其成员在一种健康、文明、和谐、向善的道德氛围中更好地生存发展享受。《周易·坤卦·文言》云："积善之家必有余庆，积不善之家必有余殃。"这句话讲的是家风的极端重要性，家风敦厚必定有众多吉庆遗留给子孙，而家风败坏必定有众多祸殃留给后代，就是说家风关系到家门的兴衰存亡。家风敦厚的关键在长辈，长辈应注重人生修养，追求人格完善和事业成功，并注重发挥示范作用以教育子女。家庭成员会有意无意地以品行优良的长辈为榜样，模仿效法，久而久之，家庭就会成为"积善之家"，良好的家风就会形成并得到传承。家风敦厚是一种好家庭外显的风气，其内涵则是家庭道德或美德，而根源则在于长辈的示范和教育作用。在中国传统社会，家风还有一些保障措施，如家规、家训等。这些保障措施在现代社会已经丧失原有的效力，这种效力已不可能得到恢复，但家风的形成和传承、长辈的示范和教育作用仍然不可或缺。

（三）好家庭与好生活

家庭的好坏对其成员个人生活好坏的影响是全方位的，它会影响人的一生，也会影响人生活的各个方面。好家庭对好生活的影响是任何其他共同体都不能相提并论的。人是社会的动物，终生都要生活在社会中，更不可能离开家庭，尤其是在童年时期，社会对孩子并没有多少直接影响，而家庭的影响极大。一般来说，好家庭是好生活实现的最重要条件，更是好生活的最重要内容。因此，我们可以从这两个方面讨论好家庭与好生活之间的关系。

说好家庭是好生活的最重要条件，主要体现在以下四个方面。

1. 好家庭是人未成年阶段好生活的唯一条件

未成年人一般是指未满 18 周岁的人。2020 年 10 月 17 日公布的《中华人民共和国未成年人保护法》明确规定未成年人是指未满 18 周岁的公民。在我国 18 周岁正好是高中毕业的年龄。在人生的这 18 年中，一个人的好生活完全取决于家庭，他的家庭好，他的生活才会好。对于未成年人来说，好家庭是他过上好生活的唯一途径，舍此无他。这种不可替代尤其体现在亲人（特别是父母）的疼爱、呵护是任何其他人都不能代替的。在今天的一些国家，孤儿院的孩子吃穿不愁，也有很好的娱乐条件和玩伴，孤儿院的老师也会善待他们，其各方面的条件甚至比一些贫寒之家还好。但他们的生活条件再优越，也不会有人认为他们过的是好生活，正如歌词所唱的"有妈的孩子像块宝""没妈的孩子像根草"。今天家庭的问题很多，如离婚、家暴、夫妻不和、婚外情等。在有这样一些问题的家庭中生活的孩子过不上好生活，而且这些问题还会在他们的心理上留下阴影，导致他们成人以后心理不健康，有可能影响他们终生的生活，甚至导致他们终生难以过上好生活。

2. 好家庭是人老年阶段好生活不可替代的条件

一个人如果不发生意外就会有老年阶段。不同人老年阶段的时间有很大的差别，有的人可能多达几十年，有的人可能只有几年。但不管多长时间，老年人要过上好生活，必须以好家庭为前提，家庭不好，老年人不会有好生活。这是因为人老了以后只有亲人照料才能使老人在心理上得到最大的满足。在经济落后的社会，老人的生活物资还需要家庭提供，家庭好的意义就更大。在现代社会保障比较好的国家，老人的生活物资有了基本保障，但仍然存在照料问题。尤其是在老年人生病期间，没有亲人的照顾和安慰，老年人会感到孤独、苦闷甚至绝望，他们的生活就不会好。对于绝大多数老年人来说，好生活不再是拥有各种资源（如金钱、财富、权力、名誉、地位等），而是家庭的亲情，任何珍贵的资源都不能替代亲情。当今世界许多国家进入老龄化社会，老年人的好生活问题是一个世界性的难题，解决好这个问题的最重要措施可能还是要加强直系家庭建设，使老年人和儿孙生活在一起。

3. 好家庭是人成年阶段生存需要满足的重要条件

人的成年阶段是奋斗的阶段，好家庭可以为一个人奋斗和奋斗过程中的好生活提供许多方面的支持。

一是好家庭可以给人提供更好的生理需要的满足。只要有足够的生活物资，一个人的吃穿住用行都可以得到充分满足。但是，好家庭可以让人吃得更放心、可口，住得更舒适、自在，活动更方便、自由，安全更有保障，简言之，可以使人吃穿住用行的需要得到更好的满足。更为重要的是，夫妻之间性爱关系和谐是人生欢乐和幸福的最重要源泉。

二是好家庭可以给人提供基本情感需要的满足。对家庭的归属感是人最重要的归属感，亲人的爱和对亲人的爱是最贴己、最纯洁、最深沉的爱，家人对自己的尊重是最基本的尊重。中国古话说的"儿行千里母担忧"，充分表达了母爱的伟大和纯洁。"慈母手中线，游子身上衣。临行密密缝，意恐迟迟归。谁言寸草心，报得三春晖。"孟郊的《游子吟》把母爱形容得淋漓尽致，富有强大的情感震撼力。所有这一切并不是家庭以外的任何共同体所能够提供的。

好生活如何可能——基于价值论的思考

三是好家庭是人最重要的、不可替代的休养生息的港湾。传统家庭既是生活单位又是生产单位，现代家庭只是人们的生活单位，人只有在家庭中才可能过上最放松、最舒适的生活。一个人无论工作多么辛苦，只要有好家庭，他的身体就可以得到恢复，能量就可以得到补充，他就可以精神焕发地再奋斗。

四是好家庭可以使人从生存需要的满足中获得更充分的享受。任何一个人都可以获得生存需要的满足，但未必每一个人都能够通过这种满足获得享受，而好家庭可以使这种享受强化和放大。一方面，家庭通常没有多少外在约束，因而一个人可以尽情地享受，让需要满足引起的享受最大化；另一方面，在和谐的家庭，一个人的享受可以感染他人，而这种感染的效应又可以强化享受者的愉悦感。一个男青年因为获得了美好爱情而感到享受，他的这种享受会使父母喜悦，而父母喜悦必定会使这位男青年更开心。

4. 好家庭是人格完善或自我实现的重要条件

人格完善是人性开发的结果，好家庭不仅在未成年阶段为人性形成和开发奠定良好基础，而且在成年后可以给人性进一步开发尤其是人格发挥提供极其重要的激励和支持。在中国传统社会，有远大志向的人都追求光宗耀祖。他们之所以这样做，是因为他们对家庭养育自己心存感激，要通过自己的作为来回报家庭。这就是家庭的一种非常重要的激励作用。在现实生活中，完善人格形成最重要的体现是成才和成功。中国的父母无不望子成龙、望女成凤，为子女成才成功竭心尽力、费尽心思，这就是通常所谓的"可怜天下父母心"。许多人成为人格高尚的人与家庭的这种激励作用分不开。孟子能成为亚圣，显然不能说与孟母三迁和孟母断机没有任何关系；岳母刺字，亦对岳飞成为爱国英雄有持久的勉励作用。好家庭对人格完善的激励和支持不仅体现在许多方面，而且持续不断，可以说好家庭对家人自我实现的支持总是全心全意的，不图任何回报。

说好家庭是好生活的最重要内容，至少可以从以下几方面来看。

首先，好家庭是好生活的最重要领域或组成部分。人的生活不是孤独的，总是在共同体之中展开的，没有共同体就没有人的生活。我们通常说人是社会的动物，但这里所说的社会并不仅仅指人生活于其中的基本共同体，而是指多种共同体。亚里士多德在谈到人是政治的动物的时候，认为人注定要生活在共同体之中。在他看来，有些事物一开始就是结合体，彼此一旦相互分离便不可能存在，男人和女人就是这样的结合体或共同体。他们并非有意如此，而是出于本性，就是说，他们必须结为一体才能产生与自己相同的后代。在男女共同体的基础上形成了家庭共同体。"家庭是为了满足人们日常生活需要自然形成的共同体。"① 多个家庭为获得比生活必需品更多的东西而联合起来时便产生了村落，多个村落为生活得更好就结成了一个完全的共同体，于是城邦就产生了。亚里士多德的意思是人由于本性而不得不生活在不同层次的共同体之中，而在所有这些共同体之中，由男女结合而形成的共同体是基础共同体。没有它，其他一切共同体都不可能存在。

今天人生活于其中的共同体比亚里士多德时代复杂得多，但家庭仍然是人的基础共同体，而且是人不得不终生生活于其中的共同体，这一点没有变，而且永远也不会变。从这种意义上可以说，人是家庭的动物。家庭原本是人为了生活得更好结成的共同体，但并不是任何家庭都能够使人生活得更好。家庭像其他共同体一样是一把"双刃剑"，只有当它好的时候，它才能够使人生活得更好。人生活于其中的共同体都有可能成为好生活的一部分或一个领域，但家庭与其他共同体不同，家庭不仅是人一生自始至终不能与之相分离的共同体，而且是好生活的核心和支柱，具有不可替代性。没有它，一个人即使有其他领域的好生活，也不可能有整体上的好生活。费希特曾经在批评终生未婚的康德时说："没有结婚的人只能算半个人。"显然，在费希特看来，一个没有完整家庭生活的人是一个不完整的人，不完整的人不可能过上真正意义上的好生活。孟子说的"不孝有三，无后为大"也是讲完整的家庭是好生活的最重要组成部分，因为结婚以后有了孩子家才完整。

其次，好家庭可以使人获得在其他领域不可能获得的人生享受。笔者曾谈到家庭的理想状态，达到处于这种理想状态的家庭就是好家庭。这种

---

① 〔古希腊〕亚里士多德：《政治学》，颜一、秦典华译，苗力田主编《亚里士多德全集》第 9 卷，中国人民大学出版社，1994，第 5 页。

理想状态不仅是幸福的条件，而且是幸福本身。从个人的感受看，家庭的理想状态体现在五个方面。（1）自由感。在人生活的所有领域中，家庭是最自由、最宽松的，人在其中可以无拘无束地思考、谈论、生活，达到真正放松的状态。（2）舒适感。家庭是最能休养生息的地方。家庭环境优雅温馨、自然和谐，人回到家就会感到生活安乐、心情舒畅。（3）温情感。家庭能让人感到没有竞争，没有利害关系，充满温暖和关爱，富有情调。（4）惬意感。家庭能让人满足各种需要并有美好的感觉。（5）眷恋感。家庭能让人有深情的眷恋，有回家的渴望，人会觉得自己的家庭是最适合自己的，希望它更美好，不忍心破坏它。① 一个人有可能从学校、职场、社会获得上述五种感受的某一种，但不可能从中获得全部五种；有可能在某一时间获得某一种感受，但不可能持久地从中获得这种感受。这五种令人愉悦的感受只能从家庭生活中持久地、完整地获得。

再次，好家庭能够激励家人成功并强化人生成功的喜悦。每一个家庭都希望其成员尤其是子女在各个方面取得成功，而好家庭还会给家人成功提供各方面的帮助。家庭的期望和支持是其成员获得人生成功的巨大激励力量，有了这种力量，他们就会努力奋斗，力求在人生的各方面或某一方面取得成功。同时，当他们取得某个方面的成功，哪怕只是取得某种微小进步时，家人都会感到高兴，这种喜悦的氛围又会转化为对当事人的激励力量。一个人取得进步、成功，他自己会满心欢喜，而家人也为此感到高兴又会激励当事人更加奋发努力，如此就会形成良性循环。人生的成功包括生活的各个方面。考试取得了好成绩、担任了学生干部、考上了好学校，毕业后找到了好工作、找到了称心如意的配偶、生育了健康的子女，在职业上能力卓越和业绩突出、为单位和社会做出了重大贡献，等等。一个人所有这些方面的成功都离不开好家庭的激励和支持。

人们常说，一个成功男人的背后往往都有一个贴心的妻子在默默地支持着，因为妻子对丈夫的信任和支持是鼓励丈夫前进的动力。这个说法是对的，但还可以加以拓展：一个成功人士的背后往往有一个和谐的家庭鼓励和支持着。家庭好对于一个人成功的意义不在于使他在某一方面成功，

---

① 参见江畅《幸福与和谐》（第2版），科学出版社，2016，第470页。

而在于使他在人生所有方面都成功。一个坏家庭的成员可能会使其成员在人生的某一方面（如事业）取得成功，但几乎没有可能使他在人生的所有方面都取得成功。现实生活中，有不少企业家在事业上非常成功，但家庭却一团糟（如妻子离他们而去、儿子成了纨绔子弟），这只能说他们在事业上取得了成功，而不能说在人生上取得了成功。好生活所要求的人生成功指的是人生各个方面都成功，而不是只在某一个方面成功。

最后，好家庭可以缓解人生难以避免的困厄。我们说家庭是人休养生息的唯一港湾，不只是意味着人需要在这里获得给养，人累了可以在这里休息调整，还意味着人在困厄的时候可以在这里向亲人倾诉、宣泄，可以得到亲人的劝解、安慰、鼓励，从而得到解脱或缓解。人的一生中总会有困厄的时候，比如患大病、遭遇意外事故、失恋、失意、失败、受挫折等，这时人会感到难受、痛苦、压抑、郁闷，甚至会感到生不如死。在这样的情况下，当事人可以无所顾忌地向家人倾诉，在当代大家十分忙碌的情况下，也许只有家人才有耐心倾听；也可以通过向家人发火来宣泄，家人一般也不会见怪，相反，家人会细心地劝解、安慰、鼓励当事人，让他想开点，放下思想包袱，不仅在生活上关心、照顾他，还会为他走出困厄创造条件和提供帮助。在人生灰暗的时候，家庭是让人走出灰暗的最重要光亮，家庭这方面的特殊作用是其他任何组织和个人都不可能替代的。当然，只有好家庭才能这样做、才会这样做。如果家庭不好，当事人不但得不到安慰，反而会受到抱怨、责骂，其结果是当事人心情更糟，可能导致心理问题。

此外，我们还可以从坏家庭必定导致坏生活来凸显好家庭对于好生活的意义。好家庭有家庭完整、生活殷实、家德高尚、家风敦厚四条基本标准，达不到这四条标准的家庭就是不好的家庭，但并不一定是坏家庭。坏家庭一般指家德不好因而家风也不好的家庭。具体而言，坏家庭主要有以下几种表现：一是夫妻不和，包括持续争吵、家暴、家庭冷暴力、分居等；二是给孩子负面的示范、过分溺爱孩子、完全放弃对孩子的教育、对孩子要求过高等；三是不管父母前辈，甚至虐待老人；四是兄弟姊妹反目成仇；五是以邻为壑、损人利己。一个家庭要成为好家庭需要同时具备以上所述好家庭的标准，而成为坏家庭只需要有上述坏家庭五种表现的一种就够了。

任何一个坏家庭，其成员都不可能过上好生活，相反必定会导致他们的坏生活。例如，如果家庭第二代夫妻不和，那么当事人肯定不会有好生活，子女也不会有好生活，当事人双方的父母也难以过上顺心的日子。如此，整个家庭都不会有好生活。又如，如果父母对孩子要求太高，成天逼着孩子上各种各样的"班"，牺牲孩子的娱乐时间甚至休息时间，其结果往往导致孩子心理上、生理上受伤害，甚至使孩子走上绝路。家庭从此就永久性地告别了好生活。由此看来，一个家庭即使成不了好家庭，也千万不要成为坏家庭，否则家庭就会成为人间地狱。

（四）好家庭的构建

人类进入文明社会后，才有好坏家庭的区别。任何一个好家庭都是自觉建设的结果，如果完全不建设，顺其自然，家庭肯定不会成为好家庭，最好的情况也只能是一个不坏的家庭。笔者早在《理论伦理学》中就谈到家庭要和睦就必须精心经营，"精心经营"就是自觉构建。今天，中国的家庭状况并没有得到根本性的改善，相反问题更严重，以至于引起了国家对家庭尤其是家教家风的高度重视。我国已经把人民生活更加美好作为奋斗目标，而要让人民生活更加美好首先必须使全体人民的家庭生活更加美好。因此，必须把家庭构建作为我国社会主义现代化强国建设的一项基础性、战略性任务，使好家庭构建和强国建设同步进行、相互促进。

好家庭构建不是一家一户的事情，而是全社会共同的事业。我国目前家庭问题普遍突出与社会价值导向存在偏差有直接关系，社会价值导向偏差不纠正，我国普遍存在的家庭问题就不可能从根本上得到解决，好家庭构建也就会收效甚微。

目前我国家庭存在三大突出问题。一是结婚少、离婚多、初婚晚。有数据表明，2013～2020年，我国结婚登记对数从1347万对的历史高点持续下滑至813万对；1987～2020年，我国离婚登记对数从58万对攀升至373万对。2005～2019年，20～24岁结婚登记人数（含再婚）占比从47.0%降至19.7%，25～29岁从34.3%升至34.6%，30～34岁、35～39岁、40岁及以上结婚登记人数占比分别从9.9%、4.9%、3.9%增至

17.7%、8.1%和19.9%。[①] 二是出生率低。第七次全国人口普查数据表明，我国人口10年来继续保持低速增长态势。2020年全国人口与2010年相比增长5.38%，年平均增长率为0.53%，比2000年到2010年的年平均增长率0.57%下降0.04个百分点。另一数据表明，1979～2019年人口出生率从17.8‰降至10.5‰。[②] 三是人口老龄化程度进一步加深。第七次全国人口普查数据表明，2020年与2010年相比，60岁及以上人口的比重上升5.44个百分点，而0～14岁人口的比重只上升了1.35个百分点。在核心家庭已经成为我国主导家庭形态的情况下，60岁及以上人口比重增长意味着老人家庭的增多。当然，这三大问题不是单纯的家庭问题，也是严重的社会问题。

三大问题中最大的问题是婚姻问题，结婚率下滑、离婚率持续攀升、初婚年龄推迟直接影响人口出生率，间接导致老龄化，当然人口出生率低和老龄化还有其他多方面的原因。这里我们仅讨论离婚率高的问题。那么，我国婚姻状况为什么会在几十年内出现如此大的问题呢？原因极其复杂，但主要原因不在于个人，而在于社会的价值导向和政策激励。从价值导向来说，最突出的问题是重视能力而不重视人格，与之相应，在教育上重视成才而不重视成人。

改革开放以来，我国价值取向有了重大的调整，转向以经济建设为中心。以经济建设为中心必定重视经济建设能力以及与之相关的能力。这种导向不是虚的，而是体现在各种政策措施上，特别突出的是给各类人才极高的待遇，使成才成为人们普遍追求的主要目标甚至唯一目标。学校奖励成绩好的学生，成绩好的学生上名校；学校和科研机构设立各种职称和荣誉头衔；党政部门设立各种科研奖项、科研项目、人才项目；党的组织部门选择那些学历高、开拓创新能力强的人担任领导职务或其他非党政方面（如人大、政协、参事室、文史馆等）的职务；等等。这样的价值导向和政策激励极大地促进了我国社会的发展，使我国快速地从站起来走向富起

---

① 《2021中国婚姻报告》，新浪网，2021年4月17日，https://finance. sina. com. cn/money/ smjj/smdt/2021 - 04 - 17/doc-ikmyaawc0256493. shtml。

② 《2021中国婚姻报告》，新浪网，2021年4月17日，https://finance. sina. com. cn/money/ smjj/smdt/2021 - 04 - 17/doc-ikmyaawc0256493. shtml。

来、强起来。当然，我国在价值导向和政策激励上也强调德才兼备，以德为先，但"德"方面的考核没有什么过硬的指标，实际上只要没有什么"硬伤"就都被视为有德的。不过，即便是真正有德，也并不能等同于人格完善。更值得注意的是，人们追求成才并不是为了成才本身，而是因为成才与富和贵有直接关联。成才就会有优越的福利待遇，还会有名誉、地位，于是人们就不得不拼命追求成才。

这种价值导向和政策激励是导致我国当代婚姻家庭问题的重要原因。改革开放后，特别是实行市场经济以来，几乎所有的家庭都重视孩子成才，而对孩子成人重视不够。其结果是，改革开放后出生和成长起来的几代人有不少是所谓"精致的利己主义者"，他们只管自己不管他人，而且把极端利己的动机巧妙地伪装起来，使普通人很难发现。这必定会导致三种情况。一是两个这样的男女结成夫妻不会关心对方，相反会把对方视为自己自由自在的障碍，因而要不了多久就无法在一起生活。二是把父母对自己的养育视为父母应尽的责任或义务，自己被抚养是自己的权利，自己不存在对他们的亏欠，也无所谓感恩的问题。而且老人的赡养也被看作社会的责任，而不是子女的责任。三是夫妻一旦生育孩子，抚养孩子就是自己的责任，而承担这种责任自己要做出巨大牺牲，尤其是女性还会牺牲自己的青春和魅力。但如果不生育孩子自己就没有抚养的责任，而一个人没有非生育不可的责任。因此，许多年轻人就钻政策的空子，能不结婚就不结婚，能晚结婚就晚结婚，能不生孩子就不生孩子。父母逼着结婚没办法，但可以马上离婚。这是不少年轻人对待婚姻的态度。这样的婚姻状况很难有好家庭，自然也不会有好生活。当然，也确实有很多人并不是"精致的利己主义者"，但巨大的竞争压力和生活压力使他们对婚姻、家庭和生育望而生畏，能够躲避就尽量躲避。

至少就当代中国而言，社会价值导向和政策激励的偏差是婚姻家庭问题的症结之所在。这个问题不解决好，好家庭建设就是一句空话，因此解决社会价值导向和政策激励的偏差是最紧要的问题。但这并不是好家庭建设的全部，即使这些问题都能够得到妥善解决，好家庭建设也还面临其他诸多问题。这些问题需要社会和家庭共同努力才能得到妥善解决，但更紧要的是，社会要采取有效的政策措施解决目前普遍存在的家庭问题，在全社会强力推进好家庭构建。

一要激励直系家庭构建，改变目前核心家庭占主导地位的格局。从家庭结构的角度看，当代家庭最突出的问题是核心家庭形态成为主流。核心家庭的问题前面已有所涉及，但没有系统阐述。核心家庭至少有以下几大问题。一是老人实际上被子女弃之不管。子女独立成家后，老人就很难得到子女的关心和照顾。二是夫妻生活压力太大。子女成家后，一切家务都落在了夫妻二人身上，没有老人提供力所能及的帮助，夫妻生活压力、工作压力大。这是当前离婚率高和夫妻不愿生孩子的重要原因。三是夫妻出现问题没有人调解。夫妻争吵是难以避免的，但如果有老人在一起，老人可以出面劝解调和。子女完全独立后，夫妻出现争执就缺乏调解人，问题就容易越积越深。四是家德家风无人监管。夫妻既要工作，又要做家务、管孩子，忙得不可开交，根本无心进行家庭伦理道德建设。如果有长辈在一起，他们有时间和精力从家德家风的角度来监管每一个家庭成员，久而久之，家德和好家风就会形成。在崇尚个人自由的现代，在全社会普遍恢复直系家庭难度很大，所以需要社会采取有效措施来推行和鼓励。

二要建立家长制度，改变目前有家庭无家长的现状。在中国传统社会，家族有族长，家庭有家长，家族还有整风肃纪的祠堂。但进入现代社会后，直系家庭遭到破坏，核心家庭就没有家长了，也不需要家长，因为核心家庭大多只有三人，这样就出现了今天的中国家庭没有家长的局面。如果我们承认家庭是一个共同体，那就需要管理，需要管理者。在直系家庭，家长可以是祖辈，也可以是父辈，但需要明确，并且要建立维护家长权威的机制。家长要对整个家庭负责，对家教家风负责，也要督促和落实家庭成员应履行的义务和责任。当然，现代社会的家长制不同于专制时代的家长制，家长是责任人，家庭决策要建立在民主的基础上，家长要尊重和维护每一个成员的权利。

三要重建家德，克服家庭伦理道德危机。家德是家庭和睦的根本保障，家庭缺家德就会出现各种问题。当代家庭的子女不愿结婚、离婚率高、结婚后不愿意生孩子、子女不管老人等问题都与家庭成员不履行自己应承担的家庭角色义务、家庭责任感缺乏、家庭德性废弛有密切关系。要克服普遍存在的家庭问题、拯救濒临崩溃的家庭，必须采取措施加强家德建设。一方面，要使每一个家庭成员认识到自己的家庭责任是做人的最基本责任，从而不断增强履行家庭责任的自觉性；另一方面，要敦促他们不断修养家庭德性和家庭德情，使履行家庭责任转化为内在品质和行为习惯，不断增强对家庭和亲人的亲情。家德构建需要持续进行、一代接一代地进行，不能中断，这样才能逐渐形成良好的家风，使家风建设和家德构建走向良性循环。

四要帮助问题家庭解决问题，扼制目前问题家庭增多的态势。目前家庭问题很多且高发，许多家庭已经成为问题家庭。在这种情况下，社会要采取措施解决那些普遍存在的问题，如不愿结婚、离婚率高、不愿生孩子、不管老人等。社会也可以出台户口政策限制子女组建核心家庭，可以对按法定年龄结婚、多生孩子、婚姻持久的家庭给予奖励。我国过去用于鼓励计划生育、晚婚晚育的政策今天可作为制定鼓励多生、早婚早育政策的参考。当然，从社会的角度看，最根本的还是要对现行的价值导向和政策激励措施做根本性的、方向性的调整，使之不仅适应社会好的要求，也适应家庭好的要求。

二　好学校

学校①是现代人的第二个家，与人的第一个家即家庭的主要功能不同，学校的主要功能是开发学生的人性，培养人的综合素质，尤其是知识和能力。在人类的各种共同体中，学校像医院、教会一样是圣洁的地方，是具有正面价值的善物。但是，至少就当代中国而言，学校存在诸多问题，成才取代成人成为学校的第一目标，而成才的终极目的就是获得功名利禄。前文谈到的"精致的利己主义者"就是学校培养出来的，而且学校越好，培养的利己主义者越精致。如果没有学校的培养，一个人也可能会成为利己主义者，但绝无可能成为"精致的利己主义者"。鉴于今天的学校已经改写了历史，存在好坏问题，那么我们就有必要从好生活的角度讨论好学

---

① 我们这里说的学校是指全日制的普通学校，不包括各种类型的培训学校，如党校、军校、团校等。

校的问题。

（一）学校的演变及其本性

差不多人类一进入文明社会学校就出现了。世界上最早的学校在公元前2500年左右出现在古埃及，当时有宫廷学校、僧侣学校、职官学校、文士学校。这里，我们主要考察中国学校和西方学校的历史演变。

我国学校的历史可追溯到虞舜时代。据史籍记载，"虞氏之学名庠"（《三礼义宗》）。"虞庠"是我国原始社会末期的一种兼有养老和教育功能的社会机构。《礼记·王制》云："有虞氏养国老于上庠，养庶老于下庠。"这里说的"国老"指退休官员，"庶老"指告老退休士人，"庠"指养老的地方。因此，那时的"虞庠"还不是学校，但有教育的功能，可以说是学校的前身。到了夏朝，有了"庠""序""校"。"序""校"是一种军体性的教育机构，是学校的雏形。到了商朝，产生学校的各种条件已经完全成熟。当时已经有一部分脱离生产劳动，专门从事科学文化活动的士人（知识分子）；文字也趋于成熟，仅今天发现的单字就有四千多；天文历法和各种艺术的发明创造较前代有了很大的进步。这时有"大学""小学""瞽宗"，"殷人养国老于右学，养庶老于左学"（《礼记·王制》），郑玄注曰："右学，大学""左学，小学"。商朝已经根据不同年龄提出不同的教育要求，实际上划分了教育的阶段，瞽宗就是当时贵族子弟学习礼乐的学校。在这些教育机构中，有专职教师传授礼乐，造就士子。这些教育机构已经具备学校的基本特点，可视为我国最早的学校。西周形成了"学在官府""政教合一""官师一体"的官学体系格局，学校已经获得完整的形态。当时的教育分为国学与乡学两种，国学专为贵族子弟而设，按学生入学年龄与教育程度分为大学、小学两级，乡学主要按照当时地方行政区域而定。教育的内容为以"礼乐"为中心的文武兼备的六艺（礼、乐、射、御、书、数）。这时的学校通称为"辟雍"。"辟雍"本为西周天子为教育贵族子弟设立的大学。其学有五，南为成均、北为上庠、东为东序、西为瞽宗、中为辟雍。其中以辟雍为尊，故泛指学校。

关于夏商周的学校和教育，孟子有一段概括性总结："设为庠序学校以教之。庠者，养也；校者，教也；序者，射也。夏曰校，殷曰序，周曰庠。学则三代共之，皆所以明人伦也。"（《孟子·滕文公上》）孟子的话不仅回顾了我国古代学校产生的历史，而且揭示了学校和教育的本质，这就是教师"教"，学生"学"，其目的在于使学生明人伦。"明人伦"即懂得做人的道理，明白所承担角色的责任，简言之就是"成人"。用今天的话说，"明人伦"就是使学生社会化，成为合格的社会成员。

夏商周三朝奠定的办学理念在传统社会得到了传承。春秋战国时期官学衰微、私学兴起，养士之风大盛。诸子百家争鸣促进了教育理论的发展和教育经验的丰富，儒、墨两家的私学成为当时的显学。当时出现了由官家举办、私家主持的学校——"稷下学宫"，它是世界上最早的官办高等学府，同时具有研究机构和政府顾问团体的性质。稷下学宫在其兴盛时期，曾容纳当时诸子百家中的几乎所有学派，其中主要有道、儒、法、名、兵、农、阴阳、轻重诸家。稷下学宫在其兴盛时期，会集的天下贤士多达千人，其中有孟轲、邹衍、田骈、慎到、申不害、荀况等。尤其是荀况，曾经三次担任学宫的"祭酒"（学宫之长）。当时，凡到稷下学宫的文人学者，不管其学术派别、思想观点、政治倾向，以及国别、年龄、资历等如何，都可以自由发表自己的学术见解，这使稷下学宫成为当时各学派荟萃的中心。

西汉时学校分中央和地方两种，中央设太学，是国家最高学府，相当于今天的大学；地方上置学宫。汉武帝采纳董仲舒"罢黜百家，独尊儒术"的建议，将教育内容局限于儒家思想，经学占据主导地位。唐代办学达到古代极盛时期，学校分类更细，建立了完备的官学教育体系——六学（国子学、太学、四门学、律学、书学、算学）、二馆（崇文馆、弘文馆）。到了宋代，程朱理学成为国家的统治思想，教学的基本教材和科举考试的重要依据是儒家经典"四书五经"，教学内容进一步僵化。不过，这时民间书院兴盛，书院一般是著名学者私人创建或主持的民间教育和学术研究机构。明清时期的学校基本上是承袭隋唐的，但由于科举制的发展，学校成为科举制的附庸和装饰品。光绪三十一年（1905），清政府正式宣布："自丙午（1906）科为始，所有乡、会试一律停止，各省岁、科考试亦即停止。"至此，中国历史上前后经历1300年左右的科举制度最终结束。清末开始兴办现代教育，光绪二十八年（1902）的《钦定学堂章程》中称学校为"学堂"。到 1907 年，新式学堂遍设各地。辛亥革命后，教育部公布新学制，"学堂"一律改称"学校"，并一直沿用至今。

古希腊和古罗马创造了灿烂的文明，当时的学校教育也比较完善，为后世西方教育奠定了基础。斯巴达的教育目的是培养军人，以军事训练为其中心内容，不重视发展人的智慧和才能。儿童 7 岁以前主要是接受家庭教育，7 岁进入军营式的国家教育机构体操场接受"五项竞技"（赛跑、掷铁饼、标枪、跳跃和角力）、神话、传说等教育，从 18 岁起，公民子弟进入高一级的教育机构——青年军事训练团埃佛比，接受正规的军事训练。雅典教育的目的是培养身心和谐发展的公民。儿童 7 岁前在家里接受教育，十分重视游戏和玩具的教育作用。7 岁以后的男孩子开始接受学校教育，7~12 岁的男孩子进的学校有文法学校和琴弦学校，13 岁以后可以到角力学校进行体育训练，16 岁以后可以到体育馆接受更为系统的体育训练，18 岁开始接受军事训练，但城邦不做统一要求，由青年自己决定。古罗马到共和国时期才效仿希腊设立文法学校、修辞学校，逐渐形成一套完善的学校教育制度。罗马帝国时期在教育上实行了一些改革，明确了教育目的是培养效忠帝国的公民和官吏，加强了对学校的监督和控制，并改教师私人选聘制为国家委任制。古希腊古罗马还有一些学者办了一些学园，柏拉图公元前 387 年在雅典创办的阿加德米学园（Academy）历时 900 多年，他本人在此讲学 40 多年。

基督教产生后，教会为宣传教义也广设教会学校，从此教会学校成为学校教育的主要组织形式，其主要有僧院学校、大教堂学校和教区学校三种。僧院学校是基于修道院修行制度而产生的一种教会学校；大教堂学校又称主教学校，设在主教驻地；教区学校出现较晚，属于一种普及性的初等学校。三种教会学校都实行个别教学，没有统一规定的教学内容，神学占主导地位，旨在培养神职人员对上帝的虔诚。中世纪还有世俗学校，包括宫廷学校、骑士教育和大学。宫廷学校的教育目的在于提高贵族的文化素养，培养国家官吏，教育内容主要有"七艺"、拉丁语和希腊语等。骑士教育以尚武、尚礼、忠君、信神为主，于 11~14 世纪兴盛，并成为封建社会的主要教育形式。中世纪最早的大学出现于 12 世纪的意大利、法国和英国，具有代表性的是萨拉尔诺大学、波伦亚大学和巴黎大学三所"母大学"。中世纪大学享有高度自治权和许多特权,有学生大学和先生大学两种类型,并已开始实行学位制度。大学的产生,打破了天主教会对教育的垄断,有利于科学文化的传播。

西方现代教育源自文艺复兴时期。受人文主义思想的影响,意大利等西欧国家纷纷建立以培养全人为教育目标的新式学校。学校在教育内容和学科设置上重视人文学科,促进了文化科学知识的传播和人的身心和谐发展;在教育原则和教学方法方面,强调尊重儿童的天性,考虑儿童的个别差异,注重理论联系实际,重视环境对教育的作用。自英国工业革命开始,科学技术在大机器生产中得到广泛的应用,劳动者不能仅仅凭借自身的体力和传统的技能从事日益复杂的劳动,而必须有一定的文化和相当水平的科学知识、生产技术,懂得机器的性能,能够正确地操作机器。随着科学技术转化为生产力,这种要求越来越高。古代教育以及与手工生产相适应的父传子、师传徒的家庭、行会教育已不能适应大生产的需要。现代大机器生产所需要的劳动者和科学技术人才必须经过学校教育的系统学习和专门培训。于是,学校教育的职能有了很大的变化,不但要培养管理国家和企业的人才,也要培养和训练普通劳动者。教育需要普及,教育层次需要提高,教育对象需要扩大。特别是20世纪50年代以来,随着高科技的迅速发展和国际竞争的日益加剧,世界各国高度重视教育,把培养各类专门人才看作本国经济、政治、军事和社会发展的战略重点。各国普遍增加教育经费,加强学前教育并重视其与小学教育的衔接,强化普及义务教育并延长其年限,高等教育的类型日益多样化,加强职业技术教育,开展成人继续教育,学历教育与非学历教育的界限逐渐淡化,教育日趋大众化,教育手段现代化速度加快,教育改革不断推进。

从以上对中西方学校及教育的简要考察,我们可以得出以下基本结论。第一,学校的使命在于对社会成员实施系统教育,教育的发展完全依赖学校的发展。如果没有学校的发展,教育是不可能达到今天这样的发达程度的。第二,传统学校重视全人教育,一般对受教育者实施相同的教育,教育具有通识性。所谓全人教育,就是从整体上开发学生的人性,使之转化为完善人格。现代学校越来重视人才教育,基础教育通常是相同的教育,具有通识性,层次越高的教育对受教育者实施的教育越不同。第三，现代学校教育不是对传统学校教育的否定，而是在其基础上的提升。人才以全人为基础、成才以成人为基础，学校首先必须把学生培养成全人，然后才能把他们培养成人才。人才只是全人的个性特征，而不是全人之外的人。

学校和教育发展史表明，在培养全人的基础上培养人才，或者说，培养有不同才能的全人，是学校的本性或本然本质。如果学校不能实现这种本然本质，使其成为实然本质或教育宗旨，学校就不是好学校。然而，今天一些学校的教育宗旨被歪曲，虽然基础教育名义上是成人教育，但由于都指向成才，因而实际上也成为成才教育。高等学校虽然也有非专业类的综合素质方面的课程，但没有多少实效，学生实际上只重视专业课程。如此一来，学校就发生了异化，已成为使人成才而不是成人的地方。即使学校肯定成人的意义，也把成人看作为成才服务的，已经本末倒置。

（二）好学校的含义

什么样的学校是好学校？在当代，无论是中国还是其他国家都把实力强的学校视为好学校。中国通常把好小学、好中学（初中和高中）称为示范小学或示范中学，把被评为"211大学"的大学视作好大学，把被评为"985大学"的大学视为最好的大学。这些评判都有各自的一套标准，被评上的学校也有相应的特殊待遇。这些标准一般是就学校综合实力而言的，当然这些标准也并非始终如一的，而是经常变化的。例如，省级示范小学的标准有省级标准，也有国家级标准，包括校园、学校规模、校舍、运动场地4个A级指标和55个B级指标。所有这些指标显然都是硬件（外延）方面的指标，而没有软件（内涵）方面的指标。这些硬件方面的要求是必要的，但真正重要的并不是这些硬件，而是学校的内涵。

从内涵的角度看，好学校是实现学校本然本质的学校。学校的本然本质就是开发学生的人性，使其转化为具有个性特色的完善人格。由于人性开发是一个相当漫长的由浅入深的过程，因而需要小学、中学、大学三个不同层次的普通学校来接续地完成，不同层次的普通学校肩负着不同的人性开发任务。我们可以从学校应然本质的角度对好学校做这样一个界定：所谓好学校，就是能够忠实履行所肩负的开发学生人性职责，为学生最终形成具有独特个性的完善人格，从而具备过上好生活的综合素质做出应有贡献，而且学生在其中乐学的学校。从当代普通学校的体制来说，学校包括小学、中学、大学三个不同的层次，它们肩负的职责不同，因而不同层次的好学校的标准也有较大差异。

好小学能够最全面地开发人性，使学生的人性快速发展并得到初步开发，人格开始形成，从而获得最大限度的基础综合素质。小学是人的一生中系统开发人性的第一阶段，也是人格形成的基础学段。从个人过上好生活的要求角度看，这个学段有几个特征。一是人性全面开发使人性快速发展与人格开始形成交互作用。人的本性是不会变的，而每个人的人性有一个形成过程，这个过程从母亲受孕开始，大约到18岁基本形成。小学学段是人性形成的最重要时期，因为这时人性的可塑性强，而小学又是第一次通过系统的教育来发展学生的人性。与此同时，小学教育在发展人性的同时也开启了对人性的系统开发，因而人格也在初步形成的过程中。在人性开发的过程中人性快速发展和人格初步形成复杂地交织在一起，很难将它们完全分离开来。二是人性在小学学段可以发展到它最大的范围，而其范围如何决定着人格阈限的大小。人性实质上就是人多方面的潜质，可以划分为需要的潜质、动力的潜质、能力的潜质三个基本方面。在小学学段，系统地学习使这三方面的潜质获得快速发展，可以达到它的最大范围。如果人性发展达到了它的最大范围，那么就为以后的人性开发提供了最大的阈限。三是人格的一些基本要素开始形成。在这个学段，学生通过学习会形成最基本的观念、最广泛而基础的知识、感知能力、识字能力、初步的理解能力、初步的善恶评价能力、最基本的德性品质和德情情感等。好小学就是能够通过教育使学生的人性发展到最大的范围，使基础的人性潜质转化为基础的人格要素或综合素质的学校。

好中学能够在人性基本形成的过程中进一步全面开发人性，重点培养学生的一般知识和一般能力，使学生人格初步形成，并因而具备基本的综合素质。小学学段人性快速发展并达到了最大的范围，中学学段则在使人性潜质深化的过程中使之逐渐趋于定型，到18岁左右人性基本形成。这个学段的重点开始从发展人性转化为开发人性，使学生形成基本人格和基本素质，获得基本生存能力。这个阶段的最突出特征在于，通过人性的全面开发，人格的基本要素形成并有好坏强弱的区别。一是人的生理心理基本成熟，身体素质基本定型，不过体能和心理还有较大的变化空间。二是人的几类需要潜质都得到了开发，不仅有生存、发展的需要，也开始有享受的需要，而且开始努力去满足这些需要。三是人的一般性的认识、情感、意志和行为等方面的能力基本形成，智商基本定型，情商还有较大的发展空间。四是人的知识、观念和品质这些获得性的人格因素已经比较明显，尤其是世界观、人生观、价值观初步形成，开始对自发形成的德性品质进行反思和审视，自觉的基本德性品质有所显现。好中学就是能够促进学生在所有这些方面都得到充分的开发和培养，使他们具备基本生存能力，可以过上生存层次的好生活的学校。

好大学能够通过深度开发人性重点培养专业知识和专业能力，使学生具有个性特征的完善人格基本形成，并因而具备高素质、高智能。现代大学的培养对象划分为专科生、本科生、硕士研究生和博士研究生。一般而言，大学的使命是在中小学着重从广度开发人性的基础上着重从深度开发人性，使学生确立正确的观念，掌握扎实的专业性知识，形成卓越的专业能力，造就具有个性特征的完善人格，成为高素质、高智能的专业人才。这里所说的专业人才是以完善人格为前提的，就是说，专业人才是全人人才，而非人格存在缺陷或问题的人才。不同学生的专业性知识和专业能力不同，突出地体现了他们人格的个性特色，因此这种意义的专业人才的完善人格具有个性特征。就大学专科和本科阶段而言，大学的主要任务是深度开发人性，使学生具备一定的专业性知识和专业能力，形成个性特征初步显现的完善人格。硕士和博士研究生阶段，大学的主要任务是进一步深度开发人性，使学生具备更专业的知识和能力，成为高素质和高智能的专业人才。在大学的这几个阶段，专科和本科阶段的主要任务是着重进行学生人格完善的培养，到了硕士、博士研究生阶段，重点则是提升人格的层次，使学生不仅具有卓越的专业性知识和专业能力，而且有很强的自我调适能力、自我塑造能力和自我完善能力，成为具有高素质、高智能的智慧之人。好大学就是那种着眼于学生人性的深度开发，以学生人格完善为中心培养学生的专业性知识和专业能力，使学生成为高素质、高智能的专业人才的学校。

无论是小学、中学还是大学，所有的好学校都是学生乐学的学校。学校是人生活的重要领域，好学校既要为学生将来的好生活培养综合素质，又要让学校成为学生好生活的主要组成部分。读书对于大多数孩子来说是一件苦差事，他们在学校既要受到各种约束，又有很大的学习压力，因此孩子天性有厌学的倾向。好学校能够帮助学生扭转这种厌学倾向，提高学生的学习兴趣，让学生把学习当作有意义而又有乐趣的生活。但是，如果学校不遵循学生成长的规律、学习的规律，采取各种强制措施逼迫学生学习，那就会逐渐引起学生对学习乃至学校的反感、厌恶。在我国应试教育盛行的近几十年间，学生不喜欢上学的现象十分普遍，其原因主要是学校违反孩子的天性，强迫他们长期高强度地学习。如果学生厌学，他们是不可能用心学习的，学校培养学生的目的就不能实现。因此，无论是从学生的好生活需要看，还是从学校培养目的的实现看，真正的好学校都是学生喜欢在那里学习的学校，在那里学习学生会乐在其中。

　　不同学段的学校有不同的学生乐学要求，但有一个共同的观念问题需要解决，那就是不能把读书吃苦看作理所应当的事，根本不去考虑如何使读书由苦变乐。在很多教师和家长看来，读书是为了将来过得更好，至少可以找一个好工作，因此吃苦是必需的，也是值得的，没有什么可抱怨的。我国流行的"学海无涯苦作舟"就是这种观念的典型写照。

　　这种观念存在两个问题。一是认为长期的学校学习生活没有好生活可言。现在的学制非常长，从小学到博士研究生毕业长达22年，占整个人生的1/4左右。如果整个学校生活都不是好生活，那就意味着人生的这么长时间与好生活无缘。如果一个人活88年，而在学校学习22年，也就是说，即使其他所有时间他过的都是好生活，也有1/4的时间过的是不好的生活。实际上，人的好生活不是某个像天堂那样的目的地，而是一个过程。二是认为在学校期间牺牲好生活能够在未来的时间得到足够的补偿。但是，一个人博士研究生毕业时差不多30岁，按照我国的劳动制度，一般60岁就要退休，那么，就存在22年读书期间牺牲的好生活在30年的工作期间能否得到足够补偿的问题。虽然不能说完全不能够得到补偿，但大多数人的后30年可能无法补偿前22年牺牲的宝贵时光。

　　因此，上述观念需要更新，不能把学校视为学生应当在这里吃苦的地方，而要使在校学习阶段成为学生好生活的一个时段。在这个时段，学生学习辛苦并不与他们的生活好完全对立和冲突，相反可以有机统一起来。这就如同许多成人工作很辛苦，但这并不会成为他们过上好生活的障碍一样。真正的好学校应当让学生吃苦并快乐着。孔子早就说过："学而时习之，不亦说乎?"（《论语·学而》）在孔子看来，学习本身也有它的乐趣。

（三）好学校与好生活

学校好不好对学生的好生活影响很大。一方面，学校生活是学生生活的重要组成部分，学校好，学生的学校生活才可能好；学校不好，学生的学生生活肯定不会好。如前文所述，如果一个人在学校学习22年，学校不好，他这22年就不会有好的学校生活，整个生活也几乎不会好。学生在学校生活不好，家庭会深受影响。比如，一个学生在学校很压抑，这种情绪会带给父母，整个家庭也会因为孩子在学校感到压抑而笼罩着压抑的气氛。电视剧《小舍得》就生动地描述了这种情形，母亲田雨岚逼迫儿子颜子悠上他不喜欢的奥数班导致他强烈厌学，而颜子悠厌学又使田雨岚寝食难安。

另一方面，好学校才能为学生将来的好生活培养良好的综合素质、专业知识和技能。在现代社会，学生就读学校的好坏在很大程度决定着其将来生活的好坏，而学校学习是一个从低层次到高层次的连续过程，低层次学校的好坏又在很大程度上决定着在高层次学校学习的好坏。因此，只有一个人就读的每一个层次的学校都好，他才可能为将来的好生活准备好的条件。在这个学校链条中，有一个环节出现问题，都会影响到下一个环节，影响到学生的将来。好学校对学生好生活的影响表明，学校虽然不像家庭那样伴随人的终生，但对人离校之后的人生既有直接影响，又有深远影响。

从当代各国的实际情况看，对好学校与好生活关系的认识和处理都存在问题。

首先，学校不能让学生过上好学校生活。在小学阶段，如果家庭好，学校也好，一个孩子的学校生活会是最无忧无虑的幸福快乐生活。因为在这个阶段，学生的学习难度不大、任务不重，可以在学中玩、在玩中学。

今天，小学一般也没有给学生太大的学习压力，但是家长却认为孩子不能输在起跑线上，于是让孩子上各种课业补习班，还要上各种兴趣班，如书法班、美术班、舞蹈班、音乐班等。小学升初中原本规定属地上学，但初中有好坏之分（好学校通常是那些各级示范学校），一些家长就想方设法在名校周围购房以便让孩子进入名校。此外，一些名校采取特殊政策招生，这类政策很多，比如，区优干、区三好、区优少、校优干、校三好、校优少，艺体获奖证书（参加全国、省、市、区、校级各类体育比赛获得的运动员证书或奖项）、科技获奖证书，全国中小学语文综合能力测评、全国汉语作文考级的优胜者，等等。为了获得这些荣誉或奖项，家长千方百计让孩子跻身优秀行列或学生干部行列，采取各种措施让孩子接受培训或训练。所以，当代中国部分小学生的学校生活和家庭生活苦不堪言。

在中学阶段，学生学习难度增大、任务加重，所以压力很大。因此，中学阶段学生过上好生活难度加大，但一般也能过上过得去的生活。但在当代中国，学生升学面临巨大的压力，如初中升高中既面临能不能上高中的压力，又面临能不能上高中名校的压力；高中升大学则主要面临能不能上名校的压力。为此，学校不断给学生加压，组织频繁的考试，并不断公布考试排名，同时迫使学生做许多作业，刺激学生竭尽全力学习。家庭也积极配合，给学生报一些补习班或提高班。同时，初中升高中、高中升大学也有许多加分政策。例如，初升高享受加分政策的就包括艺术、体育和科技特长生，报考"特色实验班""大学子弟班"的考生，"宏志班"的考生，金帆奖、银帆奖得主，市级三好学生，等等。高中升大学曾经也有许多加分政策，现在已大幅度减少，但仍然有一些特殊的人享受此政策，如奥赛的优胜者、体育特长生、艺术特长生、保送生（例如教育部 2020 年规定，公安英烈子女、退役的国家级运动员、部分外国语学校推荐的学生、奥赛国家集训队成员可保送上大学）等。所以，中学生的学校生活仍然苦不堪言。当然，不排除有一些优秀学生因为自己想上名校而以苦为乐，把苦日子当甜日子过，但大多数普通学生都陪着优秀生受苦，而且几乎没有什么收获。比如，一所普通高中，可能只有几个学生能考上名校，但全校的学生都必须跟着他们一起搞题海战术，起早贪黑。

到了大学，情况发生了重大变化。学校和家庭的压力都消失了，除了少数积极进取的学生想提高学历之外，大多数学生也没有升学的压力。学生可以根据自己的兴趣、对未来职业的考虑来学习。因此，大学的学校生活是所有学段中最有可能成为好生活的。但是，大学生的学校生活受多种因素困扰也难以成为好生活。困扰之一是学生之间的贫富差异导致一些来自贫寒家庭的学生抬不起头，心理压力很大，精神抑郁甚至自杀。困扰之二是就业的压力。当代大学生就业机会较少，就业质量低。所以，大学生一进大学就要考虑未来的就业，一直到毕业。大学生为了就业到处投简历、应聘，一天到晚马不停蹄。大学生本来能够过上好生活，在好生活中快乐学习，但结果却是身心疲惫，无可奈何。硕士研究生和博士研究生的情况好一些，但大多也面临大致相同的压力。因此，本来可以过上好学校生活的大学生，他们的大学生活也很辛苦。

其次，学校不能为学生终生过上好生活奠定坚实的基础。笔者早在2004年出版的《走向优雅生存：21世纪中国社会价值选择研究》中就曾指出，改革开放以来，中国的学校教育获得了前所未有的大发展，但由于受到现代文明各种问题的严重影响和侵蚀，教育的发展出现了种种偏向和弊端，如过分强调应试（可谓之为"应试教育"），过分追求层次（可谓之为"求高教育"或"精英教育"），过分迷恋成才（可谓之为"专才教育"或"人才教育"）。教育的这些偏向和弊端已经成为中国社会发展的严重障碍。今天，中国社会发生了深刻变化，尤其是实现了"两个一百年"奋斗目标中的第一个百年目标，建成了小康社会，但在教育方面存在的"应试教育""求高教育""专才教育"问题并没有得到根本性的解决，其后果非常严重。这些问题归结到一点，就是学校不能为学生终生过上好生活奠定坚实的基础。今天，我国涌现出各方面的"人才"或"精英"，但其中有很大一部分是人格不完善的，"精致的利己主义者"占相当大的比重。他们虽然事业有成，但生活并不一定好。

根据前文对好学校的阐述，学校的共同目的是为学生最终形成具有独特个性的完善人格从而具备过上好生活的综合素质奠定坚实基础。在实现这个共同目的的过程中，不同层次的学校肩负着不同的职责。党中央一再强调我们的教育方针是培养德智体美劳全面发展的社会主义建设者和接班人。德智体美劳全面发展的人实质上就是具有个性特征的完善人格的人，是能够过上好生活的人。然而，党中央的这一教育方针在教育领域没有得到应有的贯彻，各个层次的学校还需要履行好自己应尽的职责。

小学的主要职责是最全面地开发人性，使学生的人性快速发展并得到初步开发，人格开始形成。可是我国的小学受应试、求高、专才教育取向的影响，让学生成天忙于学习知识，为升好初中做准备，忽视了学生的人性发展和人格培养。

中学的主要职责是在人性基本形成过程中进一步全面开发人性，重点培养学生的一般知识和一般能力，使学生人格初步形成。我国中学的问题最为突出，应试、求高、专才教育取向主宰着整个教育教学过程，一些学校甚至没有意识到如何促进人性完善、如何全面开发人性、如何为人格形成奠定良好基础等问题，而是全心全意为应试做准备，以中考和高考为指挥棒组织教育教学活动。其结果是，学生最重要的人格奠基问题完全被忽略，把这一问题留给了大学，大学解决不了，最终留给了社会。

大学的主要职责是深度开发人性，重点培养学生的专业性知识和专业能力，使学生具有个性特征的完善人格基本形成。大学在培养学生的高智能方面发挥了重要作用，但在高素质方面的作用发挥得不够。虽然大学从专科到博士研究生阶段都有旨在提升综合素质的公共课，但这些课程"假大空"问题十分严重，大学生的综合素质不一定会因此得到提高，有时还会导致一些消极后果。对于大学生来说，中学阶段没有奠定好完善人格的基础，而大学阶段的综合素质教育又没有多大实效，因而他们在人格完善培养方面可谓"先天不足，后天失养"。大多数学生虽然成了具有专业性知识和专业能力的人才，但这样的人才并不是以全人为前提的，因而后来出现了各种问题。

最后，学校让学生讨厌读书学习。前文谈过，无论是小学、中学还是大学，都应当成为学生乐学的学校，学生乐在其中的学校才称得上好学校。然而，在我国学生厌学的问题十分突出。有一个调查报告称，农村初中生厌学问题十分普遍，在所调研的291名学生中有133名学生存在厌学现象，占总调研人数的45.7%，其中初一年级占11%，初二年级占

13.7%，初三年级占21%，男生厌学率为32.3%。[①] 另有针对边疆山区初中厌学问题的调查也得出了大致相同的结论，厌学比例平均高达48%。[②]《中国国民心理健康发展报告（2019~2020）》显示，我国有24.6%的青少年抑郁，其中重度抑郁的比例为7.4%。这也从一个侧面说明学生在中小学压力很大。2020年中国普通小学在校生人数10725.35万人，初中在校生人数4914.09万人，义务制阶段在校学生总人数15639.44万人。按照24.6%的比例计算，全国义务制阶段抑郁的学生多达3847.3万人，这是多么可怕的数字啊！不言而喻，如果学校好，尤其是不以"应试""求高""专才"为价值取向组织教育教学，学生就不会产生如此大的心理压力，也不会有如此多的心理疾病患者。

以上分析表明，今天的学校在成为好学校方面还存在诸多问题，与人类所追求的普遍好生活的要求不相适应。人类要普遍过上好生活，必须高度重视好学校构建问题。

（四）好学校的构建

第二次世界大战以来，世界各国的教育都获得了巨大发展，尤其是我国的教育体系几乎是从无到有，如今已经成为世界上的教育大国。但是，教育领域存在的问题较多，也许算得上社会生活中问题最多且最难解决的领域。学校是教育的主要载体和职能机构，教育不好的原因是学校不好。学校问题不单纯是教育领域本身的问题，而是社会各种问题的总源头，好学校的构建已经迫切地提上了世界各国的议事日程。学校肩负为所有社会成员过上好生活培养必备综合素质的职责，学校不好就不可能履行这种职责。社会要成为好社会，个人要具备好人格，全人类要普遍过上好生活，都要求构建好学校。学校不好，这一切都无从谈起。好学校与好生活不相适应的现实情况告诉我们，把各层次的学校都办成能让学生当下过上好生活又为他们将来终生过上好生活奠定坚实基础的好学校，从根本上克

---

① 黄娅：《农村初中生厌学问题调查研究》，硕士学位论文，云南大学，2018。
② 李新鹏：《"厌学"问题分析》，https://www.wenmi.com/article/pyn4pa01srpw.html，2019年9月30日。

服现代教育导致的严重社会危机，是当代中国乃至世界面临的一个重大现实问题。构建好学校的迫切性和重要性至少可以从以下两方面来看。

一方面，克服当前人类面临的严重生存危机需要构建好学校。今天世界上事关人类前途和命运的重大问题很多，所有这些问题的产生都与学校培养的人直接相关。因为今天掌握着世界各国乃至整个人类命运的人无一不是学校培养出来的。发明原子弹等核武器的人，发明联合国禁止的贫铀弹、热压弹、白磷弹、高爆霰弹、达姆弹等武器的科技人员，从事克隆人、基因编辑婴儿等方面研究的科学家，都是受过高等教育的高智商者。至于为了一己私利制造对人类有害物品的高智商者更是不可胜数。诸如此类的人的行为，虽然不能完全由学校承担责任，但与学校不重视学生人格完善培育有密切的关系。我们可以设想，如果所有学校都着眼于人格完善培养学生的智能，给人类带来灾难的事件必定会大大减少，那些有害于人类的行为也会受到强烈谴责。在人类面临日益严重生存危机的态势之下，痛定思痛，加强好学校建设无疑是人类从源头上扼制这种态势的唯一选择。

另一方面，人类普遍过上好生活需要好学校培养具有个性特征的人格完善的人。随着现代文明的繁荣，教育日益发达，世界上的文盲已经大大减少，绝大多数人都接受过学校教育。中国 2021 年发布的第七次全国人口普查数据显示，我国具有大学文化程度的人口为 21836 万人，与 2010 年第六次全国人口普查相比，15 岁及以上人口的平均受教育年限由 9.08 年提高至 9.91 年，文盲率由 4.08% 下降为 2.67%。这一数据表明，我国目前有 97% 以上的人口接受过学校教育。更值得注意的是，虽然受过高等教育的人目前占比不高，但他们都是社会的精英，实际上控制着社会的经济、政治、文化、教育、科技、军事等各个重要领域。这样一些数据和事实表明，如果所有的学校都注重人性的充分开发，造就人格完善的人，那么，世界上大多数人都具备过上好生活的主观条件，更为重要的是，掌握世界命运的各类精英就会为人类构建普遍过上好生活所需要的社会环境，不会为了自己、为了自己所代表的阶级或财团、为了自己的国家而去损害大多数人的利益和人类的整体利益。如此，世界的持久和平和人类的普遍幸福就会在不久的将来得到实现。

上述两个方面不是互不相关的，而是紧密关联的，且后一个方面是根本性的。如果世界上所有的学校都成为好学校，所培养的都是具有个性特征的人格完善之人，那么，世界上就没有那些利用自己的高智商去祸害他人、社会和人类的人。即便有少数或个别这样的人，他们也会受到法律的制约和舆论的谴责。

那么，怎样才能纠正世界上学校普遍存在的偏颇，使所有学校都成为好学校呢？这个问题只有当世界成为人类的基本共同体时才能彻底得到解决。就目前而言，最重要的是更新教育观念，在什么样的学校才真正算得上好学校的问题上达成普遍共识，并在此基础上确立各层次学校的好学校标准。这是好学校构建的前提，这个问题不解决，就构建不起适应人类普遍过上好生活需要的好学校。

从目前的情况看，各层次的学校都有一些好坏的衡量标准。在我国，小学可能有县级、地市级标准，中学有地市级、省级、国家级标准，大学则既有国家标准（如"985"、"211"、省部共建等），也有很多国内外的排名，如人民大学版、武汉大学版、软科版、瑞路版、武书连版、泰晤士高等教育世界大学排名版、QS 世界大学排名版等。前文已谈过我国示范小学的标准，这里谈一下大学世界排名。目前，最权威的是"高等教育机构排名的柏林原则"（Berlin Principles on Ranking of Higher Education Institutions）。柏林原则是由大学排名国际专家组（International Ranking Expert Group，IREG）制定的一系列高等教育排名的质量原则和操作范例。2004 年，联合国教科文组织欧洲高等教育中心和华盛顿高等教育政策研究所共同发起成立了大学排名国际专家组。2006 年 5 月 18 ~ 20 日在柏林召开的 IREG 第二次会议，讨论通过了一系列高等教育排名的质量原则和操作范例——"高等教育机构排名的柏林原则"。该原则包括排名目的、指标设计与权重分配、数据的收集与处理、排名结果的公布。实际上各种大学排名的标准或依据不尽相同。例如，"泰晤士高等教育世界大学排名"包括 5 个领域 13 类指标，5 个领域分别是教学（学习环境）、研究（论文发表数量、收入和声誉）、论文引用（研究影响）、国际展望（员工、学生、研究）和产业收入（知识转移）。显然，这一大学排名的指标体系根本没有考虑大学在深度开发学生的人性、培养学生完善人格方面的内容。

总体上看，无论哪一个层次学校的评价标准，一般都局限于学校的硬件建设、社会影响、科研成果发表等外在指标，而缺乏在人性发展、人性开发、人格完善等方面的内涵指标。这一缺失是当代各层次学校出现诸多问题的重要原因。因此，构建好学校需要全人类在什么样的学校才是真正的好学校问题上达成普遍共识，然后在此基础上重新建立一套评价各层次学校好坏的标准。

　　从全人类普遍过上好生活的要求看，人类应该在好学校问题上达成以下基本共识。其一，所有学校的最终目的是把学生培养成个性化的人格完善之高素质与高智能相统一的全人，而非只具备高智能而人格不完善的人才。其二，所有学校在达到这一教育最终目的的过程中履行着不同的职责，小学的重点是全面发展人性，中学的重点是全面开发人性，大学的重点是深度开发人性，把学生造就成具有个性特征人格的高素质与高智能相统一的全人。其三，学校不是学生苦修苦练的囚笼，而是学生过上好学校生活并为未来好生活奠定坚实基础的乐园。这些基本共识应被确立为好学校构建的基本原则。

　　在确立好学校构建的基本原则和不同层次好学校的一般标准的前提下，还需要做好以下四方面的工作。第一，社会要将好学校的共识融入基本共同体的教育方针（教育指导思想）、法制、政策之中。不仅要将好学校的基本共识或基本原则落实到官方和民间的各种评价指标体系中，更要将它们转化为社会的教育方针、教育制度、教育法规、教育政策。第二，社会要根据好学校的一般标准建立不同层次学校的评价指标体系和测评规程。要将构建好学校的基本原则和评价好学校的一般标准落到实处，必须建立一整套完整的好学校评价指标体系和测评规程，使评价和测评法制化。这种评价指标体系和测评规程不能由民间机构建立，而应由社会治理者规定，并纳入社会治理的范围。这样的评价指标体系才真正具有指导性、规范性，也才能使好学校的基本原则得到充分贯彻。第三，社会给学校平等的机会和自主办学的权利，使其充分发挥构建好学校的积极性。对于各层次学校，社会治理者只管两点：一是给学校提供充足的办学经费；二是用好学校评价标准定期评价学校。除此之外，社会治理者不干预学校的办学，给学校最大限度的办学权，鼓励学校根据评价标准创造性地把学校办出自己的特色和优势。就我国而言，要彻底取消给某些学校的特殊优惠，使所有学校具有平等的地位，享有相同的机会。第四，校方要将学校作为学生第二家园进行构建，使学生的学校生活成为其好生活的有机组成部分。学校要根据好生活的要求，将过去艰苦、压抑的学校学习生活转变为学生获得生存发展享受需要满足的条件和机会，彻底克服学生厌学问题，使学生乐在其中，在享受学习生活的过程中获得人格完善和个性自由发展。

三　好职场

职场就是人们的职业场所，也是个人和家庭生活的主要源泉，更是整个社会物质财富和精神财富的主要基础和来源。长期以来，在人们的观念中，职场是人们劳动的地方，虽然劳动是为了过上好生活，但劳动本身却不是好生活，而是人辛苦付出的苦差事。一个人即使博士研究生毕业后进入职场，通常也得工作30年以上。如果职场生活不是好生活，那就意味着人的一生中有30多年的生活至少在工作时间是不好的。这就涉及职场能不能成为人好生活的必要组成部分的问题。回答应该是肯定的。过去人们认为职场生活无所谓好生活，大多数职场对于员工来说实际上是不好的，但这并不能说明职场本来就如此，也应该如此。从价值论的角度看，职场存在好坏之分，好职场既是员工获得生活物资的主要途径，也能成为他们自我实现的主要平台和个人好生活的重要组成部分。好职场对于从业者家庭、整个社会都有深刻的影响。但是，现实中的职场并不都是好职场，真正的好职场需要构建才能形成。

（一）职场与职业

职场和家庭不一样，家庭与人类相伴始终，而职场出现得相当晚，它是有了职业后才出现的。职场是人们从事职业的场所，因而与职业紧密相关。所谓职业，就是指人们为了生存发展享受需要的满足而从事的相对稳定的、获得经济收入或报酬的专门类别的劳动。职业比职场出现得早，而且两者之间存在相当复杂的关系。

在社会大分工出现之前，原始人实际上没有职业。他们像许多动物一样，谋生活动与日常生活完全同一，饿了就找吃的，吃饱了就玩耍、睡觉。有些地区的原始人生活以采集野果为主，而有些以狩猎为主或以捕鱼为主。三次社会大分工后，从整个人类社会来看已经有不同的生产大部类或者说原始产业，包括农业、畜牧业、手工业、商业四大类。但是，就每一生产大部类本身而言，职业的情形也有较大的差异。手工业由于生产不同手工产品的需要，就有了不同的类别，如土木建筑、木材加工、金属加工等，这些不同类别的手工业通常被看作不同的职业。商业也因生活的不同需要很快有了不同的具体职业，如经营日用品的、经营生产资源的等。但是，农业和畜牧业一直到实现现代化之前都没有被划分为更具体的职业。当然，这两个生产大部类内部生产的产品也有很大的差别，比如就农业而言，有的地区以生产小麦为主，有的地区以生产水稻为主。但从事农业生产的人都被称为农民，从事畜牧业生产、渔业生产的人被称为牧民、渔民。从事这些劳动的人大多集中在某一个较大的区域，彼此从事的劳动没有多大实质性的区别，没有可与之相比较的职业，因而人们往往没有意识到自己所从事的劳动是职业。

　　进入文明社会后，除了上述劳动形态，还出现了许多新的劳动形态，如从事政治、科学研究、思想文化、教育等方面的劳动。按照马克思的社会结构理论，这些劳动都在经济基础之外，属于上层建筑和意识形态领域。在传统社会，从事这些工作的人大多属于知识分子，他们主要从事脑力劳动，其社会地位高于从事体力劳动的农民、牧民、渔民、手工业者和商人等。这些人从事的工作通常不被看作职业，而是人的社会身份尊贵的标志。因此，他们从事工作通常不被称为从事职业，而是担任职务。他们被看作具有尊贵的社会身份的人，而那些主要从事体力劳动的人相应地被看作社会身份卑贱的人。在社会的劳动分工有尊卑贵贱之分的社会条件下，不同的劳动通常不被笼统地称为职业，只有那些从事体力劳动的人的劳动才被称为职业。在传统社会，如果所有人都被看作职工，就分不出他们之间事实上存在的尊卑贵贱之别。所以，传统社会的人们实际上并没有完全职业化，只有一部分人从事的劳动是职业，而另一部分人从事的劳动属于职务的范畴。

　　人类职业意识的觉醒、"职业"一词被普遍用于所有从事劳动的人，应是与现代化运动相伴随的，而现代化运动的根源在于市场经济的发展，其重要前提是每一个市场主体都是平等的、自由的。他们只有实力强弱的差别，没有身份尊卑贵贱的区别，而且每一个人都有机会通过自由选择和实力竞争成为强者。现代化运动适应市场经济发展的这一要求而以自由平等为终极追求，并最终使自由平等成为基本社会政治原则。在现代社会，属于社会政治层面的上层建筑也好，意识形态也好，都被视为服务于经济基础的，因而它们不再具有特殊地位。于是，传统社会中那些被认为尊贵的劳动，即上层建筑和意识形态领域的脑力劳动，也不再被看作高贵的，而是与从事经济基础领域的体力劳动平等的。所有这些劳动都被看作职业，只是分工有所不同。

　　随着市场经济的发展和现代化运动的推进，第二次世界大战后，这种现代职业观逐渐传播到整个世界，到这时人类才基本上完成所有劳动的职业化过程。今天世界各国几乎都把人们所从事的劳动称为职业，职业再也没有尊卑贵贱之别。不管是国王还是平民，也不管是伟大的科学家还是没有受任何教育的普通人，只要在劳动，就都在不同的职业岗位上，都属于从业人员。由此看来，人类劳动的职业化作为现代平等理念的体现，其实是现代化的产物，是人类历史进步的重要标志之一。

　　在几千年的中国传统社会，也许只有手工业和商业领域的劳动被视为职业，而从事其他领域劳动的人通常不被看作从事什么职业的人，而是被看作具有什么身份的人。例如，农民、牧民、渔民、教师、医生、官员等过去主要被看作身份，而不是职业。其中官员的社会身份最尊贵，所以传统社会将"贵"与官联系在一起。为了将官员与百姓区别开来，他们从事的劳动通常不被当作劳动，而被看作为官从政。这种劳动方面的尊卑贵贱观念影响深远，甚至农业领域中的地主从事的劳动也不被看作劳动，他们被简单地看作不劳而获的阶级。实际上，他们也在从事劳动，只不过不是体力劳动，而是管理方面的脑力劳动。经过了艰难现代转换过程，中国人的职业意识日益明确，而市场经济的发展又进一步消除了传统社会在劳动上遗留下来的尊卑贵贱观念，社会上所有不同领域的劳动都被视为职业。今天中国从事劳动的人，会说自己在从事对于所有人而言平等的职业，而不会说在担任具有尊贵社会地位的职务。

有了职业后，也就有了从事职业的场所，即职场。"职场"是一个比较新的词，至今人们还不怎么经常使用这个词。过去从事职业的场所并没有一个统一的名称，人们比较习惯的说法是"工作单位"，但工作单位并不能涵盖所有的职业场所。比如，我国农民劳动的场所就不叫工作单位，个体户工作的场所也不好称为工作单位。如果我们每一个从事劳动的人都是在从事职业，而从事职业就必定有一个相对稳定的场所或领域，用"职场"一词表达相较于"工作单位"会更合适。但是，职场与职业的关系相当复杂，主要有以下几种情形。

第一，同一种职业有很多甚至无数的职场。这种情形十分常见。例如，工人是一种职业，但工人在不同的企业劳动，一个企业就是一个职场。世界上的企业有很多，同属工人这一职业的职工在无数不同企业里劳动，因此工人这一职业并不是他们的职场，他们从业的企业才是他们的职场。农民、商人、教师、医生、党政干部等许多职业也都是如此。

第二，有的职场有一个共同体，而有的职场只有少数人甚至一个人。很多职场是共同体。我国的事业单位就是职场，而事业单位都是共同体。企业都是职场，除少数个体企业，大多数企业也是共同体。农民的情况则比较特殊。我国1953年第一次人口普查时约有2.6亿农村劳动力，占全国总人口的44%左右，当时全国总人口约6亿。[①] 这2.6亿农村劳动力都是农民，但他们大多在960万平方公里的土地上劳动，还有一部分在海上劳动。当时农民的职场很多是自己家庭的土地，有一小半农民的职场是农村合作组织。新中国成立后农民的职场变化很大。到1956年底参加初级合作社的农户占总农户的96.3%，初级合作社就成为绝大多数农民的职场。从1958年夏季开始的人民公社化运动，使农民的职场变成了人民公社。改革开放后，农村实行家庭联产承包责任制，农民的职场又回到了家庭承包的土地上。有些家庭只有一个劳动力，他一个人劳动的地方就是一个职场。不过，近些年来，又出现了一些新的农村合作组织和企业，它们成为农民的新职场。

---

① 吴忠观主编《人口科学辞典》，西南财经大学出版社，1997。

第三，有些职业并没有固定的场所，而只有领域，而且领域的广度存在巨大差别。在我国，许多党政干部虽然都有一个所属的单位，但他们的工作范围则不局限于所属单位。例如，某省的省长虽然办公室在省政府办公厅，但他管辖的是全省的政务。而且党政干部管辖的范围有大有小，他们的职场因而也有大有小。一位省长管辖的范围涵盖全省政务的各个方面，而一位县长管辖的范围只涵盖一个县政务的各个方面。一位副省长管辖的范围涵盖全省政务的某一个方面，一位副县长管辖的范围则涵盖全县政务的某一个方面。对于像党政干部这样的职业来说，他们的职场就不是其所属的人事单位，而是其管辖的范围。

第四，有些职场是实体，有些职场并不是实体或者只是实体的一部分。这种情形也比较多见。在一些小的企业单位，员工的职场就是这个实体单位，但在比较大的企业，员工的职场就不是这个企业，而可能是企业的一个车间、一个部门。例如，中国宝武集团在组建时拥有员工 22.8 万人，集团有几十个部门，下属二级企业有几十个。如果说下属企业是实体的话，那么集团的几十个办事机构则都只是实体的一部分。党政机关也是如此。一个党政机关可能算一个实体，但下属的几十个厅局部委办之类的单位则是部门，这些部门有相当大的独立性，它们都算得上职场。我国农村的基层组织（行政村）一般都不是实体，但都可视为职场，因为有相当数量的农民在农村的土地上劳动。

职业与职场的关系肯定要比以上所列的四种情形更复杂，但从所列的情形就足以看到职业与职场关系的复杂性。那么，我们就面临如何界定职场的问题。从好生活的角度看，可以给职场做如下界定：所谓职场，是指人们从事职业的、对个人生存发展享受需要满足有直接影响的职业共同体，是社会赖以存在发展的基础。这一界定有以下四层基本含义。

第一，职场是职业共同体。职场如同家庭、学校一样，是社会的一类共同体。这种共同体与家庭不同，一方面，它不是靠血缘关系维系的，而是通过完成某种社会所需要的劳动将其成员联系在一起；另一方面，它不一定是完整的共同体，可能是共同体中具有相对独立性的部分（如省政府的某个厅）。学校可以看作一类特殊的职场。从学校职员所从事劳动的角度看，学校是一类职场；而从学校对社会所做的贡献看，它相较于其他共同体有其特殊性，是为社会培养人的特殊职场。职场作为共同体与其他类型的共同体相比有两个主要区别。其一，它是其成员为完成社会所需要的某种劳动而结成的共同体。职场所提供的劳动是社会需要的劳动，如学校教师从事的教学工作就是社会所需要的劳动。社会需要的劳动包括以体力劳动为主的劳动（如工人、农民的劳动）和以脑力劳动为主的劳动（如科学家、党政干部的劳动）。其二，职场在为社会提供劳动的同时，也为其成员满足生存发展享受需要提供资源（通常是货币形式的工资）以及机会和平台。在现代社会，一般成年人及其家庭的生活资源主要来自职场，职场员工为职场劳动，职场给他们提供报酬。同时，职场又是员工在职业方面获得成功、取得成就的平台，一个人要充分自我实现需要职场提供机会。

第二，职场是成年人从事职业的场所。除了失业者，一般的成年人都在从事职业，他们从事职业的地方就是职场。从外延来看，职场为所有从事职业的人提供劳动的场所，所有的人都在职业共同体中劳动。虽然那些工商业个体户、农业单干户从形式上看不是共同体，但可看作职业共同体的特例，如同单亲家庭是家庭共同体的特例一样。需要注意的是，职场的情形比较复杂。比如，一个省政府机关是一个职场，而它下属的处室不能算职场。这是因为省政府机关的好坏决定着机关员工的生存发展享受需要满足的状况，而一个处室并不能如此。不过，省政府下属厅局可算作职场，它们是相对独立的部门。从中国的实际情况看，有独立人事部门的单位大致上都算得上职场。当然，在我国广大的农村没有人事部门，行政村一般就是基层单位，因而也可以说行政村是农民的职场。

第三，职场对员工生存发展享受需要满足有直接影响。在传统社会，绝大多数家庭都同时又是生产单位，家庭成员的生活来源主要靠家庭劳动。进入现代社会后，生产劳动从家庭分离出来，职场就成为生产劳动的单位，人们的生活来源主要是职场。如前文所说，在现代社会，人们并不止步于生存需要的满足和享受，还追求发展需要的满足和享受，而发展需要中最重要的职业成功，主要靠在职场中劳动来满足。因此，一个人所在的职场的好坏对他本人乃至其家庭的生存发展享受需要的满足都会有十分直接的影响。

第四，职场是社会生存和发展所依赖的基本单元。职场像家庭一样，也是社会的基本单元，从某种意义上可以说，社会就是由家庭和职场构成的。在现代社会，一个社会共同体是一个完整的系统，家庭和职场就是整个系统的两类基本要素或基本单元。家庭发挥社会延续的功能，没有家庭，人类就不能繁衍，社会就无法存在下去；职场则是社会物质、能量和信息的来源，没有职场，人类就没有赖以生存和发展的物质资源和精神资源。一个社会好不好、发达不发达，完全取决于职场好不好、繁荣不繁荣。而一个社会百业兴旺，社会才能稳定发展。

（二）好职场的含义

以上的考察和分析表明，一个社会的职场情形非常复杂，但任何一个类型的职场乃至任何一个具体的职场都存在对于其中的员工及其家庭、对于社会乃至职场自身来说好和不好的评价问题。从现实情况看，社会对各种职场几乎都会进行好坏评价，也有相应的标准。"世界500强"[①] 企业的排名就是对企业好坏（当然主要是实力强弱）的一种评价。前文谈及的中小学的"示范学校"则是对学校好坏的一种评价。但是，到目前为止，还没有好职场的一般性标准。制定好职场一般性标准的根本依据在于对好职场的界定，这种界定可以作为评价任何职场的一般性原则和根本性标准。

什么是好职场？从社会成员普遍过上好生活的要求看，所谓好职场，就是旨在为好社会的构建和运行做出有益贡献，给其员工生存和发展需要的满足提供优质资源和良好条件，职场本身健康发展的和谐职业共同体。这一界定包含好职场的四项基本规定性，它们是构建好职场的基本原则或基本要求。

第一，职场必须对好社会构建和运行有价值，能够为好社会做出有益的贡献。职场是社会系统的基本单元，既是社会经济基础的基本单元，也是社会上层建筑、意识形态的基本单元，承担着维护整个社会运行、安全、稳定和和谐的职责，肩负着社会的经济建设、政治建设、文化建设、

[①] "世界500强"，是中国人对美国《财富》杂志每年评选的"全球最大五百家公司"排行榜的一种约定俗成的叫法。

社会建设和生态建设的所有任务。所以，职场是社会一切财富（物质财富和精神财富）的源泉、整个社会大厦的根基和支柱、所有社会成员建功立业的主要场所。社会的每一个职场都应从不同层面、不同方面为社会做出自己的有益贡献，这种应然的要求就是好职场的首要规定性。职场存在的终极价值和根本意义不在于职场本身的好，而在于对于社会的好，谋求自身好归根到底是为了社会好。

好职场的这一规定性实质上涉及职场的社会责任问题。任何一个职场都肩负着多方面的责任，包括社会责任。这是人们都知道的，但许多人并没有意识到社会责任是职场的根本使命和第一责任，是职场的终极价值和根本意义之所在。在现实生活中，许多职场对此缺乏清醒的意识，存在种种模糊甚至错误的看法。其中一种十分常见的错误看法是认为职场存在的主要意义在于让职场本身生存发展好。这种看法尤其在企业界流行。许多企业家认为，自己把企业做好本身就是对社会的贡献，企业做好可以增加税收和就业机会，可以增强国家的经济实力。由于有这种想法，他们往往不考虑社会效益，在企业利益与社会效益发生冲突时会把企业利益放在首位。而在很多情况下两者并不是共进的关系。我国现阶段许多企业存在的产能过剩问题就是典型。有机构估计，如果中国宏观经济增速平稳着陆，钢铁产业过剩的年产能将达到2亿至3亿吨。产能过剩的产业还有不少，如水泥、玻璃、房地产、服装、白酒等产业都存在产能过剩问题。我国企业的产能过剩就是企业不考虑社会需要和社会效益而为了企业自身的利益盲目扩大生产导致的，最后不仅给社会造成了极大的浪费，也严重损害了企业自身的利益，甚至导致企业破产。

第二，好职场能够为其员工满足基本生存需要和基本情感需要提供优质资源和良好条件。社会劳动职业化后，职场最初主要是员工获得维持基本生存需要的物资或者货币（物资货币化时）的地方。好职场能够给员工提供较充足的货币，并且善待他们，比如不让他们劳动时间过长、劳动强度过大。如此，他们就会逐渐产生对职场的认同感、对职业的热爱，并进而形成对职场的归属感。与此同时，由于得到了职场的善待，他们会感到自己受到尊重，也会因他们的能力和贡献而感到满足。这样，员工不仅可以从职场获得爱和归属的满足，而且还可以得到自尊和受人尊重的需要的满足。相反，如果一个职场不善待员工，员工的基本情感需要就得不到满足，甚至会使他们产生相反的情感。19 世纪西方国家频繁发生的工人罢工和起义就是资本家虐待工人引起的。由此看来，好的职场是那种既能使员工的基本生存需要得到满足又能使他们的基本情感得到满足的职场。

在上述两个方面，员工的基本生存需要获得满足更为基本。一个职场给员工的待遇高，并且善待他们，员工很容易对职场产生认同感和热爱的情感；而如果一个职场给员工的待遇差，甚至还虐待他们，员工就不可能持久地认同和热爱职场。给员工尽可能好的待遇和条件是好职场的底线要求，也是职场存在和发展的基础。无论是历史上还是现代社会，很多职场都做不到这一点。比如，近代以来普遍存在的血汗工厂（血汗制度）就是典型。"血汗工厂"（sweat shop）一词于 1867 年出现在美国，最初指美国制衣厂商"给料收活在家加工"的制度，后来泛指工厂的这种可怕情形：大量使用廉价劳动力，延长工人的工作时间，不为工人提供起码的社会保障，整个工厂没有娱乐设施，没有企业文化，有的只是严厉苛刻的管理制度。显然，血汗工厂就是一种典型的坏职场。在社会现实中，这种坏职场并不太多，但还是有不少职场或直接或间接剥削员工，给他们不公正的待遇，甚至克扣他们少得可怜的工资。严酷的现实表明，职场要普遍达到好的起码要求还有很长的路要走。

第三，好职场能够为其中谋求自我实现的员工满足发展需要提供尽可能多的机会并搭建尽可能广阔的平台。好职场不仅能够很好地满足员工的生存需要，而且能够很好地满足员工的发展需要。前文谈到，人的发展需要实质上就是自我实现的需要，尤其是要把深度开发出来的完善人格充分发挥出来。这种需要主要依赖职场得到满足。好的职场应该能够为员工深度开发人性从而形成完善人格并将其充分发挥出来提供机会和搭建平台。当然，好职场并非只给少数精英人物提供机会和条件，而是能够为所有想有所作为的员工提供机会和条件。除了一些特殊的职场（如科学家、学者的职场），大多数职场的员工不是精英，好职场不能只顾属于企业骨干的那一部分人的发展需要的满足，也要尽力满足普通员工发展的需要。而且好职场还能够激励所有员工产生和不断强化发展需要，防止他们满足现状、不思进取，使开拓进取成为所有员工的德性品质。

在今天，已经有不少职场比较关心员工发展需要的满足，特别是关心他们的职业道德和专业能力的提升。但是，如果我们深入观察就不难发现，这样的职场这样做大多并不是出于满足员工本人的自我实现的需要，考虑的仅仅是给职场带来效益。这样做有两个消极后果。一是不考虑员工自身的发展需要，会导致职场对员工的发展期待与员工自己的发展期待不一致。这种情况在我国很常见。例如，让一位很有专业造诣的工程技术人员去担任党政干部，结果是他干部当不好，专业能力也荒废了。二是不考虑员工的长远发展，"用完即扔"。一些职场为了工作的需要让员工接受专门培训临时去负责某项工作，此项工作完成后，他接受的培训对他几乎没有任何作用。当然，职场不可能完全从所有员工个人的发展需要的角度来考虑给他们提供机会和平台，但在考虑职场的发展时应尽可能地兼顾员工个人发展需要的满足，兼顾他们的未来发展。这就是通常所说的在用人时要"用其所长""扬长避短"。

　　第四，好职场是和谐的职业共同体，不仅公正，而且讲民主、讲人情。成为和谐的职业共同体是好职场的显著标志。职场是一个人群共同体，虽然其员工有共同的利益，也总有一些维护基本秩序的规范，但这些并不一定能够使职场成为一个和谐的群体。我国早在 2004 年就提出构建社会主义和谐社会，职场和谐是其重要的组成部分。如果每一个职场都和谐，再加上每一个家庭都和谐、公共领域都和谐，那么社会就和谐了。

　　职场和谐的基础是职场公正。职场公正包括诸多方面：首先是分配公正，即按照员工的德劳勤绩分配报酬；其次是机会公正，即给每一个员工公平的发展机会；再次是评价公正，即对每一个员工的表现做出正确的评价；最后是奖惩公正，即对表现优秀的员工给予适当奖励，而对表现恶劣的员工给予适当惩罚。一个职场做到了这些方面的公正，就具备了和谐的良好基础。

　　职场和谐的核心是职场民主。职场民主就是真正把员工当作职场的主人，尊重他们的主体地位，维护他们的权益和尊严，从而使他们有归属感和责任感。在现实生活中，实现职场民主面临种种困难和障碍，其中最大的有两个方面。一是许多职场特别是企业并非社会所有，而是部分人甚至个人所有，员工与企业老板是雇佣关系。在这种情况下，职场能否实行民主就完全取决于雇主。二是不少职场隶属于上级，它们执行上级的意志，职场与上级有类似于员工与老板的上下级关系或隶属关系。在这种情况下，职场能否实行民主就主要取决于上级领导。确实，在这两种情况下，员工在职场中严格地说不具有主体、主人地位，但无论是雇主还是领导都应将员工当作职场的主体、主人来加以对待。一方面，他们应通过制度来确立员工的主体、主人地位，将员工作为职场的主体、主人来对待，对他们也应有必要的约束和规范，而且这种制度必须能够得到落实；另一方面，他们在做出事关职场发展的重大决策时应广泛听取员工的意见，让员工真正感受到自己在职场说话有分量，其主体、主人地位得到尊重。当然，现实中有的企业会给员工一定的企业股份，或者通过发行小额股票的方式使企业所有权分散，并使大量的小额股票持有者变成股份企业的共同所有者。这些都是实行职场民主的有效举措。

职场和谐的实质是真心关爱员工。好职场关心、爱护每一个员工，既关心他们的福利待遇和职业发展，也关心他们的冷暖忧乐，能让员工把职场当作家园，使职场真正成为"员工之家"。真正关爱员工是好职场的实质内涵，也是好职场最难做到的一项要求。真心关爱员工意味着职场如同人关爱亲属、父母关爱子女一样关爱自己的员工，始终关心和牵挂他们的生存和发展状况。"儿行千里母担忧"最典型地表达了父母对子女的真心关爱，职场如果也这样关爱员工，职场与员工之间、职场员工之间就会形成类似于亲情的关系，职场和谐所要求的公正、民主就不会成为什么大问题。改革开放以来，随着市场营销观念的流行，善待服务对象和善待自己的员工成为一种风尚。但是，市场营销观念虽然把顾客当上帝，背后却隐藏着利己的动机，即希望上帝青睐自己，给自己带来更大的益处。所以，在市场营销观念支配下的善待顾客和员工并不是对他们真心的关爱。真正和谐的好职场必须从思想观念上克服营销观念的局限，真正把服务对象和员工当亲人，真心实意地关爱他们。也就是说，真正关爱员工的职场要追求"民胞物与"的崇高境界。达到了这种境界，不仅员工感觉到自己在职场像生活在家庭之中，而且职场也会因员工的认同和热爱而获得稳健发展。

（三）好职场与好生活

在现代，社会生活完全建立在职场的基础之上，职场对于社会的意义怎样估计都不算高。可以说，离开了职场，整个人类社会就无法存在下去。首先，职场从自然界获取物质和能量，然后通过各种不同类型的加工改造，使之转化为适合人类各种不同需要的物资和机会。这就是社会的生产、交换、分配和消费过程。其次，在这种物质和能量的转化过程中产生了社会的精神生产、交换、分配和消费，而这一切也是由职场承担的。最后，从社会的物质和精神生产到消费的整个过程极其复杂，需要管理，而社会的全部管理也要由职场承担。好职场对于好生活的意义极其重大，具体而言，可以从从业者、从业者家庭和社会三方面来加以审视。

职场好对从业者个人好生活的重要性，前文已谈及，这里再集中做些阐述。好职场与职场员工好生活的关系可以从三个方面来看。

第一，好职场能够给员工生存发展享受需要的满足提供更充分的支持。职场今天已经成为从业者收入的主要来源，除少数老板之外，大多数从业者生存发展享受需要的满足主要靠工资收入，因而工资收入是他们好生活的物质基础。一般来说，职场好就会有良好的经济效益，而且职场好其分配也会公正。因此，好职场一方面可以让每一位员工得其所应得，另一方面又可以让所有员工的所得（包括工资收入和福利待遇）高于不好的职场。在企业之类的职场，职场好还会给老板带来更好的经济效益，使他们更有条件过上富裕生活乃至富豪生活。当然，在一些不好的职场，有的人尤其是管理者仍然可以得到高收入和好待遇，但大多数人不可能如此。而且如果这样，这样的职场会变得更不好，大多数员工的工资和福利待遇会变得更糟。员工获得较高的收入不仅可以更好地满足吃穿住用行等各方面的生理需要，也可以增强对职场的认同感、热爱的情感从而获得归属感，还可以增强自信心、自尊心。所有这一切都是那些不好的职场无法提供的。

第二，好职场能够给员工提供自我实现的机会、平台和动力。注重所有员工发展需要的满足，努力将员工个人的发展与职场的发展有机结合起来，是好职场的更高规格的标志。员工个人发展需要包括许多方面，但最重要的是职业上的成功，职业成功意味着人性得到了深度的开发，如此可以使人格达到完善的境界。员工在职业上取得成功也可以使自己获得更多的经济收入和名誉，可以增强他们的自信心和自豪感。当然，员工普遍在职业上取得成功，职场也会兴旺发达，从而为社会做出更大的贡献，产生良好的社会声誉。职业成功只有在职场才有可能实现，离开职场人们难以获得职业上的成功。另外，如果职场鼓励员工追求职业成功并为此提供条件，就可以激发员工追求职业成功的动机，员工会出于发展需要的满足做出积极反应。因此，好的职场总是鼓励员工在职业上争取成功，并且为员工取得成功提供机会、搭建平台。在一个好职场，员工追求自我发展需要的满足与职场追求自身发展会有机结合起来，形成良性互动、相互促进的互利共赢格局。

职业成功既包括在职业上获得巨大的成就，也包括把从事的职业做得非常卓越，获得成就和做得卓越是职业成功的两种基本体现。像牛顿、爱因斯坦这样的伟大科学家无疑是职业成功的典范，但在职业上获得巨大成就的人士毕竟很少，更多的是像我国近些年来推崇的大国工匠。他们虽然没有在科技上做出突破性的贡献，但他们把工艺做得炉火纯青，而这种职业上的卓越对于职场和社会都极其有价值。在职业上获得巨大的成就在很大程度上取决于天赋和特殊条件，而在职业上做得卓越并不完全依赖天赋，而主要靠用心和用功。更重要的是，能够获得巨大的成就的职场很有限，而在所有的职场都可以做到卓越。一般来说，好职场都能够根据职场的使命助力员工的职业成功，实现员工个人发展与职场发展的有机结合和良性互动。

第三，好职场可以成为员工好生活的重要组成部分。好生活是生活整体上的好，职场是人整体生活的重要组成部分。人的一生通常至少有30年的职场生活，这30年的时光虽然不全在职场，而且随着文明的进步，人们在职场的时间在不断缩短，但职场的劳动仍然是这段时光的核心内容。如果职场生活本身不好，即使它对人生活的其他方面能做出重要贡献，人的生活也不能说整体上是好的。自古以来，许多人都认为劳动是为了生存而不得不为的苦差事，是不得已而为之的。这种看法的形成有多种原因，其中一个重要原因就是从业者都把劳动视为谋生的手段，没有将劳动看作人自我实现的最重要途径。当然，在人类历史上很长时间内劳动确确实实就只是谋生的手段，而且极其艰苦，那时人们关心的焦点是活下去，谈不上发展或自我实现，因此根本不可能产生劳动是自我实现的最重要途径的意识。

马克思所说的将劳动看作谋生手段转变为看作乐生要素，是以生产力高度发达为前提的，在生产力不发达的情况下，劳动只会是沉重的负担，而不可能是乐生要素。在现代社会，由于机械化、自动化和信息化的实现，劳动强度极大地降低，而且人们自我实现意识普遍觉醒。在这种新的历史条件下，劳动完全可以成为完善人格的必要发挥，成为自我实现不可或缺的实践，于是职场生活也就可以成为好生活的一部分。劳动对于人生存发展享受需要满足作用的这一深刻历史转变，使人的生活在整体上好成为可能，并正在变成现实。好职场正是这一深刻历史转变的承载者和推动者，在好职场劳动已经成为好生活整体的一部分，或者说，好职场最终将成就人类圆满的好生活。

当然，好职场对于员工好生活的这些重要意义只是一种或然性，并非实然性。好职场的这些意义必须通过员工在职场卓越的劳动才能实现。好职场与好家庭的一个重要不同在于，好家庭对资源和机会的分配可以是无条件的，而好职场实行按劳分配的基本原则，有奖勤罚懒的奖惩机制。至少在现阶段，即使在一个最好的职场，仍然有人不把劳动看作自我实现的主要途径，而仅仅看作谋生的手段，看作为"老板"打工，以雇工的态度对待劳动。对于这样的员工来说，职场再好，也不可能无条件地分配给他们过多的资源和机会，他们就不可能过上好的职场生活，当然，也就不可能有整体上的好生活。

职场好对从业者家庭好生活的意义也非常大，至少可以列举三个方面。其一，职场好可以给家庭带来更丰厚的收入。在一个公正的社会，一个家庭要过上殷实的或富足的生活，不可能靠发"横财"，也不能完全靠前辈的荫庇，而主要靠家庭从业人员在职场获得优厚的职业收入。一般来说，职场好经济效益就会好，也才有可能给员工更多的收入，职场不好经济效益不可能持久地好，也不可能给员工丰厚的收入。其二，职场好能够给从业者带来成功感和自信心，也会给家庭带来自豪感，增强家庭的喜悦气氛。好职场可以给员工创造更多成功的机会和平台，提供更强的追求成功的动力，员工也就更有可能获得成功。无论员工在家庭中是什么角色，他们在职业上的成功都不仅会使他们自己感到自豪、自信，而且会对家庭产生积极效应或正能量，家人会为他们感到自豪、骄傲，从而可以增强全家的幸福感。其三，好职场给员工造就的优秀职业人格也可以对其家庭成员起示范作用。好职场能够促进绝大多数员工优秀的职业人格更加完善。员工的职业人格完善乃至整个人格完善会给家人尤其是子女产生示范效应，使他们受影响以至在从业的时候也会注重职业人格的修养，不断提升人生境界。

一个社会的职场普遍好对于其成员普遍过上好生活的意义更具有根本性、重要性。

首先，职场普遍好才能实现社会共同富裕，并为所有社会成员提供社会保障。社会的职场普遍好意味着社会百业兴旺，社会物质文明和精神文明高度发达，在当代体现为国家富强、国家综合实力强大。国家富强，才可能有人民的共同富裕和普遍幸福。从好生活的角度看，国家繁荣昌盛最重要的意义在于，可以给社会成员提供更优厚的、更普遍的社会保障。有了这种可靠的社会保障，社会成员就会无任何后顾之忧，也才有可能真正把劳动看作乐生要素，使职场生活成为好生活的组成部分。这样，社会的生产和消费就可以形成良性循环并产生更大的经济效益和社会效益。从当今世界各国的情况看，那些发达国家虽然人均 GDP 高，但贫富悬殊，两极分化严重。这一事实表明，国家发达并不一定就能够实现全民共同富裕。导致这一问题的原因，并不是这些国家发达，而是这些国家本来可以让全体人民共同富裕，但其制度决定了其不可能这样做。比如，这些国家发生经济危机时宁可将卖不出去的牛奶倒到海里，也不会给穷人喝。然而，不发达国家即使有让全民共同富裕的愿望和制度，也很难使这一愿望得到实现。发达国家虽然做不到让全体人民共同富裕，但还能给那些基本生存需要得不到满足的人以最低生活保障，而很多贫穷国家甚至连这种最低生活保障都不能提供。不发达国家之所以贫穷，就是因为它们的职场大多不好，不能给全体社会成员提供基本生存资料。

其次，职场普遍好可以增强社会的活力和创新能力。一个社会的活力和创新能力在一定程度上可以说是所有职场的活力和创新能力的总和。社会的活力可能并不限于职场，但社会的创新能力则在极大程度上取决于职场。职场是创新的母体，也是创新的条件和平台，没有职场，创新能力就不能得到孕育，创新活动就不具备条件，也不会有展开的平台。但事实表明，并非只要有职场就有创新。

《2018 年中国企业创新发展报告》显示，就中国企业整体而言，创新力差异很大，显现出几个突出特点：民营企业成为创新主体力量，电子通信、专用设备、家用电器等成为主要创新领域；主板企业规模对企业创新力作用明显，中小板、创业板企业在互联网与软件信息技术领域创新力强；中央国有企业创新力整体较强，其他权属企业创新力局部较强；重工制造业创新力更强，轻工业中家具制造业有望率先实现突破；现代服务业创新力更强，传统服务业创新力亟须提高；新型互联网应用服务企业创新力强，基础服务企业创新力弱；智能应用服务企业创新力强，智能生产设备企业创新力弱；资源利用企业创新力强，新能源企业创新力弱；文化娱乐企业创新力强，文化传播企业创新力弱；生物医药企业创新水平整体偏低。

这是就中国企业的整体情况而言的，如果考虑同一类型企业，那么好企业与差企业之间的差别会更加明显。只有企业好创新力才有可能强。好企业不一定就创新力强，因为有很多企业生产的只是满足人们日常生活的常规产品，很难有大的突破（如食品生产行业）。但是，只有企业好才可能有卓越的创新力，而企业不好绝不可能有创新力，因为它不能提供充足的科研经费，引进不了或留不住高端科技人才。显然，如果我国所有企业都是好企业，我国就能够成为创新型国家。一般而言，好职场（包括好企业）是其员工勤奋而积极劳动、不断开拓创新的结果，同时反过来又会不断激励员工开拓创新，不断促进他们的创新能力提高。所以，社会的好职场越多，社会越充满生机活力，越具有创新力。

再次，职场普遍好可以为社会有序和谐奠定坚实基础。一个社会职场普遍好，那就意味着百业兴旺。百业兴旺，人民才有可能富裕，也才可能安居乐业。从人类历史看，社会动乱和战争大多源自利益冲突，而利益冲突又大多源自社会资源贫乏。中国历史上发生过的农民起义不计其数，每一次农民起义爆发的直接原因虽然有很大的不同，但深层次原因几乎都是农民极度贫穷、无法生存。如果社会百业兴旺，从业人员普遍有较高的收入，而且有很好的发展机会和平台，有良好的社会保障，那么，社会的利益冲突及其引起的争斗、战争就会减少，甚至不会出现。从当今世界的现实情况来看，战乱大多发生在那些贫穷落后的国家，而富裕发达国家的社会大多比较稳定。

按照 IMF（国际货币基金组织）公布的信息，2019 年全球经济总量约为 86.6 万亿美元。其中，发达国家的 GDP 就达到了 51.74 万亿美元，占比约 60%。占据了全球人口总量略微超过 85% 的发展中国家，所创造的 GDP 只有 34.86 万亿美元（全球占比约 40%）。人均方面，2019 年全球人均 GDP 约为 1.146 万美元，发展中国家人均 GDP 约 5380 美元，不到全球人均水平的一半；发达国家人口总数接近 11 亿，人均 GDP 高达 4.825 万美元，是发展中国家人均水平的 9 倍，也是全球人均水平的 4.2 倍。虽然不能说 GDP 高社会就一定有序和谐，但 GDP 低、国家贫穷落后往往是社会动荡不安的原因。国家的 GDP 都是职场尤其是企业创造的，只有好职场多、好企业多，GDP 才会高，社会才会兴旺发达。

最后，职场普遍好意味着社会的从业者普遍乐业。安居乐业是中国传统文化一直追求的理想。《老子》第八十章云："甘其食，美其服，安其俗，乐其业，邻国相望，鸡狗之声相闻，民至老死，不相往来。"这是老子小国寡民的社会理想，《汉书·货殖列传》将其概括为"各安其居而乐其业，甘其食而美其服"。《后汉书·王充王符仲长统列传》引仲长统《理乱篇》称："普天之下，赖我而得生育，由我而得富贵，安居乐业，长养子孙，天下晏然，皆归心于我矣。"这是讲统治者要使天下大治，必须做到让老百姓安居乐业、长养子孙。这些说法虽然表达的是传统社会的理想，但具有普遍意义。在任何时代，人民安居乐业都是社会和谐美好的基础。人民乐业就要有好职场，职场不好人民就无法乐业。职场好，职场生活就不仅能成为从业者好生活的一部分，而且还能使员工的发展需要获得更好的满足，从而促进他们的人格完善，提升他们的人生境界。在好职场从业，从业者就不会厌恶职业，相反会热爱职业，乐于干事创业。如果一个社会的所有职场都是好职场，那么，所有的从业者就都会爱岗敬业，把劳动看作乐生要素，从而过上好的职场生活。

(四) 好职场的构建

社会的职场千差万别，不同种类的职场、每个具体的职场都受到许多因素的制约，因此好职场构建也差异很大。这里主要从宏观上一般性地讨论好职场构建的问题。从这个角度看，好职场构建主要涉及社会条件、职场管理者和职场员工三个方面。在这三个方面中，职场管理者无疑是最重要的，因为好职场需要好管理。职场管理者尤其是主要管理者对整个职场的好坏负责任，是职场的责任人，他们的作为对好职场构建具有决定性意义。但是，整个社会职场普遍好表面看起来取决于各个职场的管理者，实际上却取决于社会治理机构。只有当社会是一个好社会的时候，社会的职场才可能普遍成为好职场，而社会不好，职场几乎没有成为好职场的可能性。好职场也需要好员工。从业者的主体性尤其是积极性、主动性和创造性对于好职场构建也极为重要。但是，从业者主体性的发挥受社会状况的制约，更受职场管理者的直接影响。因此，从宏观的角度看，好职场构建的最重要主体不是职场管理者，更不是职场的职工，而是社会治理者。好职场构建需要好的社会条件，而社会条件好不好主要取决于社会治理者。

职场像家庭、学校一样，总是一定社会的职场，只有在好社会的条件下才能普遍建成好职场。社会不好，建成好职场几乎是不可能的，即使有少数好职场，维持下去也十分艰难。在 20 世纪初，我国民族工业一度勃兴，但后来由于军阀混战、国民党反动派的独裁统治以及抗日战争，民族工业饱受挫折，处境极为艰难，几乎维持不下去。改革开放后，我国社会稳定，国家致力于现代化建设，给予企业发展各种优惠政策和服务。40 多年来，各种所有制的企业如雨后春笋般不断涌现，许多企业成为国际上有影响力的企业。可以说，职场好需要社会好，社会不好，职场好无从谈起，这可谓 "覆巢之下，安有完卵"。具体而言，好职场的构建对社会条件主要提出了以下四方面的基本要求。

一是依法治理。好职场构建需要社会有序和谐、长治久安，而社会要做到这一点唯有实行法治。自原始社会末期开始，社会就实行自觉的治理，一直到今天。在约 5000 年的历史上，社会治理采取了多种方式，包括人治、德治、礼治、德法共治、法治等。许多社会形态并不采取某种单一的治理方式，而是同时采取多种治理方式，但所有这些治理方式的共同特点是它们只是社会治理者的手段，而控制这些手段的是社会治理者尤其是最高治理者。历史上许多时期也实行过"法治"，但历史上的"法治"是社会治理者运用法律进行治理，而不是社会治理者依据法律、在法律之下进行治理，因而不是真正的法治。真正的法治是整个社会由法律治理，法律在社会中具有最高权威，一切权力都在法律之下受法律控制，即所谓"法律就是国王"。而这种法律所体现的是全体社会的意志，因而实行法治就是实行民治，法律是国王意味着人民是国王。当然，法律的制定还需要以社会主导价值观作为依据，需要立法者的作用。实行法治的最大好处在于人民是国家的主人，但人民也不能随心所欲，而要受体现自己意志的法律约束。这样，社会就有了基本的秩序，可以避免由于最高治理者的更换发生动荡，也不会因为争权夺利引起争斗和混乱。社会持久稳定有序，其中的职场就能够持久地构建和运行，不会因为社会动荡而深受其害。

历史事实证明，社会唯有实行真正的法治才可能做到有序和谐和长治久安，其他的治理方式因归根到底是人治而不能做到这一点。人治和法治是两种对立的或者说不相容的基本社会治理方式，实行人治就不能实行真正的法治，就没有真正法治的余地。一个社会如果不能实行真正的法治，即使采取再多的治理方式，也不能保证社会稳定和安宁。例如，中国从夏朝开始的传统社会，虽然各朝几乎都同时采取多种治理方式，如德治、礼治、"法治"等，但没有真正意义的法治。中国传统社会不断改朝换代，而且几乎每一次改朝换代都会引发社会动荡，甚至爆发战争，其重要原因之一就是没有实行真正的法治。

二是公平正义。社会有序和谐、长治久安是好职场构建的最基本要求，公平正义则是好职场构建对社会的第二个层次的要求。这也可以说是对社会公正的要求，其基本内涵是，社会的一切资源分配都要公正合理，对于那些破坏公平合理的违法、违规行为能够给予有效的防范和打击。社会的公平正义需要法律提供基本保障，但更需要政策来落实。在法律的范围内，社会的一切资源和机会都是靠政策来分配的，政策是法律的贯彻和具体体现。政策公平合理，社会的资源和机会分配才会公正，而政策不合理必定会导致社会分配不公。只有社会资源和机会公正才能使每一个职场处在同一起跑线上，各方面都得到社会的公正对待，职场之间的竞争也才会公平合理。

在法治社会，政策做到公平合理的关键是政策合法化，合法化是政策公正合理的前提和保障。政策合法化是指将由政策规划产生的政策方案上升为法律或使其获得合法地位，使之具有社会权威性和约束性的过程。政策合法化是政策制定过程的重要阶段，又是政策执行的前提和基础。一项政策方案只有经过政策合法化过程，才能成为合法有效的政策，也才可以进入政策过程的下一阶段——政策执行。政策执行要以政策具有合法性为前提，具有合法性的政策，才能取得政策对象的认可、接收和遵照执行的效力。因此，政策合法化是政策过程的必经阶段，在整个政策过程中居于重要的地位，对政策过程的具体运行也具有现实意义。从现代决策的角度看，政策合法化是决策民主化、科学化和法制化的具体运用和体现，是一个吸收民众参与决策、加强政治沟通与协调的过程。政策合法化要求坚持由法定的决策主体，依照法定权限和程序进行决策，对决策行为实施法制监督，也要求决策主体择优汰劣，对决策方案不断修改、完善，对不良方案进行过滤、淘汰。政策合法化作为一个民众参与、程序科学和有制度保障的过程，可以避免政策制定过程中的偏私行为和主观随意性。政策合法化与实行法治的本质要求相一致。

三是奖优罚劣。好职场的构建还需要社会有激励职场开拓进取创新的机制，也需要对那些满足现状、不思进取的职场实行有效的鞭策、惩罚机制。人是有惰性的，由人构建的职场也会产生惰性。如果社会没有适当的奖罚机制，大多数职场都有可能缺乏开拓进取创新的动力。在现代竞争激烈的环境中，不优则劣，不进则退，故步自封只有死路一条。一般来说，企业由于自身具有强烈的谋利动力而会持久保持生机活力，而其他许多种类的职场缺乏这种自身固有的激活机制，因此社会更需要对企业之外的职场加大奖优罚劣的力度。例如，各级党政机关、学校等事业单位的好职场建设在很大程度上依靠社会尤其是上级管理部门的奖励措施。社会建立职场奖惩机制就是要激励职场开拓进取创新，使那些勇于并善于开拓进取创新的好职场获得资源性的或精神性的奖励，并获得好的社会声誉。开拓是拓展职场的领域或业务，进取是推进职场的领域或业务，它们是从横向和纵向使职场变得更好的两个维度。创新则是开拓进取的动力和实现路径，无论是开拓还是进取都要由创新来驱动，也都要通过创新来实现。对于那些无意开拓进取创新的职场，社会也要给予必要的惩罚，甚至可以采取更为严厉的措施。这种奖惩不仅可以直接对职场起促进作用，也可以对社会起到示范和警示作用。如此，社会的奖惩机制就可以发挥最大的效益。

社会的奖惩机制由政策、法律、制度等多种措施组成，但要建立奖惩措施，有几点需要注意。一是各种不同奖惩措施要总体目标一致。不同奖惩措施可以从不同层面、不同方面进行奖惩，但都要体现好职场的一般要求，不能有所偏离，使不同奖惩措施汇聚成一种促进全社会的职场都成为好职场的力量。二是各种奖惩措施要常态化，形成社会的常态奖惩机制。奖惩机制只有长期定期地进行才能够对职场和社会起长效作用。如果奖惩机制随心所欲，不断花样翻新，就会增加职场负担，以至于对奖惩机制麻痹、麻木。三是奖惩的主体只能是社会治理机构而不能是社会的其他组织。职场奖惩是社会治理行为，应由社会治理机构负责，将奖惩作为社会进行好职场构建的一种常规措施。社会治理机构可以委托社会组织参与其中的部分工作，但不能允许各种社会组织随意进行各类奖惩，以免干扰职场正常秩序和发展。四是奖惩机制要具有社会舆论的功能，能够产生广泛的社会效应。利用现代传媒对每一次奖惩活动进行充分的报道，一方面，使奖惩活动及其结果对全社会产生影响，从而形成全社会都努力构建好职场的舆论氛围；另一方面，也运用现代媒体对奖惩活动本身进行监督，使之公平公正，防范弄虚作假。

四是排忧解难。对社会构建好职场的最高要求是为好职场构建排忧解难。为好职场构建排忧解难就是社会治理机构要把所辖职场真正当作自己的职场关心、爱护、帮助、支持，为职场发展出主意、想办法、解难题、找出路。如果社会治理机构对所辖所有职场都能够做到这一点，职场就几乎没有可能构建不好。不过，社会在为职场排忧解难方面必须坚持几条基本原则。一是职场主体原则。职场是构建的主体，社会治理机构必须尊重职场的主体地位，不能越俎代庖，不能搞长官意志。二是职场平等原则。社会治理机构必须关心所有所辖职场，对其一视同仁，不能亲疏有别，否则就会引起消极后果。三是治理优先原则。社会治理机构对职场的关心和支持必须建立在依法治理、公平正义、奖优罚劣的前提之下，不能因为对职场关心、支持而放弃依法治理，更不能搞一团和气，丧失基本原则。

第四章　好社会

　　个人的生存发展享受需要虽然主要靠个人的作为才能得到更好的满足，但离不开环境尤其是社会。离开了社会，人不仅不会有好生活，而且会生活不下去。今天，"社会"一词的含义非常广泛，本书所说的"社会"指的是人类基本共同体，即人们生于斯、长于斯并得到基本生活保障和安全保障的共同体。社会既是个人赖以生存的环境和家园，也是个人作为的平台，而且个人生活所需的资源几乎全都来自社会。好社会对个人好生活具有决定性的意义。个人的好生活以好社会为前提条件，而好社会是其所有成员都过上好生活的社会。虽然社会经历了长期的形成和演进过程，越来越繁荣发达，但要使它成为可以让所有社会成员过上好生活的好社会，人类必须不断对它加以构建。

一　好社会的含义和结构

　　人类先后经历了原始人群、氏族部落、传统国家、现代国家几种基本社会形态。这里所说的"基本社会形态"是一种集合概念，每一种基本社会形态又有各不相同的具体形态。就现代国家而言，截至2019年，世界上共有233个国家和地区，其中主权国家有197个（193个联合国成员国、2个联合国观察员国、2个非联合国成员国），地区有36个。如同世界上没有两个完全相同的个人，今天世界上也没有两个完全相同的国家。人类的社会形态不断从低级向高级发展，当代社会与原始社会之间存在天壤之别。现代国家是当代人类普遍的社会形态，但有明显朝世界扩展的态势，也许在不久的将来，世界会成为人类的基本共同体，那将是人类的最后一种基本共同体形态。既然社会的基本形态和具体形态各不相同，而且处于范围从小到大、结构从简单到复杂的进步过程之中，那么，有没有好社会的一般规定性给好社会做出一般性的界定？回答应该是肯定的。不过，不同时代的思想对这个问题有不同的答案，今天仍然有必要以弘扬历史上的好社会思想为基础，根据当今时代条件做出新的回答。

（一）好社会的不同理论方案

社会性是人的本性，人类一诞生就生活在社会中，只是那时的社会形态是原始人群。在经历了氏族部落阶段和早期文明社会之后，进入轴心时代才有思想家构想理想社会。自那时开始，中外思想家提出过种种不同的理想社会方案。比较典型且影响较大的理想社会方案有孔子的大同社会和小康社会、柏拉图的理想国、斯多亚派的世界城邦、启蒙思想家的理性王国、马克思恩格斯的共产主义社会等。历史上思想家构想的理想社会，就是他们心目中的好社会。如果说有什么区别的话，历史上的理想社会方案更具有理想性甚至空想性，其中有些只表达了某种愿望，而我们主要是着眼于好生活讨论好社会，把好社会作为好生活所需要的社会条件或者作为好生活的社会规定性。虽然两者之间存在这种差异，但历史上构想的理想社会方案仍然是今天界定和构想好社会的重要思想理论来源。

1. 孔子的大同社会和小康社会

"大同"和"小康"是孔子提出的两个层次的社会理想。据《礼记·礼运》记载，孔子以助祭者的身份参加过一次蜡祭活动，活动结束后到宫外高台上散步，对鲁国君王失礼大发感叹，于是跟学生言偃谈到大同社会和小康社会。在他看来，大同社会是"大道之行也，天下为公"的社会，即尧舜的时代。孔子感慨那个时代已经被破坏，"天下为公"变成了"天下为家"，于是社会就陷入了混乱，战争也由此产生。在这种情况下，产生了夏商周三代的六位"君子"，即夏禹、商汤、周文王、周武王、周成王、周公旦，孔子认为他们治理的社会就是小康社会。

在孔子看来，大同社会是一种天下为公的社会。这里所说的天下为公，不是实行财产或生产资料公有制，而是把天下传给德才兼备的人而不是自己的儿子，就是说，权力是公有的，而不是王族特有的。而且，德才兼备的人是大家推选的，社会任人唯贤、唯能，而非任人唯亲。在大同社会，人人都能得到社会的关爱，每个人都是社会的一员，衣食有着，地位平等；人人都能安居乐业，男有室，女有家，男女两性各有其位、各得其所；货尽其用、人尽其力，十分珍惜社会财富，憎恶一切浪费现象，爱岗敬业，各尽其能；社会安定和谐，没有犯罪现象。"大同"理想描述了一种人性化、人道化、人情化的理想社会图景，自古至今都令人向往。但这种理想的方案也有很大的局限性。在孔子看来，只要推选贤者能人，特别是推选出英明的君王，就可以实现大同理想。这种构想不仅过于简单，而且显然是一种人治的设计。这种理想社会也许只有建立在血缘关系基础上的氏族部落可以实现，而在突破了血缘关系的国家，人治不仅不能实现这种理想，相反还可能导致许多社会问题。

按孔子的阐述，"小康"的出现背景及其图景是这样的。大道隐退了，大同社会的规矩被破坏了，天下为一家所有，人们各自亲其双亲、爱其子女，出力挣钱只为自己。天子、诸侯的宝座，时兴父传于子，兄传于弟。内城、外城加上护城河，都被当作防御设施。于是，钩心斗角的事就随之发生，兵戎相见的事也因此而起。夏禹、商汤、周文王、周武王、周成王、周公旦，就是在这种情况下出现的佼佼者。这六位君子用礼制来表彰正义、考察诚信、指明过错、效法仁爱、讲究礼让，向百姓展示一切都是有规可循的。如有违反礼制的，当官的要被撤职，民众都把他看作祸害。概言之，小康社会是在大同社会选贤与能的规矩被破坏之后，借助礼制来进行管理的社会。

2. 柏拉图的理想国

柏拉图所说的"国家"并不是现代意义上的国家，而是当时的城邦。柏拉图在他的《国家篇》《政治家篇》《法篇》中对他所希望建立的理想国家做了种种描述，其中既包括终极价值目标、核心价值理念和基本价值原则，也包括很多具体的细节。他的理想国家具有以下三个主要特征。第一，理想国家追求的是整个城邦的最大幸福。他说："在建立我们的城邦时，我们关注的目标并不是个人的幸福，而是作为整体的城邦所可能得到的最大幸福。"[①] 因此，他提出，我们的首要任务是建立一个幸福城邦的模

---

① 〔古希腊〕柏拉图：《国家篇》，《柏拉图全集》第 2 卷，王晓朝译，人民出版社，2003，第 390 页。

型，在这个模型中，不能只考虑某一类人的幸福，而要把城邦作为一个整体来考虑。第二，理想国家具备智慧、勇敢、节制和公正的德性。正确地建立起来的城邦是全善的，而公正既是城邦的总体德性，也是城邦的普遍原则。第三，理想国家的国王应该是"哲学王"。在柏拉图看来，要使国家成为理想的国家，最关键的是国家的建立者和最高统治者具有哲学智慧，他们或者是哲学家，或者是对哲学有研究、有造诣的人，总之是具有哲学智慧的人。在经过政治生活的坎坷之后，柏拉图晚年在《法篇》中又构想了一个"居于第二位的最好体制"或"次好的"政体，即马格尼西亚城邦。对于这个理想国家，柏拉图在继续坚持国家所有制的前提下，放弃了财产公有和公妻制，主张把土地分配给全体公民，由他们各自进行耕种，妇女和儿童也不再被公共拥有。在继续强调国家需要好的统治者和好的法律的同时，柏拉图更加突出了法治的重要性，认为法律必须高于统治者，否则国家就会陷入毁灭。① 他深刻地洞察到法律体现统治者的意志这一法律的本质，但还是强调法律要为社会公众谋福利。他明确说："我们的法律的目标是让我们的人民获得最大的幸福。"②

　　3. 斯多亚派的世界城邦

　　早期斯多亚派明确主张，根据自然法，原有的各城邦国家应结成世界城邦。据普卢塔克（Plutarch，约46~120）记述，斯多亚派创始人芝诺最早提出了这种思想，它可以概括为这样一种理想蓝图："无论是在城邦还是在城镇，我们都生活在相同的法律之下，我们一般地把所有人都看作我们的同胞和公民，大家遵循同一种生活方式和秩序，像在同一牧场中一起放养的一群羊。充满自我幻想的芝诺，美梦般地把这种情形写成了一种市民秩序的图景和一个哲学国家的形象。"③

　　芝诺描绘的这种理想蓝图主要包括两个方面。一方面，它的法律不再是各城邦自己人为约定的、各自实施的法律，而是根据理性的自然法颁布

---

　　① 参见〔古希腊〕柏拉图《法篇》，《柏拉图全集》第3卷，王晓朝译，人民出版社，2003，第636~644页。

　　② 〔古希腊〕柏拉图：《法篇》，《柏拉图全集》第3卷，王晓朝译，人民出版社，2003，第502页。

　　③ Plutarch，*On the Fortune of Alexander*，329A - B.

的公共法，这种法摒弃了原有各城邦各有特权、偏见的法律和习俗，规定了世界公民没有任何种族、等级差别，大家都是平等相处、互爱互助的兄弟。另一方面，世界城邦的成员都是智慧之人、德性之人。在那里，不需要金钱、法庭、寺庙，他们在平等的社会中过着简单的苦行主义生活。公民自觉养成德性，依据自然法践履德行，自觉遵守国家的法律，承担忠于国家的道德责任。所以，那里虽然有统一的法律，但不需要法律统治他们，也不需要宗教指导他们的行为，人们完全根据理性生活。芝诺所描写的理想社会的一些方面是不合情理甚至是反常的。如宣称教育是无用的；把一些侮辱性的语言用到那些没有德性的人身上，称他们相互之间、父母与孩子之间、兄弟之间以及朋友之间是仇敌的关系；禁止城邦建庙宇、法庭和体育场；不能因为交换或出境旅游的需要就使用货币；男人和女人穿同样的衣服，且不让身体任何一部分完全遮掩；等等。[①] 这些想法在当时就受到了来自各方面的批评，今天看来，这些具体的构想不仅是空想，而且具有某种反人类文明的性质。

早期斯多亚派的世界城邦理想为后来的斯多亚派所继承。西塞罗对斯多亚派的这种理想的城邦国家做了这样的描述："斯多葛派所认为的大地上生长的一切都是为了满足人类的需要，而人类是为了人类而出生，为了人们之间能互相有益，由此我们应该遵从自然作为指导者，为公共利益，互相尽义务，给予和得到，或用技艺或用劳动或尽自己的能力使人们相互更紧密地联系起来。"[②]

4. 启蒙思想家的理性王国

西方的 17～19 世纪通常被称为理性主义时代，一大批启蒙思想家高举"自由、平等"的大旗，试图构建一个理想的理性王国。理性王国是启蒙思想家的共同追求，但启蒙思想家包括自由主义和共和主义两大阵营，自由主义者所追求的理性王国最终在西方得以实现。自由主义的理性王国不是某一个思想家的构想，而是一批自由主义思想家共同完成的，其中最著

---

① 参见〔古希腊〕第欧根尼·拉尔修《名哲言行录》（下），马永翔等译，吉林人民出版社，2011，第 349 页。
② 《西塞罗文集·政治学卷》，王焕生译，中央编译出版社，2010，第 332～333 页。

名的有洛克、亚当·斯密、约翰·密尔、康德等。

自由主义思想家之所以要构建一种理想社会，归根到底是市场经济发展的要求。市场经济的兴起使西方人看到市场经济可以带来丰厚的物质财富，但要使市场经济充分发挥其优势，给社会带来更多的财富，首先必须掌握这种经济本身的规律，构建市场经济正常运行的经济模式，同时还必须认识市场经济正常运行所需要的社会条件，构建与市场经济相适应的社会。于是，自由主义思想家们开始探讨市场经济本身的问题，尤其是市场经济发展所需要的社会条件问题，后一个问题也就是如何构建能使市场经济正常运行和快速发展的理想社会。启蒙思想家对近代以前的中世纪社会持否定态度，认为中世纪是愚昧的、等级制的、专制的黑暗社会，对这种社会必须予以否定。

但是，对于取代中世纪社会的新社会应该是什么样的社会，启蒙思想家有种种不同的回答。自由主义者所提出和论证的是诉诸理性建立的以社会契约为前提、以自由至上为根本原则、以利益最大化为终极追求的民主法治社会。其实质是让人们在基于民主的法治保障下自由地追求自身利益最大化。自由主义思想家之所以极力倡扬理性、诉求理性，最初是为了反对中世纪教会实行的蒙昧主义，因为理性可以使人获得知识和真理，而知识和真理能使人心明眼亮。后来，他们还发现诉诸理性可以解决因倡导自由而可能导致的社会秩序混乱问题，因为理性可以使人意识到他人和社会秩序对于人生存和利益的重要性，并且会出于让自己更好生存和获取更大利益的目的而制定和遵守规则（道德的和法律的规范）。后来的社会实践还表明理性能够给科学技术发展提供强大的力量，而科学技术对于生产力和经济发展具有巨大作用。

5. 马克思恩格斯的共产主义社会

马克思恩格斯认为，资产阶级废除了封建专制的"轻视人，蔑视人，使人不成其为人"① 的原则，但建立在私有制基础上的资本主义社会，"就它的无人性和残酷性来说不亚于古代的奴隶制度"。② 正是为了彻底结束具

① 《马克思恩格斯全集》第 1 卷，人民出版社，1956，第 411 页。
② 《马克思恩格斯文集》第 1 卷，人民出版社，2009，第 58 页。

有无人性和残酷性特征的资本主义社会，解放全人类，马克思恩格斯提出建立一种代替资本主义社会的共产主义社会。这种理想社会有三个方面的重要规定性。

第一，它是消灭了阶级的自由人联合体，每个人在其中都能获得全面而自由的发展。在马克思恩格斯看来，没有了阶级和阶级对立的社会，所有的人都是自由的，每个人的自由发展以其他所有人的自由发展为条件，因而社会成员是普遍自由的，而社会则是一种"以每一个个人的全面而自由的发展为基本原则"① 的自由人联合体。"代替那存在着阶级和阶级对立的资产阶级旧社会的，将是这样一个联合体，在那里，每个人的自由发展是一切人的自由发展的条件。"②

第二，它是物质文明高度发达的社会，社会成员过上了充裕的物质生活，实行按需分配。马克思恩格斯充分肯定资本主义生产对人类的贡献，并认为共产主义必须以资本主义生产创造的物质条件为基本前提，只有具备了这样的前提，才能建设以每一个个人的全面而自由的发展为基本原则的共产主义社会。共产主义有一个从低级阶段到高级阶段的发展过程。到了共产主义的高级阶段，社会分工消失，人们自觉地将劳动作为生活的第一需要，尽其所能地为社会做贡献，社会因而生产力高度发达，物质生活富足充裕。在这样的社会条件下，可以按照人们的需要进行劳动产品的分配。

第三，共产主义社会是以公有制为基础的有计划的产品经济社会，以谋求剩余价值为目的的商品经济不复存在。马克思恩格斯认为，共产主义社会不仅消灭了资本主义私有制，而且消灭了一切私有制，生产资料由社会占有。在他们看来，一旦社会占有了生产资料，商品生产就将消失，而产品对生产者的统治也将随之消除。社会生产内部的无政府状态将被有计划的自觉的组织所代替。在共产主义初级阶段，社会生活的各个方面都带有旧社会的痕迹和弊病，这些旧的痕迹和弊病，需要一个过程才能消灭。比如，在此阶段还不能实行按需分配，而只能实行按劳分配，于是就会出

---

① 《马克思恩格斯文集》第 5 卷，人民出版社，2009，第 683 页。
② 《马克思恩格斯文集》第 2 卷，人民出版社，2009，第 53 页。

现某一个人事实上所得到的比另一个人多，也就比另一个人富裕之类的情况。

以上几种社会理想有一些共识，但存在的分歧也较大。其共识主要有：第一，好社会的目标是其成员个体都发展得好；第二，好社会的成员能够得到基本生活保障；第三，好社会得到了有效的治理，因而远离战争、安全和平、和谐有序。但所有这些共识一旦具体化，分歧就显现出来。

首先，各种方案都主张个体发展得好，但对"好"意味着什么存在分歧。按孔子的想法，发展得好就是人达到了理想人格，起码是成为君子，最好是成为圣人。启蒙思想家认为发展得好就是人不受外在力量的控制，拥有充分的自由，可以自由地追求更多的利益。马克思恩格斯则强调发展得好就是人得到全面而自由的发展，这种主张吸取了前两种观点的长处，具有综合性。

其次，各种方案都肯定社会成员的物质生活应该得到保障，但存在共同富裕与两极分化的分歧。孔子的大同社会、柏拉图的理想国、马克思恩格斯的共产主义社会都是实行生产资料甚至财产公有制的，人与人之间在社会财富的所得和占有方面虽然允许一定程度的差异，但大体上是平等的。启蒙思想家的理性王国则是建立在私有制、市场经济基础之上的，不仅肯定、保护贫富两极分化，甚至还加以鼓励。

最后，各种方案都主张社会需要治理，但治理的主体不同，掌握治理权力的主体也不同。孔子和柏拉图主张精英治理，社会由最英明的人（圣人或哲学家）担任君主，启蒙思想家的理性王国则由公民自主治理，从事社会管理的人都是受托人，而并不是真正意义上的主人。在孔子看来，圣王拥有最高的治理权力，由于圣王德高望重，社会无须对他们进行制约，他们可以凭借体现为礼制或法律的道德治理社会。而柏拉图、斯多亚派、启蒙思想家一般都主张法律在政治权力之上，法律才是真正的国王，而且法律之外无须道德规范。

（二）好社会的一般含义

以上简要介绍的五种理想社会方案具有典型性和代表性。前两种方案是古代中西方影响最大的方案，后两种是近代形成的对现代世界产生了巨大影响的方案，斯多亚派的世界城邦则预示了人类发展的未来。孔子的大同社会是对处于原始社会末期的尧舜时代的一种想象性描述，并不是一种系统的理想社会理论方案，在文明社会从未实现过。他的小康社会在新中国成立以前的 2000 多年里一直是民众的梦想。新中国成立后，经过全国人民 70 多年的共同奋斗，这一理想社会在现代意义上基本得到了实现。柏拉图的理想国也好，马格尼西亚也好，在西方从未实现过，但对西方后来的社会构建产生了深远影响。启蒙思想家的理性王国经过新自由主义者的修正在第二次世界大战后的西方世界变成了现实，而马克思恩格斯的共产主义社会在以中国为代表的社会主义国家正在建设之中。由此看来，历史上思想家的好社会方案都不同程度地为不同社会形态的构建提供了依据，而且现代社会呈现出明显的社会构建越来越依赖思想家的理想社会方案的态势。今天世界上以国家为基本共同体的社会几乎都是根据思想家提供的理想社会方案构建的，这充分表明要构建一个好社会就必须有好社会的思想理论。

从人类谋求生存得更好的本性看，结合对人类文明史的社会实践考察，我们可以在吸收上述理想社会方案中合理内容的基础上对好社会做一个一般性的界定。所谓好社会，就是人民是拥有主权的社会的主人，法律体现人民的意志且具有最高权威，人民代表制定法律并依法进行社会治理，社会成员普遍过上好生活的德化社会。这一界定包含好社会的五项基本规定性，这些规定性是构建好社会的基本任务，也是衡量一个社会好不好的基本标准，适用于评价各种基本社会形态和任何一种具体的社会。

1. 好社会是一种人性化、人道化、人情化的道德社会

好社会是道德社会，这是好社会总体性的标志，也是最早构想理想社会的思想家的共同追求。孔子的大同社会就是一种由圣王构建和治理的社会，圣王是中国传统文化所推崇的内圣外王的化身。圣王作为圣人具有高尚的道德人格和非凡的智慧，作为君王则能够实行德政或仁政，"明明德于天下"。柏拉图主张的理想国由哲学王统治，而哲学王作为智慧之人具有最高的德性，也能够运用智慧使社会成为所有成员有其相应德性的公正社会。按照古典思想家的构想，社会之所以必须是道德的或善的，是因为

道德或善是宇宙万物的共同本质，社会作为宇宙的一个特殊部分，更应该实现和体现宇宙万物的道德的或善的共同本质，以彰显人在宇宙中的高贵地位。因此，好社会应当是与宇宙统一的，应当弘扬宇宙的共同本质。人作为宇宙进化的最高层次，可以高于万物，但不能丢失宇宙的共同本质，否则人类就会与宇宙万物相对立，成为反宇宙万物的叛逆者，也就再也不能生存在宇宙之中了。

人与其他宇宙万物不同，人由于进化到了最高阶段而不再顺任自然，能够自觉地改进自身从而在适应自然的同时超越自然。其主要体现就是使人类自身人性化、人道化和人情化。人性化就是使人人性的潜能充分地开发出来并付诸实践，使人性得到自我实现，从而使人过上好生活。人性的潜能是自宇宙开始演化、生物开始进化以来逐渐积淀下来的最有利于人生存的那些基因，因而本身就是道德的或善的潜能。在充分实现人性的过程中，道德的或善的潜能也可以得到实现。人性化是每个人在具有主体性后都可以自己通过修身加以实现的。但是，至少在三种情况下人不能自主地追求人性化：一是人未成年；二是人生活不能自理；三是人患重病或重大伤残。在这些时候，他们的好生活甚至平常的生活就需要具有主体性的人帮助。如果所有具有主体性的人都自觉地承担起养护这些特殊人群，使他们过上尽可能好的生活的责任，这就是社会的人道化。人类之所以是群体动物，而且其群体获得了一种特殊的形式即社会，就是因为人类在进化的过程中获得了情感潜能。这些情感潜能原本隐藏在人性之中，需要开发才能成为现实的情感。人的情感潜能可以通过培育升华为爱亲人、同胞以至万物的善良情感，但也可以压抑它或者使它变异为诸如仇恨、残忍、冷酷等邪恶情感。如果这样，社会就会像丛林一样，人对人是狼。人情化就是要使人培育出爱他人、同胞、万物的善良情感，从而避免人间变成丛林，使人间变成充满温情和仁爱的家园。显然，人性化也好，人道化、人情化也好，都是道德的体现，都源于宇宙万物的道德和善。社会变得人性化、人道化和人情化，就会成为人间天堂，就会更有利于人类生存发展享受。

总之，社会之所以必须是人性化的，是因为人生存的目的和价值就是实现人性；社会之所以必须是人道化的，是因为社会中存在大量弱者，而且我们每个人随时都有可能成为弱者；社会之所以必须是人情化的，是因为人是情感动物，让情感正面释放出来会使人类生活更加融洽美好。

2. 人民是拥有主权的社会的主人，社会由人民共建共治共享

社会是全体社会成员的社会，而不是统治者的社会，人民拥有社会的主权即最高权力，是社会的主人，具有至高无上的地位。几千年的人类文明史充分证明，没有任何一个少数统治者统治多数人的社会是好社会，当然多数人统治少数人的社会（历史上偶尔出现过这样的社会）也不是好社会。纵观整个人类历史，少数人作为社会主人的社会只有几千年的时间，而绝大部分时间（包括原始人群阶段、氏族部落阶段）都是多数社会成员作为主人的社会。少数人统治多数人的出现有其历史必然性，也可以说是人类从分散群体逐渐走向国家、走向世界不得不付出的代价。但是，既然历史已经证明少数人作为社会主体、主人的社会只会给人类带来灾难，那么在全体社会成员有可能成为社会主体、主人的现代社会，这种可能性变为现实就是历史的必然，具有充足的合理理由。全体社会成员用中国的语言加以表达就是人民。不过，今天的社会成员已经不只是指社会中的个人，还包括日益增多的组织群体，如家庭、企业、事业单位、社会组织、社会团体等。好社会所指的社会，就是由社会中具有主体、主人地位的所有个人和所有组织群体构成的共同体，这就是人民。好社会就是人民至上的社会，人民当家作主并对社会负责。

人民当家作主不是名义上的，而是实实在在的，具体体现为人民共同构建、共同治理、共同享有社会。共同构建社会既指某一社会是由全体人民共同建立的，如中华人民共和国就是由全体中国人民建立的社会，也指某一社会建立后持续地由全体人民建设，使社会更有利于全体人民生存发展享受。任何社会要有序和谐，要能够有效地实现让全体人民更好地生活，就必须由全体人民共同治理。共同治理社会指的就是社会必须由全体人民治理，全体人民而非其中的一部分是社会的治理者，拥有社会最高的治理权。社会治理的方式可以有所不同，但全体人民拥有最高治理权是不可动摇的。既然社会是人民共建、共治的，那么社会也就应该由人民共享。共享的对象十分广泛，包括人民赖以生存的地理环境及相关的一切资源、现存社会本身及相关的一切资源（如历史文化资源等），以及全体人民建设所取得的属于社会的那些成果。共享的对象就是社会的公共资源

（公共善）。当然，共享的方式和共享的程度可以有所不同，而对这种不同全体人民必须达成共识。

3. 体现人民意志的法律在社会中具有最高权威

在人类历史上有两种基本治理方式，即人治和法治。现代社会以前的全部社会都是人治的，原始人群、氏族部落、传统国家都实行人治。传统国家虽然也有法治，但法治从属于人治，实际上不过是统治者用法律治理社会，统治者拥有社会的最高权力。在原始社会实行人治是有效的，因为原始社会是以血缘为纽带的群体，长者的威信和血缘亲情足以使社会有序和谐，一般不会出现社会内部的压迫剥削问题。但是，人类的文明社会是通过一个部落战胜其他部落建立起来的，于是社会就形成了统治者和被统治者，他们之间没有血缘亲情关系，而且被统治者还会反抗，再加上社会变得日益复杂，人们的一些行为可能会严重破坏社会秩序。在这种情况下，统治者仅靠个人的威信不能维护社会秩序，于是就制定或利用一些社会规范（主要是道德和法律）来治理社会。道德规范通常是原有的，可以利用和改造，而法律规范则是由统治者制定的。历史事实证明，这种借助法治来实行人治的治理方式几乎都是不成功的，世界上的传统国家几乎始终处于战乱或内斗之中。非常推崇人治（哲学王之治）的柏拉图后来也意识到，即使由哲学王治理社会也必须将法律置于国王之上。然而，他的这种洞见一直到近代才被西方启蒙思想家所重视，并为西方政治家所实践。西方社会最终确立了法律在社会中最高权威的地位。

无论从理论上看，还是从实践上看，社会要和谐有序和长治久安，必须将法律作为社会的最高权威，用法律规范全体社会成员的社会行为，维护社会的基本秩序，保护社会成员的权利和资源，防止社会治理者以权谋私。法律要成为社会的最高权威并实现其功能，其本身必须是善法。善法有三个基本要求，即必须以正确的价值观为依据，必须体现全体人民的共同意志，必须由法律专家（立法家）制定。而体现全体人民的意志是法律的本性或本然本质，全体人民必须通过法律来体现自己的意志，这样才能真正做社会的主人，才能行使治理社会的权力。在社会中，法律至上就是人民至上，如果好社会是人民至上的，人民是最高权威，那么它就必须是法律至上的，法律就是最高权威。

4. 人民代表代表人民制定法律并进行社会治理，拥有法律赋予的治权

全体人民是社会的主人，是社会真正的治理者和最高权威，但并非全体人民都直接进行法律制定和社会治理。在社会范围日益扩大的现代和未来，不可能做到这一点，而且这样做的结果也必定不好。全体社会成员直接参与立法和治理有几大问题。一是成本高。一个社会的全体成员都去制定法律和治理社会，会花费很大的人力物力，导致严重的社会资源浪费。二是效率低。制定法律与做出决策的效率与参与人数负相关，参与的人数越多，组织难度就越大，意见分歧就越多，形成共识的时间就越长。三是法律失效。如果全体人民直接参与治理，每项决策都由全体人民做出，法律就会形同虚设，人们就不会顾及法律。而没有法律，即使是全体人民参与决策，决策也常常会出错。雅典判处苏格拉底死刑就是典型。没有法律或有法不依，社会成员的生命、财富和安全就不可能得到有效保障。

历史事实证明，由人民的代表来代表人民制定法律和治理社会，将主权与治权适当分开，由主权通过法律控制治权，是实现人民至上、人民当家作主的最佳方式，甚至可以说是唯一方式。至少到目前为止，人类还没有找到其他更好的方式。人民代表一般是全体人民选择的（并不一定是票选，也可能是推选等其他方式），所选择的代表大多是精英。因此，人民代表治理实际上就是精英治理，一般不会出现柏拉图和亚里士多德所担忧的民粹主义问题。人民代表就是人民选举出来的社会治理者，只不过社会治理不是人民代表个人的治理，而是立法、司法、行政机关进行的治理。但是，社会治理机关是由个人组成的，选择什么样的人作为人民代表是事关社会长治久安和人民生活幸福的重要问题。从现代社会治理的实践看，如何选好人民代表是最大的难题，还需要进行艰苦的探索。

从广义上看，立法也属于社会治理的范畴，社会治理就是一个从立法到执法的过程，这个过程就是通常所说的法治。法治是社会治理的根本要求，但并不是社会治理的全部。社会治理的任务很多，主要有三个基本方面：一是维护社会正常秩序；二是增进社会福利；三是公正分配公共福利。法治所要求的是完成这三个方面任务都必须依法进行，但法治并不等于社会治理，在依法的前提下社会治理者还有很大的作为空间。社会治理要有法可依就需要立法，而法律制定后要得以实施就需要司法，完成以上

三方面的社会治理任务就需要行政。因此，社会治理者既包括立法机关、司法机关，也包括行政机关。它们各司其职，又相互支撑、相互制约，在实行法治的过程中推进全体社会成员过上好生活。

5. 追求全体成员都过上好生活

人们组成社会的目的是让自己过上好生活。从人类历史看，漫长的原始社会可以说是追求其成员都过上好生活，尽管很长时间并不是有目的地这样做的，但客观上是如此。进入文明社会后的相当长一段时间，由于社会是统治者的社会，社会追求的是让统治者过上好生活。近代以来，这种情况开始改变，然而直到今天并非世界上所有国家都追求全体社会成员过上好生活。

事实表明，社会可以追求一部分人过上好生活，也可以追求全体社会成员过上好生活。追求全体社会成员过上好生活的社会才是好社会，而追求部分成员过上好生活的社会不是好社会，甚至是坏社会。因为从社会的本性来看，社会原本应是全体社会成员所为的，是属于全体社会成员的，也是为了全体社会成员而存在的。传统社会统治者利用手中的强力攫取了治理社会的权力，使原本为"公天下"的社会转变成为"家天下"的社会，使社会本性发生了异化。近代以来的现代化、民主化运动，使社会异化逐渐得到纠正，社会也从少数人治理的社会转向全体人民治理的社会。这一转向也许只有等到整个人类成为一个基本共同体才能完成，但趋势已经很明显，并越来越得到世界人民的普遍认同。

前文说过，好生活意味着人的生存发展享受需要不断得到好的满足，也就是人性得到充分实现，用马斯洛的话说就是人的自我实现。好社会之"好"就在于能够使全体人民都得到自我实现。人的生命是一个生长、成熟、衰老、死亡的过程，任何一个人都不可能单靠自己充分实现自己的人性，进入文明社会后即使加上家庭也不能做好这一点，必须依靠社会。尤其是在现代社会，人的生长需要教育，人成熟后需要社会提供作为的环境和平台，人衰老以及发生重大不幸时需要社会提供生活保障。所有这一切涉及的是人生存发展享受需要满足的机会和条件。好社会并不是给所有社会成员提供相同的机会和条件，而是根据他们为社会做出的贡献和社会的承受能力对机会和条件进行公平合理分配，使每一个社会成员得其所应得。好社会不是机会和条件完全平等的社会，而是有差异平等的社会，即公正的社会。只有在机会和条件方面做到有差异的平等，社会才不会成为平均主义的"大锅饭"社会，才会始终保持生机和活力。但是，好社会必须坚守一条底线，即给社会的最弱者提供可靠的社会保障，使其生存所需要的社会物资和条件得到满足。如此，社会才会成为人性化、人道化、人情化的德化社会。

（三）好社会的结构

社会是一种结构极其复杂的系统。社会学认为，社会结构是指社会诸要素稳定的关系及构成方式，社会是按照一定的秩序所构成的相对稳定的网络。社会学把社会结构划分为九种子结构：种群数量结构、家庭结构、组织结构、分工结构、收入结构、消费结构、城乡结构、区域结构、阶层结构。显然，上述每一种子结构都是一种子系统，自身又有复杂的结构。社会学关于社会结构的观点是对社会现象的一种描述性概括。马克思则从哲学的角度把社会看作以生产方式为基础的各种社会因素相互制约、有机联系所构成的整体，包括经济基础、上层建筑和意识形态三个基本层次。从本体论的角度看，自古以来存在的人类社会是相对于天体系统和生态系统而言的社会系统，是"给人们提供基本生存保障（包括衣、食、住、行、安全等）的共同体"[1]，即基本共同体。作为人类基本共同体的社会，在深层次上是由治理结构主导，以经济结构为主体，以文化结构为依据的总体结构体系。我们从价值论的角度分析好社会的结构，可以依据这种本体论的结论进行。

治理结构是对整个社会的构建和运行起调控作用的调控系统，它对社会终极目标及目标系统的确立和实现、经济结构和文化结构的选择和构建、整个社会结构的构建和运行及其功能的发挥都起着关键性的作用，直接关系到一个社会的好坏兴衰。没有好的治理结构，一个社会就不可能有好的其他结构和总体结构，也就不会成为好社会。人类进入文明社会之后，才有社会治理，但传统社会国家与社会不分，社会治理就是国家治

---

① 江畅：《论价值观与价值文化》，科学出版社，2014，第15页。

理，国家运用政治来治理社会，社会治理也就成了政治治理。虽然人类已经从传统社会迈向了现代社会，但运用政治治理国家，用国家治理社会的社会治理格局并没有改变。

政治治理所凭借的力量是政治权力。政治权力来自哪里？传统社会政治权力来自国家的暴力机器（军队、警察、法庭、监狱等）的强力，谁掌握了国家的暴力机器谁就掌握了政治权力。现代西方自由主义强调权力来自订立社会契约的社会成员，社会成员将自己的一部分权力转让给国家或政府，于是国家就有了政治权力，因此这种权力被称为公权力。但是，从近代以来西方国家的实际看，政治权力仍然来自国家的暴力机器，只不过传统社会主要是凭借武力夺得国家的暴力机器或自行建立国家的暴力机器，而现代国家主要是凭借经济实力通过竞选的方式合法地掌握国家的暴力机器。由于政治治理是运用政治权力进行治理，政治治理结构实质上是一种权力结构。从这种意义上看，好社会的治理结构就是好社会所需要的权力结构。

进入文明社会以来，社会的权力结构发生了从传统的专制政治向现代的民主政治的转变。在传统社会，君王是国家和社会的主人，君王掌握着政治权力，是国家最高的政治统治者，而且君王既是立法者，也是执法者和司法者。西方经过漫长的现代化运动，传统的专制政治及其权力结构被打破，许多国家开始实行民主政治，政治权力也由君王一统转变成立法权、执法权和司法权的"三权分立"。几百年的实践证明，相对于传统社会以专制政治为基础的君王一统权力结构，现代社会以民主政治为基础的三权分立权力结构是一个巨大的历史进步。但是，从西方近代以来的实践看，这种社会治理结构仍然存在致命性的问题。其一，国家及其治理结构代替了社会及其治理结构，特别是实行国家干预主义之后这一问题更为突出，治理社会的权力仍然是以国家的暴力机器为后盾的政治权力。其二，国家治理者不是真正的人民代表，而是政党的代表，所代表的是支持政党的利益集团的利益。其三，掌握政治权力的人掌握着国家的暴力机器，他们可以不受社会成员制约甚至不受法律制约，凭借国家的暴力机器使用政治权力。例如，美国国家治理者为了利益集团的利益可以随意发动对外的侵略战争。因此，西方现代的社会治理结构虽然相对于传统社会治理结构是一种好结构，但并不是真正的好结构，需要被超越。

总结人类社会治理的经验教训，着眼于全体社会成员普遍过上好生活，好社会的治理结构应达到以下五个基本要求。其一，全体人民是社会的真正主人，在社会中拥有至高无上的地位，社会治理权掌握在全体人民手中。其二，人民选择社会精英代表自己进行社会治理，由他们组成社会治理机关实行权力分立和相互制衡，其根本使命是使全体人民过上更加美好的生活。其三，由社会精英组成一种汇集全体人民的意志、为全体人民谋幸福的社会领导组织，它对社会治理乃至整个社会起领导作用，主要为社会提供思想指导、法律依据和发展规划。其四，法律在社会中具有至高无上的权威，一切治理权力置于法律之下，社会治理机关和社会领导组织在法律范围内活动。其五，法律充分体现全体人民的意志，其权威来自全体人民，军队、警察、法庭、监狱等不再是权力的来源和凭借，而是保护社会秩序和实行法治的必要手段。这种好的治理结构不仅适用于今天的国家，也适用于未来的人类基本共同体，即世界。

从经济学的角度看，现代社会的经济结构是由许多经济结构构成的多层次、多因素的复合体。经济结构的种类和层次繁多，不可胜数，如所有制结构、产业结构、分配结构、交换结构、消费结构、技术结构、劳动力结构、地区结构、部门结构、组织结构、产品结构、人员结构、就业结构、投资结构、能源结构、材料结构等。从价值论的角度看，社会的经济结构主要是指为满足全体社会成员生存发展享受需要提供物质和精神产品与服务的生产、交换、分配、消费的结构。经济结构是社会结构的基础结构，也是社会的主体部分，直接关系到人的生存、发展和享受，而且为社会其他的结构要素提供必不可少的物质和文化条件。

人类社会的经济结构有一个从简单到复杂的发展过程。在原始社会，人类的经济结构非常简单，就是生产和消费。在进入文明社会前后，人类发生了三次社会大分工。自畜牧业从农业分离开始，人类的经济结构出现了交换环节，而商业的出现使交换成为经济结构不可或缺的一环。商业出现的同时，氏族也逐渐发展成为其高级形态——部落。随着部落的出现，生产和交换变得复杂，分配也日益成为社会经济结构的一个环节。到原始社会末期，人类经济结构的四个基本要素即生产、交换、分配、消费已经齐备。在传统国家，由于社会范围的扩大，统治者与被统治者、体力劳动与脑力劳动、城市和乡村的分离，社会分工变得更为复杂，社会经济结构及其要素也越来越复杂。由于商品经济在传统社会的自然经济中发挥着不可或缺的润滑剂、催化剂和动力作用，商品经济的谋利特性开始使商品生产者和经营者着眼于利益而不是消费来进行生产和交换。

市场经济的兴起和发展，使交换的范围不断扩大，不仅遍及本国，而且走向了世界，同时使社会经济结构的四大基本要素的独立性大大增强，四大要素本身以及整个社会的经济变得越来越复杂。经济结构的这种变化带来了社会经济的极快发展，但也导致生产者和经营者更加明确地为了谋利而进行生产和交换，他们生产和经营的目的不再是消费，而是谋求更多的利益。这给社会经济乃至整个社会生活带来了许多负面影响，如唯利是图、消费主义、环境破坏等。事实表明，市场经济条件下的经济结构虽然能够使社会的产品和服务快速增长，但由于给人类带来了严重的生存危机，并不是好社会所需要的经济结构。

从人类好生活的需求看，我们大致上可以确立好社会的经济结构构建和运行应遵循的几条基本原则。第一，经济结构的功能目标是更好地满足社会成员生存发展享受的需要，而不是其他。这是一条根本原则，任何时候都不能改变。市场经济的问题就在于把赚钱变成了目的。第二，经济结构所满足的不是社会成员的奢侈欲望，而是基本需要，主要是生理需要。市场经济发展的事实表明，人的生理需要最容易膨胀，而且可以没有限度地膨胀。经济结构不能不断地刺激和开发生理需要，否则就会助长消费主义之风，造成对整个经济社会发展的损害。第三，根据社会成员生存发展享受需要的满足这一消费目标来组织社会的生产、交换、分配和消费。将消费完全定位于全体社会成员的生存发展享受需要的满足，不另外增加少数富有者过度奢侈欲望的满足。满足生存发展享受需要的产品和服务可以存在层次的差别，其最高层次不能达到奢侈的程度。经济结构运行要着眼于消费，但要禁止通过刺激消费来拉动经济的发展。

文化是一种极其复杂的社会现象，它与文明交织在一起。一般来说，文化是文明的实质内涵，而文明是文化的外显形态。人们通常将文化划分为物态文化、制度文化、行为文化和心态文化四个从外到内的层次，这样理解的文化大致上与文明同义。在文化的四个层次中，心态文化是文化的深层结构和核心部分，它包括社会心理和社会意识形态。作为社会结构的一个层次，文化结构主要是指社会意识形态，即思想观念文化。意识形态的基础是哲学、人文学科、社会科学、数学、自然科学、技术科学、工程技术等学科形态，其内容主要是艺术、宗教、礼仪、道德、法律等精神和规范形态，而贯穿其中的是社会奉行的思想观念体系①特别是其价值观，这是意识形态的核心内容。因此，社会文化结构的核心内容和实质内涵是得到社会公认的思想观念体系特别是其价值观。社会的思想观念体系特别是其价值观是文化的灵魂和内核，它渗透到整个社会结构之中，决定着治理结构和经济结构的性质。好社会的文化结构主要指社会具有正确的思想理论体系特别是其价值观，其结构合理稳定。

从人类历史看，文化结构在整个社会结构中出现得最晚。图腾算得上人类最早的文化形式。它产生于旧石器时代中期，距今大约12万年，这时正是人类社会从原始人群过渡到氏族公社的时期。图腾出现时，人类社会应已有原始的治理结构和经济结构。到旧石器时代晚期，图腾几乎成为原始人类主要的文化体系。图腾不只是人类社会最早的民族标志，而且是人类最古老的禁忌系统，也是人类诸多仪式和艺术的原型。进入文明社会后，作为社会意识形态主要内容的艺术、宗教、礼仪、道德、法律等精神和规范形态已经齐备，而且它们都包含和体现了统治者的价值观。社会统治者开始运用意识形态为自己统治的合理性做论证和辩护，并用意识形态教化统治阶层和百姓。这是意识形态发展的第一次重大历史跨越，它从自发的形态转变成为自觉的形态。

到了轴心时代，开始有思想家著书立说，直接提出作为意识形态核心内容和实质内涵的思想理论体系，同时出现了意识形态的学科形态，如哲学、数学、人文科学、自然科学等。于是，意识形态发展又发生了第二次重大历史跨越，它从观念的形态转变成为理论的形态。经过2000多年的发

---

① 思想观念体系可以是理论形态的，也可以是非理论形态的，在轴心时代前都是非理论形态的，轴心时代之后大多是理论形态的。理论形态的思想观念体系也可称为思想理论体系。

展，到了当代，社会意识形态从结构上看已经基本完善，包括作为其基础的学科形态、作为其内容的精神和规范形态，以及作为其实质内涵的思想理论体系。而且，意识形态对于社会总体结构及其治理结构和经济结构的规导作用不断增强，如果意识形态出现问题，整个社会结构乃至整个社会就无法正常运行。

但是，当代人类意识形态及其规导作用仍然存在诸多问题，要使之成为好社会应有的文化结构，必须着力解决以下问题。

首先，社会主导思想理论及其价值观多元化的问题。在现代社会，思想理论是社会的指导思想和理论依据，对社会系统的构建和运行具有规导作用，而价值观是整个社会文化和社会体系的灵魂和核心。思想理论体系和价值观好不好从根本上决定着社会好不好。然而，无论从历史上看，还是从当代现实看，思想理论体系及其价值观都存在两个突出问题。

一是世界各国的社会思想理论体系存在根本对立的情况。世界各国有不同的文化传统和特殊国情，其思想理论体系会有差异，但它们不应该是根本对立的。当代世界存在个体主义和整体主义两种根本对立的思想理论体系。此外还存在其他的思想理论体系，如宗教思想理论体系。它们可能都是不正确的，但不可能都是正确的。这个问题不解决，世界各国的社会就不可能成为好社会。

二是世界上大多数国家都存在价值多元的现象。价值多元实际上就是价值观多元，这种现象在今天普遍存在，还有许多人为之欢呼并提供论证，实际上这是一种不正常的现象。价值观多元不是价值观多样，前者是指根本不同的价值观，如社会主义核心价值观与基督教价值观；后者是指同一种价值观在不同主体那里有不同体现，如天主教价值观与东正教价值观。思想理论体系和价值观多元对立普遍存在说明，人类还没有确立得到普遍认同的思想理论体系和价值观。要在世界上普遍构建好社会，确立得到普遍认同的思想理论体系和价值观是基本前提。

其次，意识形态与学科形态关系不顺的问题。社会的意识形态，就其思想理论体系而言，其基础是各学科形态尤其是哲学、人文科学和社会科学。意识形态源自学科形态，它确立之后又对学科形态起规导作用，使学科形态为好社会构建做贡献；与此同时，意识形态本身则要不断从各学科的研究成果之中吸取新养分，以始终保持生机和活力。如此，意识形态与学科形态就会形成良性互动的关系，意识形态作为文化结构就会对整个社会结构尤其是治理结构和经济结构发挥积极的规导作用。

然而，自轴心时代以来，普遍存在的情况是用意识形态扼制学科形态发展甚至对之加以绞杀。中国历史上的"焚书坑儒""罢黜百家，独尊儒术""文字狱"，西方中世纪的宗教裁判所和十字军东征，都是典型。近代以来，历史上的那些极端情况少了，但意识形态对学科形态隐性的或变相的扼制仍然普遍存在。

今天，意识形态与学科形态之间的关系仍然普遍存在两个比较突出的问题。一是思想自由问题。学科形态存在和发展的生命在于思想自由。如果思想被禁锢了，就不会有学科知识的创新。二是意识形态固化问题。意识形态本应是不断吸取学科知识的营养从而与时俱进的，但实际情况是，意识形态为了维护自己的统治地位和尊严，不愿意从新知识中吸取营养，意识形态因而僵化保守，成为社会进步的障碍。"地心说"统治西方长达1300多年就是一个典型。事实表明，意识形态与学科形态的关系不理顺，意识形态就会丧失生命力，学科形态也不能获得正常发展。

最后，意识形态丧失批判性和创新性而沦为为现实论证和辩护的工具的问题。治理结构、经济结构、文化结构是具有各自相对独立性的社会结构层次，它们彼此之间既有一致性、贯通性，又存在一定的张力关系。文化结构是整个社会结构构建和运行的依据，肩负着对治理结构和经济结构进行指导和规范的使命。因此，文化结构在任何时候都要一方面通过与学科形态的直接关联不断吸取新观点、新思想以更新自身的内容；另一方面又用新观点、新思想不断反思、检讨、批判治理结构和经济结构乃至整个社会结构，使之始终充满生机活力。然而，历史和现实中各种意识形态都不注重吸取学科形态新观点、新思想，因而逐渐僵化保守，缺乏创造性和自我更新能力，同时也因此丧失应有的对社会结构乃至整个社会生活批判的功能。意识形态没有发挥社会观念更新的先行者和推动者的应有作用，而是采取各种措施为社会现实尤其是现行的社会治理体制进行论证、宣传和辩护，甚至沦为政治独裁者、野心家、暴君的鼓吹者、粉饰者。第二次世界大战期间，纳粹德国的意识形态就成为纳粹德国反人类暴行的宣传机器。许多历史事实表明，意识形态一旦沦为统治者的工具，就会丧失其批判性和创新性，也就不能发挥好其应有的功能，文化结构乃至整个社会结构就不能成为好社会所需要的结构。

（四）好社会的可持续性

真正的好社会是可持续的，也可以说，可持续性是好社会的基本规定性之一。从人类历史看，到目前为止，尚未见有任何一种基本社会形态长期存在，更不用说具体社会形态。

就基本社会形态而言，原始人群存在的时间最长，如果说人类存在了300万年，原始人群则存在了约290万年。但是，原始人群是人类最简单的社会形态，根本谈不上好，生活于其中的人极其艰苦而又时时面对着危机。然后是氏族公社，它存在了约10万年，这时人类开始定居并能够通过种植和养殖使自己的食物有初步的保障。氏族公社比原始人群进步得多，但其社会形态仍然是原始的，人类的生活仍然没有足够的保障。接下来的父系氏族（部落）与母系氏族没有什么实质性的差别，但社会范围有了扩大、实力有了增强，而且在经历了三次社会大分工后，生产力发展较快，人的生活开始多样化并有了贫富的差异。部落社会只延续了3000年左右，而后人类就进入了文明社会。

就文明社会的具体社会形态而言，存在时间最长的要数日本的菊花王朝，从公元前660年建立一直到今天，即使只算到明治维新，也长达2500多年。其次也许要数罗马帝国，长达1480年（公元前27～公元1453）。中国存在时间最长的是周朝，长达790年，包括社会已分崩离析的东周（长达514年）。现代国家最长的不到400年（以英国资产阶级革命爆发为标志），我们尚不能预测有没有国家可能长期存在下去。显然，人类历史上未发现有在进入文明社会时就建立并一直延续到今天的具体社会形态。

无论基本社会形态的更替还是具体社会形态的更替，通常都是血与火的过程，许多个人在这个过程中牺牲了自己的生命。文明社会基本社会形态的更替更是一个十分艰难的过程。无论是中国还是西方，进入文明社会之前都经历了长达一两千年的部落战争；从传统国家转向现代国家，已经经历了600多年，而且还会持续下去，也许需要1000多年，其过程充满了血腥。我们不能因历史上的具体社会形态都不能江山永驻就推出它们不好，但真正的好社会应该是长治久安的。如果一个社会号称是好社会，但很快就自行灭亡了，那它肯定不是真正的好社会。今天我们总结人类历史的经验教训，可以得出这样的结论，人类不仅要追求好社会，而且要追求能够长期存在下去的好社会。从当今世界现实看，根据构建社会的一般性要求，要使好社会可持续地存在下去，需要着重创造以下四个条件。

1. 构建世界共同体

从最初分散在世界各地的原始人群发展到今天遍及世界的国家，这是人类进步的重大体现。今天人类已经在事实上成为命运共同体，因此世界成为一个基本共同体势在必行。只有世界成为一个统一的基本共同体才可能彻底结束战争，也才可能构建起可以持久存在的好社会。

从人类历史看，自原始社会末期开始，战争就像顽疾一样困扰着人类，一直到今天战争仍然存在，而且仍然存在爆发更大战争的可能。不同具体社会形态之间的战争是导致历史上许多具体社会形态灭亡的重要原因。不同社会之间的战争会导致一方或双方社会的终结。例如，持续存在长达 1480 年的罗马帝国最终被奥斯曼帝国所灭，而横跨亚非欧、绵延 624 年的奥斯曼帝国则在第一次世界大战期间遭到列强的宰割。第一次世界大战不仅导致了奥斯曼帝国的灭亡，也导致了德意志帝国、奥匈帝国的灭亡。近代以来，西方列强不仅采取武力方式侵占别的国家，而且采取政治、经济、文化干预或渗透的方式颠覆别的国家，导致这些国家解体或政权更替。当然，具体社会形态的终结也常常是社会内部不同利益集团之间的争斗和战争导致的，如西方中世纪解体的直接原因就是西欧各国的资产阶级革命。

历史事实充分表明，只要有争斗和战争存在，社会就不可能长治久安。而要使社会长期存在，前提条件之一就是要彻底消灭不同社会之间和同一社会内部的争斗与战争。构建世界共同体的直接意义就在于消灭不同社会之间的战争，不再上演血腥的悲剧。在这种条件下，如果将世界建成一个好社会，也就不用日夜提防其他社会的觊觎，好社会就能够长久地存在下去。无可否认，在世界社会内部也可能会发生争斗和战争，但只要建成了真正的好社会，这种可能性也就不再存在，内部的纷争可以通过法律等途径得到及时有效的解决。

2. 构建人类共同价值观

任何一个社会要和谐有序地存在下去，必须有社会成员普遍认同的社会主导价值观。历史和现实中的争斗和战争与价值观之间的冲突关系密切，消灭争斗和战争从根本上说就是要消除价值观的冲突。世界共同体也一样，其建立和存续必须有得到全人类普遍认同的价值观以及作为其支撑的思想理论体系。

进入文明社会后，不同社会形态都有自己的主导价值观。传统社会大多是专制社会，社会确立的主导价值观会通过各种途径强迫全体社会成员接受，非主导价值观则被视作异端，毫不留情地加以压制甚至剿灭。如此一来，非主导的价值观没有存在的余地，社会价值观通常都是一元的。当然，这种一元的价值观由于种种原因都是不正确的，而且是僵化封闭的，这也是以之为规导的社会不可能成为好社会且不能长存的根本原因。近代以来，市场经济的发展和世界市场的建立，把各个民族、国家各自信奉和坚守的主导价值观推上了世界舞台。各个国家为了自身的利益，不仅都宣称自己的价值观是最正确的，而且都采取各种措施宣扬自己的价值观，甚至试图用自己的价值观战胜别国的价值观。这样，各种价值观都会在那些开放的国家找到自己的市场，这使其形成价值观多元化的格局。

前文谈及，价值观多元化不同于价值观多样化，后者是指同一种价值观在不同主体那里有不同的体现，而前者是基点和目标根本不同的价值观。当今世界上存在许多种价值观，除了不同国家有不同的主导价值观之外，还有多种为许多人信奉的宗教价值观。如果这些价值观在一定范围存在，并且和平共处，它们的存在可以说是合理的，但如果它们都想成为主导世界的价值观，那就不可避免地会发生冲突，甚至会引起战争。在目前这种多元价值观竞争的严峻形势下，如果人类不能在价值观上达成共识，或者说不能基于价值观的最大公约数构建一种得到人类普遍认同并且能够给世界社会构建和运行提供规导作用的价值观，那么世界社会就不可能建立起来，斗争和战争就不可避免，更谈不上好的世界社会。只有确立人类共同价值观，才能从根本上结束当代世界多种价值观试图成为社会主导价值观的态势，因而也就能结束人类争斗和战争的最终根源，这样，人类的好社会不仅能够建立起来，而且能够长期延续下去。

确立人类共同价值观并不是要消灭各种不同的价值观，而是允许各种不同的价值观在一定的社会范围存在，与人类共同价值观共存共荣。但是，一切非人类共同价值观必须承认并维护人类共同价值观的主导地位，服从和服务于人类共同价值观的构建和完善。人类共同价值观也要不断吸取各种其他价值观的合理因素，使各种不同价值观的最大公约数成为其基础，同时又对其他价值观起规导作用。

3. 确立人民在社会中的主体地位和至上地位

好社会要长期存在下去，必须确立全体社会成员（人民）为社会的主体、社会的真正主人和主角，而且必须确立人民在社会中至高无上的地位，没有任何个人、组织群体能够凌驾于人民之上。如果我们认定真正能够持久的社会只能是世界社会，那么世界社会要持久也必须确立全世界人民在世界中的主体地位和至上地位。这里所说的"确立"指的不是名义上的，而是实在的，世界人民不仅是世界的建立者、治理者，而且是世界公共利益的享受者。就是说，世界是由世界人民共建、共治和共享的。确立人民在世界中的这两种地位，直接的意义在于可以从根本上杜绝任何个人或组织群体窃取社会治理权力、社会共同利益的可能性，而其深远的意义则在于可以集中全人类的智慧谋划和创造全人类更好生存所需要的社会条件，从而使世界永久和平、人类普遍幸福。

确立世界人民主体地位和至上地位，实质上就是要建立世界民主。从当今各国实践看，民主无疑是社会治理的最佳方式，但并不是绝对完善的，还存在诸多难题。民主的范围越大，越是需要实行代议制民主，代议制是世界民主的不二选择。但世界代议制民主同样存在国家代议制民主面临的一些难题，如人民代表如何选择、人民代表怎样才能真正代表人民、人民代表决策应怎样裁定等问题，而且这些问题必定更突出、更尖锐、更难解决。现代西方国家的民主政治几乎都是政党政治，但政党政治使民主不是真正的人民治理，而成为政党治理。政党上台执政充其量只能兼顾人民的利益，而不可能全心全意为人民服务，这就导致了西方民主政治的偏私性和虚伪性。

当代中国的民主政治制度与西方多党制不同，实行的是中国共产党领导的多党合作和政治协商制度。这种制度可以克服西方多党制存在的诸多问题，并且具有显著优势。中国共产党的特点和优势在于，它不代表中国的某一个利益集团，而是中国人民的先锋队。其初心和使命是为中国人民谋幸福，为中华民族谋复兴，并且矢志不渝、百折不回地不断践行其初心和使命，使之变成现实。

4. 确立法律在社会中的最高权威，实行法治

英国 19 世纪著名自由主义思想家阿克顿曾断定："权力导致腐败，绝对权力导致绝对腐败。"① 阿克顿是针对当时政府的权力而言的，那么，当世界人民掌握着世界的主权时，这种主权会不会发生腐败或其他问题呢？人类历史上就发生过掌握主权的人民或其代表做出重大错误决定的事例。著名哲学家苏格拉底就是由 501 名雅典公民组成的陪审团投票判处死刑的。1898 年美国为了夺取西班牙在美洲和亚洲的殖民地，决定对西班牙宣战，于是爆发了列强重新瓜分殖民地的第一次帝国主义战争——美西战争。这些事例告诉我们，即使人民成为掌握主权的社会治理者，也可能因为眼前的、局部的、现实的、既得的利益做出重大错误决定。为了防止此类问题发生，人民的主权必须转化为法律权力或权威，使人民至上转变为法律至上。这就意味着社会的一切权力，无论是主权还是治权，都应在法律之下，在法律范围内并依据法律行使。如此，世界社会就可以杜绝一切权力腐败和滥用的可能性，使社会长治久安。

二 好社会与好生活

社会对于人类更好生存（好生活）的意义，只有当社会是好社会的时候才能得到充分体现。好社会对于好生活具有先决性的意义，社会不好，好生活就无从谈起。文明社会曙光初露的时候，人类就开始对好社会进行自觉追求，但经历了一个曲折的过程，直到现在，人类仍然处于对好社会及其构建的探索之中。好社会尚未真正构建起来，其根本原因在于没有处

---

① 〔英〕约翰·埃默里克·爱德华·达尔伯格 - 阿克顿：《自由与权力》，侯健、范亚峰译，译林出版社，2011，第 294 页。

理好好社会构建与社会成员过上好生活的关系问题。要处理好这种关系，全人类必须解决好社会的终极目的是什么、好社会对于社会成员的好生活应肩负什么责任、好社会在给社会成员好生活提供条件过程中应如何处理普惠性和公正性关系等问题。

（一）人类对好社会的追求

人类致力于构建好社会并不是为了好社会本身，而是为了社会成员过上好生活。但是，人类历史上构建好社会的实际情况比较复杂，经历了一个曲折的过程，积累了不少经验教训。对人类追求好生活的历史进行考察和反思，有助于加深对好社会与好生活关系的理解。

人类在历史上有很长一段时间并没有对好社会进行自觉追求。至少在氏族公社出现前的整个原始人群时期，人类没有构建好社会的意识，那时不仅没有严格意义上的社会，甚至没有社会意识。在这个漫长的历史时段，社会是在人类自发地谋求生存的过程中形成并演进的。大约到了母系氏族公社出现，人类才开始有构建好社会的意识萌芽，并有了构建好社会的初步实践。那时，氏族中设有议事会，是氏族的最高权力机构，决定一切重大事务，并推选产生氏族长。氏族中的全体成年男女都可参加议事会。担任族长的一般是年长的妇女。到了父系氏族公社时期，不同部落的交往变得比较频繁，人们对不同部落的好坏有了比较，对自己部落的优势和劣势有了意识，并努力使自己的部落强大。部落强大一方面可以抵御其他部落的侵犯，另一方面又可以给部落成员更好地生活提供条件。当时部落之间频繁地发生战争，战争的直接目的是占有别的部落的资源，而深层目的则是使自己的部落强大。这一切都表明，到了父系氏族时代，人类有了相当明确的好社会意识，并且有了为了社会成员生活得更好而自觉构建好社会的实践。

整个原始社会都建立在其成员之间存在血缘亲情关系的基础之上，社会与家庭或家族是完全同构的。因此，社会内部的成员之间是一损俱损、一荣俱荣的关系，通常不存在贫富、贵贱差别，人与人之间是平等的。到了原始社会末期，在部落之间的战争中，有的部落成为胜者，有的则成为败者。胜者不仅占有了败者的土地和其他资源，也占有了他们的居民。为了防止居民反抗，胜者就采取各种措施加以防范。于是，一方面战败方的居民成为被统治者，社会成员也被划分为统治阶级和被统治阶级；另一方面以国家暴力机器为后盾的国家也产生了，国家政权为统治阶级所掌握。这种社会格局持续了几千年，这是人类文明社会的早期形态，其间统治者内部也发生过争斗，有时统治者又被侵略者推翻，其情形比较复杂。不过，这时的统治者还是有构建好社会意愿的，一些英明的君王也会不断为此努力。但是，他们构建好社会的目的主要是实现统治阶级的利益，而不是使全体社会成员都过上好生活。那些明君可能会顾及被统治者的利益，比如把百姓的愿望视为天意，要求统治者尚民爱民，但是他们所做的这一切归根到底是为了更好地实现统治阶级的利益。这就是后来荀子所说的"君者，舟也；庶人者，水也。水则载舟，水则覆舟"（《荀子·王制》）。

到了轴心时代，统治阶级利用手中的权力压迫和剥削百姓，或者为了称霸而发动战争，出于对百姓的同情或正义感，思想家提出了种种理想社会的方案。前文谈及的孔子的大同社会、柏拉图的理想国、斯多亚派的世界城邦等理想社会方案就是这个时期提出来的。除了柏拉图的方案仅限于自由民之外，其他思想家的方案都兼顾了社会全体成员，甚至考虑到全人类。在近代之前，这些方案虽然对统治者产生了一些影响，但并没有改变统治者为实现自身利益而构建好社会的初衷。以孔子为代表的儒家学说甚至被历代王朝奉为社会的主导意识形态，但统治者只是利用其中有利于自己统治的内容，并且将其改造成为适合自己统治需要的"儒术"，这实质上与孔子的思想背道而驰。传统社会中统治者与被统治者对立的格局，导致传统社会长期动荡不安。西方传统社会长期处于无休止的战争状态，中国传统社会则持续不断地改朝换代。在这种阶级对立及其导致的持续动荡不安的社会中，被统治者完全过不上好生活，统治者自身也基本上过不上真正的好生活，即使过上了好生活，也会由于被统治者的反抗和统治者内部的争斗而极其短暂。

综观整个传统社会，只有雅典民主社会和中国的文景之治、贞观之治等少数时期的社会才能勉强称得上是那个时代的好社会，其他大多数时期的社会都是不好的社会，其中不少时期的社会甚至是灾难深重的坏社会，如中国的春秋战国时期、西方的中世纪时期等。

人类传统社会终结得益于市场经济的兴起。市场经济发展客观上要求市场主体具有自由平等的身份，这样他们才能够凭实力自由平等地竞争。这种经济上的要求反映在思想、文化和政治上，就是西方近代持续几百年的现代化运动，包括文艺复兴、宗教改革、启蒙运动、资产阶级革命等。现代化运动最终打破了传统社会统治者凭借手中的政权构建自己所需要的社会而最终导致社会陷入战乱的历史循环。经过漫长的社会变革过程，西方传统社会走向了现代社会，并且推动了整个人类从传统社会向现代社会的转化。

以市场经济为基础的现代社会把所有社会成员视为社会主体，国家只不过是通过法律为社会成员提供正常社会秩序的一种服务机构，既不是主体，也不是实体。它只负责维护社会秩序，没有责任也没有能力构建好社会。社会成员能否过上好生活全靠个人自己，即所谓"人人为自己，上帝为大家"。而且在西方现代社会，整个社会生活市场化、资本化十分严重，市场经济转化成为市场社会，所以西方社会被称为资本主义社会。在资本主义社会，社会成员自由竞争必然会导致富人穷人两极分化、强者弱者两极分化，这种两极分化又会导致社会为富人、强者所统治、垄断，他们成为真正的统治者，而大多数穷人只是名义上的社会主人。许多事实表明，市场社会并不是真正意义上的好社会，在这种社会中也没有普遍的好生活。

西方现代社会并不是自发地从传统社会中生长出来的，而是按照启蒙思想家（主要是其中的自由主义思想家）构想的理想社会方案由资产阶级构建起来的。西方现代社会的发展历程大致上是这样的：从大约 14 世纪市场兴起到 17 世纪，市场经济是自发生长的，这段时间通常被称为资本原始积累时期。这个时期适应市场经济发展要求兴起的文艺复兴运动和宗教改革运动解放了人们的思想，更新了人们的观念，为启蒙运动的兴起扫清了思想观念方面的障碍。从 17 世纪到 18 世纪，在西方兴起了启蒙运动，启蒙运动的重点从英国转向法国最后到德国。在启蒙运动中，自由主义启蒙思想家构想了一整套自由主义理性王国的理想社会方案。这个方案的核心思想在 17 世纪提出来时，英国将这种思想付诸实践，建立了第一个典型的现代国家。在这个理想方案不断形成和完善的过程中，西方各国也基本上完成了从传统社会向现代社会的转换，到第二次世界大战结束时最终完成。

从西方现代社会发展的过程可以看出，西方资本主义社会实际上完全是按照自由主义思想家的理想社会方案建立起来的。而这种方案之所以能够完全得到实现，是因为它深刻反映了市场经济的客观要求，同时又有效克服了市场经济可能导致的"人对人是狼"的问题，为市场经济顺利发展提供了法律制度的保障。今天，西方和中国不少学者指责启蒙思想家的理想社会方案有问题，导致西方社会存在不可克服的弊端，实际上这种指责是不公正的。西方现代社会有问题，从根本上说是市场经济有问题。因此，如果说西方现代社会不是好社会，那么主要不是启蒙思想家的设计方案不好，而是市场经济这种经济形态本身不好，西方社会选择市场经济或任由市场经济发展就是一个根本性的错误。

实际上，自市场经济兴起开始，一直有思想家注意到市场经济已经导致或可能导致的问题，同时他们也不认同中世纪社会，于是构想了种种不尽相同的理想社会方案。这些方案对市场经济持否定立场，因而是与自由主义启蒙思想家的方案根本对立的，其通常被称为社会主义（共产主义）。其中提出最早也最著名的方案是托马斯·莫尔在《乌托邦》一书中描述的理想社会——乌托邦，它的问世比启蒙运动早100多年，后来又有更多的思想家提出了更多的理想社会构想。这些理想社会构想与当时正蓬勃兴起的市场经济完全对立而又缺乏充分合理性论证，因此没有受到西方社会的重视，尤其是不被新兴的资产阶级喜欢。所以，这些构想流于空想，其方案被称为空想社会主义（共产主义）。一直到19世纪，马克思恩格斯才克服了空想社会主义的空想性，使之成为具有现实性的理想社会方案。马克思恩格斯深刻揭露了市场经济及与之相适应的资本主义制度不可克服的内在致命问题，揭示了共产主义必然代替资本主义的社会规律，并对共产主义理想社会提出了框架性构想。

资本主义社会是按照自由主义启蒙思想家的理想社会方案构建起来的，资本主义社会现实的不可克服的致命问题，暴露了自由主义启蒙思想家的理想社会方案过分顺任市场经济所导致的致命局限。这种局限主要在于，社会（国家）不是一个肩负全体社会成员过上好生活责任的共同体，而是一个为每个人按照丛林法则竞争而维护社会基本秩序的维持会。这种方案虽然反映了市场经济的客观要求尤其是资产阶级的利益诉求，但从根本上误导了人类对好社会的构建。马克思恩格斯则克服了自由主义启蒙思想家的局限，着眼于社会成员普遍获得全面而自由的发展构建理想社会，即共产主义社会。不过，马克思恩格斯的社会理想虽然有中国等国家在践行，但并未得到世界各国的普遍认同，更没有成为全人类的共同追求。由此可见，人类好社会的构建任重道远。

总结人类追求好社会的历史经验教训可知，人类好社会至今未建立起来的根本原因在于没有解决好社会的构建与全体社会成员普遍过上好生活的关系问题。其中有三个方面的问题没有解决好：一是好社会的终极目的是什么的问题，即好社会是追求部分成员的好生活还是追求全体社会成员的好生活的问题；二是好社会对于社会成员的好生活究竟肩负什么责任的问题，即好社会是仅仅维护社会的基本秩序还是负有更多责任的问题；三是好社会如何做到公正的问题，即好社会在给社会成员好生活提供条件方面如何处理好普惠性和公正性的关系问题。解决好这些问题，社会才能成为好社会，好社会的意义才能得以彰显。

（二）好生活的普遍实现

人是社会性动物，生来就必须生活在社会中，但并不一定生活得好。从历史和现实看，在有的社会，所有社会成员都生活得不好；在有的社会，一部分社会成员生活得好，当然这些生活得好的人最终也生活得不好。到目前为止，尚未出现所有社会成员生活得好的社会。人类所追求的好社会就是那种让所有社会成员都生活得好的社会。使好生活在社会中得到普遍实现，这就是好社会对于好生活的根本性意义，也是人类构建好社会应确立的终极目的。

好社会是充分体现社会本性的社会，如同好人是充分体现人的本性的人一样。社会的本性在于自为性，具体体现为社会的人为性、属人性和为人性。社会的本性也就是社会的本然本质，当这种本质得到充分实现因而成为社会的实然本质时，现实社会就是好社会。如果这种本性得不到充分实现，社会就不是好社会，而这种本性在实现的过程中被扭曲或变异，社会就是有问题的社会。人类有史以来的社会之所以都不是真正的好社会，是因为它们要么没有充分实现自己的本性，要么在实现本性的过程中出现了这样那样的问题。人类构建社会为的是让社会造福于自己，"为人"是人类构建社会的目的，也是社会运行和发展的终极目标。究其实质，社会本性的实现就是社会的应有目的得到实现。达到了社会的应有目的也就实现了社会的本性，社会的价值也就得到了实现，这样的社会就是好社会。

社会实现了为人的目的就是好社会，但这里的"为人"是抽象的，需要加以具体化才能准确把握。社会的"为人"包含三层含义。第一，社会为所有社会成员，而不是为一部分人，更不是为某一个人；第二，社会为所有成员都过上整体上好的生活，而不是某方面好的生活；第三，社会为所有社会成员的好生活提供应得的所需资源。一个社会实现了如此界定的"为人"，它就达到了目的，其本性也就得到了实现。如此，社会的本然本质就转变成为实然本质，社会也就成为好社会。

社会只有为全体社会成员服务才是好社会，这是由社会的本性决定的。如前文所言，社会的本性是人为的、属人的、为人的。社会是其成员共同构建的。从人类历史看，最初的社会是原始人群，原始人群不是其成员自觉构建的，而是自然形成的；但氏族公社是其成员共同构建的，这表明人类一开始自觉构建社会就是其成员共同构建的，孔子称这种原始社会的成熟形态为"大道之行也，天下为公"（《礼记·礼运》）。进入文明社会后，虽然国家是由部落之间战争的胜利方建立的，但国家的运行和发展仍然是统治者和被统治者共同作用的结果。按照马克思主义群众史观，历史是由人民创造的，作为被统治者的人民的作用甚至比统治者更重要。

既然社会本来是全体社会成员共建的，那么理所应当属于全体社会成员，也应该为全体社会成员服务。统治者为了实现自己的利益而建立国家，并把国家（天下）看作自己的，利用国家统治社会，以谋取自身利益，这实际上是一种"窃国"行为，他们通过建立国家的暴力机器把本来属于全体社会成员的社会变成了自己的国家。从历史事实看，统治者建立的国家由于不是社会成员共同参与建立的，存在许多不可克服的问题。正因如此，近代以来人类才要推翻传统国家，建立现代国家。当然，现代国家仍然没有解决"天下为公"的问题，但已经为国家的消亡奠定了基础。

　　一定社会的成员建立社会是为了让社会为自己服务，那么社会应该为其成员提供什么服务呢？对于这个问题，从古至今似乎都没有明确回答，或者说并未形成普遍共识。传统社会把道德生活视为人的好生活，因而重视其成员的道德（主要是德性）完善，致力于促进人充分体现人之为人的独特本质。与此相应，传统社会高度重视道德教化。进入现代社会后，在市场经济利益最大化原则的影响下，社会把利益的占有和欲望的满足看作好生活，不再关注其成员的德性品质，而只重视他们的利益增进，或者说为他们谋求自身利益提供条件。所以，现代社会高度重视人的知识教育和能力培养，而不那么重视人的德性教育。

　　传统社会与现代社会对社会目的的定位与它们对人的本性的理解直接相关。无论是传统社会还是现代社会，一般都认为人性（灵魂）有理性和欲望（通常包括情感）两个基本方面，但把其中的哪一个方面视为人的本性则存在根本分歧。传统社会把人的理性看作人的本性，而认为欲望是人与动物共同具有的。西方流行的"人，一半是天使，一半是野兽"就是这种观点的典型表达。在传统社会看来，理性的实现就是道德，道德意味着理性对欲望的控制，因此人要实现自身的理性本性就必须完善德性，使自己成为德性之人。现代社会通常把人的欲望（通常不包括情感）视为人的本性，欲望的满足就是人性的实现。现代社会也重视理性，现代早期甚至被称为理性主义时代，但人们之所以重视理性，并不是因为理性是人的真正本性，而是因为理性能够更好地满足欲望。

　　今天，如果我们检视和反思传统社会和现代社会的人性观，就会发现它们都存在偏颇，以存在偏颇的人性观确立的社会目的不可避免地会发生偏差。人的本性既不是理性也不是欲望，而是谋求生存得更好，具体体现为自为性和社会性。人的本性是全人类共同具有的，但它是抽象的一般的人性，而具体的人性则是人各不同、时各不同的。不过，从总体上看，所有人的人性都不只是欲望和理性两个方面，而是一个立体的潜能系统。从属性看，人性包含人类性（人的本性）、动物性、生物性、事物性；从结构看，人性包括潜在的需要、潜在的能量、潜在的能力以及作为潜在能力积累成果和形成定式的潜在可能性。如果这样来理解人的本性以至人性，那么就需要改变传统社会和现代社会对社会的目标定位。

应该承认，传统社会和现代社会把社会的目的定位于促进人的本性的实现是正确的，但其问题在于对人的本性的理解是偏狭的，而且割裂了人的本性与人性的内在不可分割的关联。如果我们把人性理解为抽象人性和具体人性的统一，并且将人性视为一个立体的潜能系统，那么就应当将社会的目的定位为促进具有立体结构的具体人性的实现。简单地说，社会的目的不是促进人的理性的实现，也不是促进人的欲望的满足，而是促进社会成员实现自己作为立体潜能系统的人性。这种实现的过程，就是使人性整体现实化为完善人格，使完善人格见诸完善生活（好生活）。社会存在的目的和意义就在于促进全体社会成员人性的完善，从而为过上好生活提供所需的社会条件。

任何一个社会的个人人性实现都是协同的结果，个人自己承担着主体责任，组织群体（包括家庭）和社会的责任则提供相关支持。其中社会的支持是最重要的，因为只有社会才有可能给其成员的人性实现提供所需的社会资源。社会能够给其成员实现自己的人性提供多方面的个人和组织群体所不能提供的资源，比如安全、教育、公共福利、荣誉性激励等。不仅如此，社会还可以给其成员的人性实现提供指导和规范，引导人们追求更美好的生活。但是，社会不可能代替家庭、组织群体，尤其是不可能代替个人自己来实现每一个社会成员的人性。就是说，社会应该为每一个社会成员实现人性、过上好生活提供社会资源和规导，但其责任是有限的，而不是无限的。否则，就无须个人的作为和组织群体的支持。正因如此，即使将来社会发达到马克思所说的"集体财富的一切源泉都充分涌流"、社会可以实行"按需分配"① 的程度，如果个人不作为，其仍然不能充分实现人性，过不上真正意义上的好生活。因为真正意义上的好生活不是拥有财富和满足欲望，而是人性的充分实现。

更值得注意的是，社会对公共资源的分配在任何时候都不能人人均等，也不能完全无条件。搞平均主义就是吃"大锅饭"。大家干多干少一个样、干好干坏一个样、干与不干一个样，会导致财富不涌流，社会走向贫穷、落后。分配不讲条件实质上就是不讲对社会的贡献，结果可能是对

---

① 《马克思恩格斯选集》第 3 卷，人民出版社，2012，第 365 页。

社会贡献多的人少得，而贡献少的人却多得，这可能比平均主义更糟。这两种情况都会导致"公地悲剧"，因此任何社会都不能这样做。社会要促进其成员人性充分实现从而过上好生活，但社会的促进是有条件的、有差异的。这种条件主要是正常的成年人对社会的贡献，一般来说，贡献越大获得的社会资源应越多。好社会不只是福利社会，更是公正社会。好社会的公正性就体现在，给每一个社会成员尽可能优越的社会福利，也给那些追求通过充分实现人性过上更好生活的社会成员更多的倾斜。

（三）良好社会条件的创造

社会要使其成员普遍过上好生活，就必须为他们创造良好的社会条件或提供充足的社会资源。好社会之"好"具体体现在它能够为全体社会成员都过上好生活提供所需的各种社会条件。人类进步到今天，任何一个社会（国家）可创造的社会条件都种类繁多，几乎可以说不可胜数，但还没有一个清晰合理的分类。在这里，可以从社会成员普遍过上好生活的角度来考虑好社会应当创造的良好社会条件。如果把好生活理解为人的生存发展享受需要不断得到好的满足，而享受需要的满足以生存发展需要的满足为前提，那么，就可以从社会成员生存需要和发展需要的角度考察好社会应创造的良好社会条件。前文据此将好生活划分为生存层次的好生活和发展层次的好生活，前者包括底线层次需要（包括生理需要和安全需要）和基础层次需要（包括归属和爱的需要以及自尊和受人尊重的需要）得到满足所需的社会物资和条件，后者包括人格健全需要和人格高尚需要得到满足所需的社会物资和条件。需要注意的是，这里所说的是满足所有这些需要的社会物资和条件，而非全部物资和条件。满足这些需要的有些物资和条件要靠社会成员自己、他们的家庭和社会组织来创造，如好的生理需要满足的物资和条件需要个人自己通过努力工作去创造，满足人格完善需要的物资和条件也主要靠个人自己去创造。

首先，我们看看满足底线层次需要所需的充分社会物资和良好社会条件。底线层次需要包括生理需要和安全需要。生理需要是维持正常生命活动所需的食物、衣物、用品、住房、水分、空气、睡眠、性等需要。好社会是能够给所有社会成员生理需要得到满足提供社会物资和条件的社会，用通俗的话说，好社会是"不愁吃、不愁穿"或"丰衣足食"的社会。好社会没有贫困，每个人都能够过上小康生活或殷实生活。对于正常的成年人来说，他们满足生理需要的物资和条件主要由他们的劳动来创造，他们获得的满足生理需要的物资和条件应该根据他们劳动的贡献而有所区别。就是说，社会的正常成年人群中有的人富裕，而有的人不一定富裕，只要这种差别在一定的限度内，而不会发生两极分化，这个社会仍然可能是好社会。但是，好社会是为所有人生理需要都能得到满足提供社会物资和条件的社会，那些不能为社会做贡献的人、没有财富积累的人、由于种种原因陷入贫困的人，其满足生理需要的社会物资和条件也应由社会无偿提供。从这种意义上说，好社会是能够让全体社会成员获得生活保障的社会。

安全需要是人的生命不会受到威胁或伤害的需要，主要包括相对于身体伤害而言的人身安全、相对于财产被损害而言的财产安全、相对于生老病死而言的保障安全三种类型。在好社会里，社会成员有稳定、有序的生活环境，其权益得到法律的保障，有稳定的工作或有可靠社会保障（包括失业、伤残、大病、退休等方面的基本保障），没有恐惧和焦虑。对人身安全造成威胁的主要有战争、内乱、自然灾害、犯罪、意外事故（包括劳动中的意外事故和日常生活中的其他意外事故等）。好社会既需要国防力量强大、社会稳定、犯罪率低、有完备的社会救助机制，也需要在出现这些威胁时社会能够做出积极、快速、有效的救助反应。对财产安全造成威胁的主要是犯罪，包括盗窃、抢劫，以及各种网络欺诈等，也包括灾害对财产造成的损害，如极端天气、火灾、水灾、泥石流灾害等。好社会要有维持良好秩序、有力整治乱象和对灾难做出快速反应的能力。对于社会成员的就业、失业、大病等问题，好社会要有周全的社会保障体系，能够提供更广泛的就业机会，并且不断提高就业质量，使每一个社会成员都能够找到适合自己专业和才能的职业，并建立健全失业、大病救治社会保障体系，消除人们对失业和大病的忧虑。

满足社会成员底线层次需要所需的社会物资和条件都可归结为社会的财富。一般来说，好社会是拥有充足财富的社会，也就是通常所说的富强的社会。一个社会只有足够富强，才能给所有社会成员尤其是不能自食其力的社会成员提供生活保障，而贫穷的社会是不可能做到这一点的。社会是富强还是贫穷，在现代社会主要取决于生产力和现代科学技术发达与否，而生产力和现代科学技术发达与否又取决于社会的经济制度、政治制度和意识形态，也就是说取决于社会治理体系是否完善、先进。社会治理的意义还不止于此，它还可以在社会财富丰盈的情况下给全体社会成员提供生活保障。历史上和现实中有这样两种情形：一是社会很富有，但统治者却穷兵黩武，将财富用来搞对外扩张（如春秋战国时期的霸主），或者用来挥霍；二是社会虽然富有，但财富掌握在少数人手中，社会两极分化严重。显然，有这两种情形的社会虽然富有，但并不是好社会。这就是说，社会要为全体社会成员满足其底线层次需要提供充分的社会物资和条件，就必须构建完善而先进的社会治理体系。有这样的治理体系，一方面可以创造更多的财富，另一方面创造出来的财富可以用来惠及民生。

其次，我们看看满足基础层次需要所需的充分社会物资和良好社会条件。基础层次需要包括归属和爱的需要、自尊和受人尊重的需要。归属包括社会成员对家庭、社会组织、基本共同体及其从属关系的认同和维系，其中对基本共同体即社会的归属感是最重要的归属感。社会成员对社会的归属感表面看起来是他们个人是否想要归属社会的问题，实质上是对社会认同与否的问题。任何一个社会的成员构成都十分复杂，他们与社会之间存在复杂的利害关系，通常总有一些成员对社会缺乏认同感，这属于正常现象。但是，如果一个社会中大部分成员对社会不认同甚至长期不认同，那就是社会本身的问题。如果一个社会对其成员普遍有利，得到他们拥护，他们就不会不认同它；相反，如果一个社会只对少数成员有利，而对大多数人不利，就不可能得到大多数人的认同。从人类历史看，一个社会能够得到其成员的认同并非全在于社会富裕，而主要在于社会公正、平等。所以孔子说"有国有家者，不患寡而患不均，不患贫而患不安"（《论语·季氏》）。历史上这样的例子很多。比如，在古希腊雅典民主社会，人们的生活虽然并不十分富有，但对雅典城邦高度认同。一个社会要成为好社会，就必须使社会成为一个公正的社会，在这样的社会里生活的人才会有归属感。

爱的需要比归属的需要广泛得多，但它也不是纯然个人的，而是与社会有直接关系。从爱的对象看，如果一个社会是好社会，它就会成为人们爱的对象，人们会为它感到骄傲和自豪。而且，在一个好社会中，人们不仅会爱这个社会，而且会爱社会的制度、文化还会爱他们的同胞、爱社会的地理载体（河山）和文化载体（历史）等，也会促进对家庭和社会组织情感的加深。这就是说，一个社会要满足其成员爱的需要，如同要满足其成员的归属需要一样，必须把自身构建好，使自己值得全体社会成员热爱和拥护。

社会成员自尊和受人尊重的需要的满足也需要社会提供充分的社会物资和良好社会条件。就自尊而言，如果社会给人们的生存需要的满足提供了充分的保障，他们就有基本的自尊，就不会为了不饿死而乞讨或犯罪。如果社会给人们提供了更多更好的作为机会和平台，就会有更多的人得到更充分的自我实现，他们也就更有尊严，能够过上更有尊严的生活。历史上，人们不得不为五斗米折腰，那不是他们愿意的，而是为了自己特别是为了家人能活下去。这样的生活谈不上个人尊严。如果社会建立了民主制度，社会成员都是社会的主人，他们就不会为生活卑躬屈膝。就尊重他人而言，可以从两方面看。一方面，每一个人都要因他人是人，有自己的人格、自由、权利等而尊重他。这方面社会也有责任，因为每个人尊重他人需要通过提高全民的素质或素养才能实现。素养主要是通过教育培养的，社会的氛围也很重要。另一方面，每一个人都值得尊重。如果一个社会大多数人都是小人，或者有相当一部分人是小人，他们自私自利，就不会得到尊重，相反会被别人鄙视。一个社会如果小人多，而且小人得势，那么这个社会就是有问题的社会。好社会应当是每一个人都自重、自尊、自信，都值得别人尊重的社会，这样，其成员的自尊和受人尊重的需要就能得到充分的满足。一个社会要成为这样的社会，就必须是民主的、富强的社会。

人格健全和人格高尚的需要也就是人格完善或自我实现的需要。要使每一个社会成员产生自我实现的需要并追求其满足，社会必须是一个非常好的社会。到目前为止的社会，在最好的情况下，也只能使一部分精英人群做到这一点。个人自我需要的产生和满足，需要个人自己的作为，社会只能提供其成员自我需要产生和满足所需的社会条件。即使社会提供了这种条件，社会成员也不太可能普遍产生和满足自我实现的需要。社会成员普遍产生和满足自我实现的需要的基本前提是社会能够为他们的生存需要得到满足提供充分的物资和良好的条件。在这个前提下，社会还需着重创造以下条件。

第一，给每个成员提供他们所需的教育条件。教育是人们产生自我实现需要和获得满足自我实现需要能力的主要途径。在现实社会，社会需要给每个成员提供接受高等教育包括高等职业教育的机会，需要普及高等教育，而且要给每个成员提供适合其本人的高等教育。

第二，为每个成员提供适合他们自己所学专业的职业。今天就业难是世界普遍现象，社会要创造这样的机会面临的困难非常大，但一个社会要成为好社会必须努力做到这一点，尤其要为人们再就业创造宽松的环境。

第三，采取措施使职场为职工充分发挥自己的聪明才智搭建平台或为其自主创业提供支持。自我实现的需要及其满足的重点是职业成功，而在现代社会，人们职业成功要么在职业单位实现，要么通过自主创业实现。因此，社会一方面要采取措施让企业建立良好的激励机制，让所有职工爱岗敬业、开拓进取，力争在职业上做出业绩，获得成功；另一方面也要采取措施激励人们自主创业，建立创业失败的帮扶机制，使人们能够大胆创业。

第四，提供对人们产生和满足自我实现需要起规导作用的主导价值观。社会主导价值观会对人们产生广泛影响，要使人们的自我实现意识觉醒并追求自我实现，就需要有相应的价值观给人们提供指导并给予规范，使人们对自我实现的追求不会停滞和发生偏差。

（四）社会公正的实现

好社会绝对不可能也不应该是所有社会成员享用等量社会资源的平均主义社会，而应是他们在社会物资和条件方面各得其所的公正社会。在好社会中，社会所有的物资和条件都应是全体社会成员共享的，但享用的种类和份额应该有所差异。好社会是在社会成员享用社会物资和机会方面实现普惠性与差异性有机统一的公正社会。

好社会是社会为其成员满足生存需要提供充分物资和良好条件的社

会，因此好社会的生产力和科学技术必须发达，能够使社会物资（主要是指通过人的劳动所取得的劳动产品）达到充分满足其成员生存需要的程度。但是，如果社会物资过度丰富、科技过度发达，社会反而可能会变质，不仅好社会不能构建起来，还可能从现在的社会坠入坏社会。

传统社会总体上看都是物质资源匮乏、科技水平落后的社会。社会上的大多数人都吃不饱穿不暖，过着贫穷的日子。市场经济兴起后经过大约600年的发展，特别是经过18世纪的工业革命，改变了传统社会贫穷落后的面貌。马克思恩格斯在《共产党宣言》中说的"资产阶级在它的不到一百年的阶级统治中所创造的生产力，比过去一切世代创造的全部生产力还要多，还要大"①，指的就是第一次工业革命后不到100年西方社会出现的奇迹。市场经济使市场经济国家特别是西方国家的社会物质财富极大地丰富起来，科技经过几次革命更是达到了高度发达的程度，物质文明已经走向高度繁荣。

但是，从目前发达国家和快速发展的发展中国家的角度来看，如果不考虑社会的贫富两极分化，社会整体上出现了生活过度富裕、物资过度丰富、技术过度发达所导致的消极后果。

生活过度富裕最直接的后果是人们产生奢侈需要并追求其满足。今天发达国家的人们由于很富裕，并不满足于生存需要的充分满足，在生存需要之外产生了很多奢侈需求，并追求这种满足。比如，一个人有一辆较好的小汽车（价值20万元左右）出行就很方便，但一些人却为了满足奢侈需求去购买高档小汽车。今天的社会，无论是发达国家还是贫穷国家，生活奢侈现象普遍存在，只是贫穷国家能够享受高级奢侈品的人相对较少。奢侈需要的产生和满足就是因为人们太富裕。奢侈会导致多种消极后果，其中最重要的是使社会两极分化问题凸显。如果一个社会中没有各种高档奢侈品，普通人很难发现人与人之间的贫富差别，而各种高档奢侈品出现后，社会的两极分化就暴露在公众的目光之下。高档奢侈品还是对社会资源的巨大浪费。社会用于生产高档奢侈品的资源可用于生产更多的其他必需品，人们用于高消费的资金可用于生产其他必需品。

---

① 《马克思恩格斯文集》第2卷，人民出版社，2009，第36页。

　　物资过度丰富的直接后果就是浪费巨大。20 世纪 30 年代以来，厂商为了谋求更多的利润，政府也为了促进经济发展并从中获得更多的税收，双方合作采取许多措施刺激人们高消费，如国家实行高工资、高福利政策，厂商和银行合作推出分期付款产品，生产一次性消费产品，加速产品更新换代，不断使产品花样翻新，等等。今天，消费主义已经成为世界性的风潮，除了部分落后地区的贫困人口外，全世界大多数人在大量地浪费资源。过度的浪费消耗了自然资源，而且巨大浪费产生的垃圾也对自然环境造成了严重污染。今天，过量的垃圾已经成为全人类最大的公害，而过量的垃圾正是过度浪费造成的。

　　技术过度发达的最直接后果是人类的身心迅速退化。18 世纪以来的工业革命和科技革命带来的机械化、自动化、信息化、智能化，首先使人类的体能退化，然后又使人类的智力退化。现在，人在做许多事情的时候连脑子都不用动了，比如购物，连账也不用算，只需拿手机一扫，就付完账了。人一天到晚不动脑子，不思考，长此以往，人的大脑功能也会退化。"用进废退"是一条不能违背的生物规律。人类的体能出现退步，就是长期不用体能造成的；如果人类再不用大脑，那么智力也必定会退化。

　　生活过度富裕、物资过度丰富、技术过度发达所导致的后果表明，好社会的物质文明发展只能适度，不能过度。那么，何谓社会物质文明发展适度呢？这种适度就是社会的物质文明能够满足社会成员的生存发展享受需要。具体而言，物质文明的适度发展有三方面的基本要求。其一，社会能够提供充分满足其全体成员的生理需要和安全需要的物资。就是说，即使是社会的最弱者，他们的生理需要和安全需要也能够得到充分满足，他们能够丰衣足食，无生活上的后顾之忧。其二，社会能够给那些为社会做出贡献者更优越的生活条件，他们的生存发展享受需要能够得到更好的满足。最弱者的生活水准就是整个社会的最低水准，即低等生活水准。在此基础上，那些对社会做出贡献者可以达到中等以上生活水准。其三，社会限制过度的奢侈品生产，过度奢侈品可定义为超过高等生活水准的产品。

　　以上三项基本要求也可以视为好社会物质文明的三项规定。根据这三项规定，全体社会成员都能够过上底线层次的好生活，这是基本前提。在此基础上，社会给所有人提供平等的作为机会和平台，他们在把握机会和利用平台实现作为方面肯定存在差异，社会根据他们的作为给予公正的报偿。贡献最大者可获得高等生活水准的物资，其他贡献者获得的物资在高等生活水准与低等生活水准之间。中等生活水准与高等生活水准的范围，就是社会成员竞争的空间，人们可以在这个空间内争取获得更高生活水准所需的社会资源和条件。从人类社会可持续发展看，必须限制过度奢侈品生产。过度奢侈的生活虽然可以激励一些人更加努力地奋斗，但这种激励作用是十分有限的，因为任何一个社会能够过上过度奢侈生活的人都极少。对过度奢侈品从源头加以控制，对社会大多数成员的积极性不会产生多大的消极影响。从当今世界各国的情况看，能够过上过度奢侈生活的人只有极少部分。如果社会限制奢侈品生产，这些人即使拥有很多财富，也无法消费，他们的财富无论是投资还是存在银行最终都会用于社会的发展。

社会给正常成年人在低等生活水准之上留下竞争空间是十分必要的，有了这种空间人们就会为了获得更多更好的满足生存发展享受需要的物资和机会而奋斗。这就会为社会发展提供不竭的动力。如果一个社会让所有人获得相同的社会物资和条件，那么就会出现西方一些高福利国家已经出现的"福利病"。所谓福利病，就是高福利国家过高的福利水平使人们滋长懒惰习气，进而影响经济效率和社会正常发展的现象。这些高福利国家依然存在一定的贫富差距，只是把社会福利保障水平提得太高，导致人们不愿意奋斗，不愿意竞争。如果贫富的差距完全没有了，社会就会陷入"吃大锅饭"的局面，最终就会坐吃山空，导致社会经济崩溃，物质文明严重衰退。

为了保持活力，社会必须在给所有成员提供充足的满足生存发展享受需要的物资和条件的基础上，给人们提供获得更多更好社会物资和条件的竞争空间，这样就引出了二次社会分配公正的问题。

好社会的社会公正包括两个层次。一是一次社会分配公正。它所涉及的是对正常成年人对社会贡献的应得进行分配。一次社会分配要求根据正常成年人对社会贡献的大小分配他们的应得。按照这种分配方式，对社会贡献越大，应得就越多，反之就越少。这里所说的"应得"指的是应该得到的物资和条件。二是二次社会分配公正。它所涉及的是社会给所有社会成员分配能满足他们生存发展享受需要所需的社会物资和条件。[①] 按照这种分配方式，任何一个人，只要不能够依靠自己获得满足生存发展享受需要所需的物资和条件，社会就会给他提供，从而使所有社会成员都能够过上底线层次的好生活。

比利时哲学家菲利普·范·帕里斯（Philippe Van Parijs）和杨尼克·范德波特（Yannick Vanderborght）在《全民基本收入》一书中提出了"全民基本收入"（UBI）的哲学构想，其核心主张是给每一位社会成员无条件地发放一笔基本收入。这一收入的领取对象是个人，具有普遍性和无义务性特征。在他们看来，"全民基本收入"有助于缓解生产领域的剥削，能够将人们从异化劳动中解放出来，能够保障人们的基本生活需要。[②]与此同时，"全民基本收入"也是人们共享社会中所有自然资源的一种方式。李石等认为，"全民基本收入"在各尽所能、各取所需、实现共产三个方面与马克思对共产主义的描述相吻合，是通向共产主义的现实之路。[③]显然，这是一种十分大胆而又完全可能实现的有创意的构想。社会通过二次分配无条件地给所有社会成员提供一笔基本收入，保障其基本生活需要，有能力的人可以在此基础上参加适合自己的劳动，使自己的收入更多、生活更富裕。如此，社会成员就可以做到马克思所设想的"全面而自由的发展"。显然，以上我们所说的好社会的公正既不是柏拉图的德性（社会和谐或灵魂和谐）意义上的公正，也不是罗尔斯的给最弱者以生活保障意义上的公正，而是正常成年人应得到与贡献相匹配的社会物资和条件、所有人应得到满足生存发展享受需要所需社会物资和条件两重意义上的公正。

对于好社会来说，一次社会分配公正问题比较复杂，因为涉及各种资源和社会的分配，而二次社会分配公正问题则不复杂，社会只需使所有社会成员都能获得大致相同的生活保障即可。从好社会的角度看，一次社会

---

① 这次分配的对象实际上只有那些在一次分配中没有获得物资和条件的社会成员，以及所得达不到社会最低生活保障水平的社会成员。

② 参见〔比利时〕菲利普·范·帕里斯、杨尼克·范德波特《全民基本收入》，成福蕊译，广西师范大学出版社，2021。

③ 李石、翟东升：《"全民基本收入"是通向共产主义的现实之路吗?》，《国外社会科学前沿》2022年第6期。

分配公正必须坚持几条原则。第一，机会和平台开放原则。社会的机会和平台对所有人开放，不能为任何人或组织群体所垄断。第二，实力竞争原则。所有人都凭实力竞争获得机会和平台，实力强者可以获得更多机会和更大平台。第三，根据对社会贡献的大小分配应得。一般来说，获得更多机会、更大平台更有可能做出更大的贡献，但也有可能有人能够利用较少的机会和较小的平台做出更大的贡献。不管人们利用的机会多少或平台大小，最终要根据他们对社会做出的贡献大小来判断他们应得的多少。第四，竞争失败者兜底原则。无论是在竞争机会和平台的过程中失败还是在利用机会和平台作为的过程中失败，社会都给失败者提供满足生存发展享受需要所需的社会物资和条件。

三　好社会的构建

社会是人类自为的有利于自己更好生存的系统，这是社会的本性或本然本质，实现其本然本质的社会就是好社会。自古以来人类社会的各种形态尚未真正实现自身的本然本质，好社会仍然是人类的理想，需要人类自觉构建。当今世界国家形态的社会已经大致定型，人类社会的发展只会从国家转向世界，我们要构建的好社会已经不是或者说主要不是国家形态的社会，而是世界形态的社会。人类要从现实社会走向理想社会，从国家走向世界，需要构建能够对世界共同体起规导作用的主导社会思想理论，并在其规导下构建好世界的社会系统。无论是构建社会思想理论还是构建社会系统，都要依靠世界人民，体现全体世界人民的意愿和意志，汇聚世界上一切可以利用的力量，赓续和更新人类的精神血脉，使世界各民族的优秀文化传统得到传承和开新。

（一）构建规导好世界的思想理论

自轴心时代以来，人类社会的基本形态和具体形态的形成与运行都是以某种思想理论为指导思想或依据的。历史上，有过先建立具体社会形态然后才选择和构建社会思想理论的例子，但只有选择并构建了占主导地位的社会思想理论后，该社会形态才能构建意识形态和整个社会结构。例如，中国皇权专制社会是秦始皇建立的，建立后先后选择过法家思想和黄老之学作为社会的主导思想理论，但它们都未完全意识形态化，一直到汉武帝"罢黜百家，独尊儒术"时，才最终找到适合皇权专制社会的主导思想理论，经过汉儒改造的儒家思想理论占据社会主导地位长达 2000 年。今天，世界各国都有自己的主导社会思想理论，人类要构建世界共同体，并使它成为好社会，首先要选择和构建这一新社会形态的主导社会思想理论。

人类国家化以后，世界各国都确立了自己的主导社会思想理论。当前世界各国的主导社会思想理论差异相当大，总体上看，主要有三种类型：一是自由主义理论，资本主义国家的主导社会思想理论基本上都属于这种类型；二是马克思主义或共产主义理论[①]，社会主义国家的主导社会思想理论都属于这种类型；三是宗教神学，世界上有一些国家以宗教神学为主导社会思想理论。作为主导社会思想理论的宗教神学也有所不同，如阿拉伯国家大多信奉伊斯兰教，还有的国家信奉基督教、佛教等。有些国家虽然以某种宗教为国教，但主导社会思想理论并不完全是宗教神学，如印度。在这种主导社会思想理论多元的格局之下，人类要构建世界共同体，那就需要选择或构建一种能够为好世界构建提供规导作用的主导社会思想理论。那么，现行的三大类社会思想理论中有没有哪一种可以成为人类的主导社会思想理论呢？我们可以对自由主义和共产主义两种社会思想理论的情况做些具体的分析。

自由主义理论不可能成为世界的主导社会思想理论。自由主义是适应市场经济市场主体有充分自由的要求产生的。当时，西方中世纪的基督教神学、天主教教会、封建主义、专制主义严重束缚了人的自由，因此自由主义者把自由作为人的至上价值来加以倡导。自由主义最初是通过英国资产阶级革命而成为英国意识形态的，后来自由主义又在理论上获得发展，到第二次世界大战结束时成为整个西方国家以及一些非西方国家（如日

[①] 对于马克思主义有不同的表述，如共产主义、科学社会主义，笔者认为用"共产主义"最能表达马克思主义的本质特色，而"社会主义"一词比较含糊，因此这里我们采用"共产主义理论"表达马克思和恩格斯的思想理论。

本）的意识形态。自由主义理论包括洛克、亚当·斯密、约翰·密尔等人的古典自由主义理论和凯恩斯、罗尔斯等人修正古典自由主义理论形成的新自由主义理论。在一定意义上可以说，自由主义理论就是当代资本主义国家的主导社会思想理论。自由主义理论是完全适应市场经济发展需要创立的理论，以它为指导思想的国家可以说为市场经济最大限度地发展创造了政治环境和社会环境，其历史功绩是不可否定的。但是，自由主义理论至少存在以下两大问题。

其一，它把人的自由作为人的最高追求，而没有把人性的充分实现作为人生的终极目的。人活在世界上最终的目的就是把人性的潜能转化为人格，将人格转化为生活，也就是说，人生的目的就是人性实现或自我实现。自由是人的一种重要属性，也是人生的一种应有状态，因为自由是人格形成和发挥的基本前提。自由主义者把自由作为人的最高追求，实际上忽视了人格形成和发挥的基本内容，尤其是不重视人的德性品质，甚至主张国家在道德问题上持中立立场。

其二，它把个人视为独立自主的主体，而没有把作为共同体的社会（国家）作为主体。自由主义者把国家视为社会成员通过转让自己的部分权利，通过订立契约构建的纯然为契约订立者服务的一个机构，而且把国家服务的内容限定在维护社会基本秩序方面。这样，国家就成了所谓的"守夜人"或"最弱意义上的国家"，它既不是实体，也不是主体，而是一个服务机构。新自由主义者虽然强调国家要对经济进行适当干预，但并没有主张国家是实体和主体。如此一来，在资本主义国家，社会就不是一个有机整体，而是由无数孤独的个人聚集在一起的人群，类似于麻袋里装的土豆。社会既不为其成员造福，也不给他们提供人生指导，其唯一作用就是为人们在其中按照规则自由竞争提供秩序保障。

以自由主义理论为依据构建的资本主义世界已经暴露出诸多不可克服的问题。其中最突出的是周期性经济危机、贫富两极分化、社会和个人单向度化、对外扩张和渗透等几大问题。所有这些问题归结到一点，就是资本主义国家已经市场化、资本化，并从市场经济走向了"市场社会"（桑德尔语）。这些问题表明自由主义作为意识形态是不合理的，正因如此，西方现代思想理论形态在向非西方国家扩张和渗透的过程中遭到了许多国家的抵制。

显然，自由主义理论因为其不合理性以及实践上的问题，不适合作为世界的主导社会思想理论。而且世界上还有许多国家的主导社会思想理论是与自由主义理论对立的，这些国家绝不会答应以自由主义理论作为世界的主导社会思想理论。

共产主义理论（亦称为科学社会主义理论）则有可能成为世界的主导社会思想理论。共产主义理论是作为自由主义理论的对立物于 19 世纪产生的。马克思主义创始人受 16 世纪以来的空想社会主义思想的启发，并从中吸取了有益的内容，同时也传承了启蒙时代的自由精神，创立了共产主义理论。相较于自由主义理论，共产主义理论具有几个突出的特点。

第一，它主张生产资料归社会所有，生活资料归个人所有，因而实质上是反对自由市场经济的。共产主义社会消灭了生产资料私有制，也就铲除了市场经济存在的根基。既然如此，就不会发生市场经济导致的诸多社会问题。当然，它没有明确在社会主义社会采取什么经济形态，后来社会主义国家在实践中基本上采取计划经济，而中国在实行改革开放后引进了市场经济，使其与社会主义结合为社会主义市场经济。生产资料归社会所有，就不会发生周期性经济危机。

第二，它主张按劳分配和按需分配原则。由于生产资料归社会所有，个人不拥有生产资料，因而土地、厂房、机器设备、工具、原料等生产要素就不能成为社会分配个人所得的根据。社会实行分配的依据在共产主义初级阶段是人们的劳动，而到了共产主义高级阶段则是人们的生存发展享受需要，其前提是各尽所能。这里的前提非常重要，不能忽视。没有这个前提，按需分配就会导致"公地悲剧"。按照马克思恩格斯的设想，人们各尽所能主要靠人们的思想觉悟、道德品质等精神因素来保证，这当然是其前提，但也许还需要法制的保障。既然生产资料要素不能成为社会分配的根据，即使在共产主义初级阶段实行按劳分配，社会也不会产生市场经济必然导致的贫富两极分化问题。

第三，它主张社会发展的终极目的是人的全面而自由的发展。针对资本主义社会工人被资本家剥削和压榨、被机器奴役、生活贫困以及劳动异化、人的异化及其所导致的人的畸形发展等问题，马克思恩格斯主张解放全人类，使人获得全面而自由的发展。他们一方面强调人的全面发展，而非畸形的发展；另一方面主张在全面发展的前提下尊重每一个人的个性自由发展。这样，共产主义理论就可以克服自由主义者片面强调自由可能导致的人和社会物化的问题。

第四，它主张社会是自由人的联合体。按照马克思恩格斯的构想，未来共产主义社会没有国家存在、没有统治阶级和被统治阶级的划分、没有富人和穷人的区别，世界成为基本共同体。社会成员都是社会的主体、主人、主角，所有人都是自由、平等的，社会实行各尽所能、按劳分配或按需分配因而也是完全公正的。社会实行现代化大生产，物资不断涌流，所有人的基本生存需要和基本情感需要都能够得到充分满足，并且可以在此基础上追求发展需要的满足，从而能够获得全面而自由的发展。在这样的社会，人与人之间充满友爱，所有社会成员都能够有尊严地生活，对社会有强烈的归属感。

从实践上看，共产主义理论在 20 世纪初开始成为社会主义国家意识形态。在 1917 年俄国十月革命胜利后，共产主义理论成为世界上第一个社会主义国家——苏维埃俄国的意识形态；1922 年苏维埃社会主义共和国联盟（简称"苏联"）成立后，共产主义理论成为苏联的意识形态。"二战"后，与以美国为首的资本主义阵营对立的以苏联为首的社会主义阵营形成，1949 年时它包括欧洲东部的苏联、波兰、民主德国、捷克斯洛伐克、匈牙利、罗马尼亚、保加利亚、阿尔巴尼亚、南斯拉夫社会主义联邦共和国和亚洲东部的中华人民共和国、蒙古人民共和国、朝鲜民主主义人民共和国等 12 个社会主义国家。南斯拉夫虽然也是社会主义国家，但因为和苏联有矛盾，1950 年后被苏联逐出了社会主义阵营。后来越南、南也门、古巴、安哥拉、埃塞俄比亚等国也加入了社会主义阵营。中国在 1960 年和苏联关系恶化后，实际上退出了社会主义阵营，此后社会主义阵营实际上已不复存在。至 1991 年苏联解体，社会主义阵营彻底瓦解。社会主义阵营的所有国家都是以共产主义理论为意识形态的，社会主义阵营的瓦解并不能证明共产主义理论的破产，因为共产主义理论在中国取得了实践上的巨大成功，而且其影响正在向全世界扩散。

中国特色社会主义的成功表明，马克思恩格斯创立的共产主义理论是目前世界上各种社会思想理论中最有希望成为世界主导社会思想理论的理论。我们也应该承认，共产主义理论还只是世界主导社会思想理论的基调，它要成为世界主导社会思想理论，还需要与人类构建世界共同体的实践相结合，研究和回答世界共同体构建过程中提出的各种问题；需要与世界各民族的文化传统相融合，汇聚全人类的思想文化资源和智慧。这个过程也就是世界主导社会思想理论构建的过程。

（二）构建好世界的社会系统

当代人类要构建的好社会只能是世界共同体，构建世界共同体首先要构建世界的社会系统。人类国家化后，各国根据不同的社会思想理论构建了不同的社会系统。虽然世界上的一些国家在社会思想理论方面有不少相似之处，但各国在社会系统方面几乎没有完全相同的地方。比如，西方国家都信奉自由主义理论，它们各自的社会系统却彼此不同，各有特色。这种情况的出现，是因为信奉同一社会思想理论的不同国家在运用它构建本国的社会系统时都会考虑本国的国情，包括本国的现状和历史文化。当同一种理论与不同国家的国情相结合时，就会产生不同的社会系统，形成不同的社会面貌。世界社会系统在范围上大大超出今天的任何一个国家，包括现存的230多个国家和地区，总人口达70亿。因此，它不可能照搬任何一个现存国家的模式，而只能根据新的社会思想理论来创建新的社会系统。

世界作为基本共同体，仍然是一种社会系统，即以主导社会思想理论为指导，由治理结构调控、以经济结构为主体、以文化结构为规导的总体结构体系。世界治理结构是对整个世界的构建和运行起调控作用的世界调控机构，其主体是世界人民，世界人民通过其代表运用法律治理世界。世界经济结构是世界的生产、交换、分配、消费的结构，它为人类的生存、发展和享受提供物资保障，也为其他结构提供必不可少的物质条件，因而是世界社会系统的基础结构，也是世界共同体的主体部分。世界文化结构主要是指世界共同体的社会意识形态，即社会思想观念文化。世界意识形态以世界主导社会思想理论特别是其价值观为指导，以哲学、人文科学、社会科学、自然科学、技术科学、工程技术等学科形态为基础，以艺术、宗教、礼仪、道德、法律等精神和规范形态为主要内容。世界意识形态是世界治理结构的主要依据，具有指引全人类发展和完善的功能。

从人类构建社会具体形态的历史经验看，构建一个新社会往往是从构建社会治理结构开始的，构建世界共同体同样要从构建世界治理体系着手。马克思恩格斯曾经设想共产主义是自由人联合体，没有说有没有治理体系。在人类历史上，到了母系氏族时期就有社会治理者，即母亲，到了父系氏族时期实际上有了治理机构，《尚书》记载的尧舜时代、《荷马史诗》记载的迈锡尼文明和特洛伊城都有治理体系。范围如此大、人口如此众多的世界共同体不可能完全是由自由人组成的松散联合体，而必须是有高度组织的社会，否则就会陷入无序，甚至会导致战争。既然原始社会后期人类社会都有治理体系，那么可以肯定未来的世界共同体也必定会有治理体系。只有有了世界治理体系才可能有世界的永久和平，也才会有人类的普遍幸福。

原始社会后期社会治理的力量来自家长的权威，到目前为止的文明社会，社会治理的力量则来自国家的暴力机器，如军队、警察、法庭、监狱等。近代以前的文明社会是阶级社会，统治者只有凭借掌握的国家暴力机器才能维护其统治。近代以来阶级对立正在逐渐消失，但国家内部还有敌对势力、外部还有他国可能发动战争，因而国家还需要暴力机器才能维护社会秩序。当然，在国家林立的情况下，防止别的国家侵略也需要国防力量。那么，当人类基本共同体从国家走向世界时还需要暴力机器作为社会治理的力量吗？回答应该是肯定的。至少在可预见的未来，世界社会尚不可能达到马克思恩格斯所预想的所有人都达到了高度自觉，都品质高尚。相反，即使没有国家间的战争，世界内部也可能会发生战争，至少犯罪不可能完全消失，尤其是过失犯罪不可能不发生。这就需要警察、法律、法庭、监狱等暴力机器。而且，世界共同体在最初建立之时可能还需要军队防止有人颠覆世界治理机构。但是，可以肯定的是，虽然世界共同体还需要暴力机器，但社会治理体系的力量并不是来自暴力机器，而是来自世界人民，人民委托其代表自己掌握治理权力进行治理。而且在治理权力中，法律具有最高权威，而法律充分体现人民的意志。社会的暴力机器不过是社会治理者的一种治理工具，如同大众媒体也是社会治理者的一种治理工具一样。

近代以来实行的主权与治权相分离是人类文明的重大进步。为了保证社会治理的效率和社会分工的合理化，世界共同体也只能采取主权和治权相分离的方式构建治理体系。世界的主权在世界人民，世界人民是世界的真正主体、主人和主角。这种主权主要通过法律来维护，而法律尤其是宪法必须充分体现主导社会思想理论特别是价值观的要求，体现世界人民的意志，由人民代表组成的立法机构和立法家制定，并且要充分吸取各国法律文化的合理内容。在世界治理体系中，世界人民至上是根本原则，这一原则体现为法律具有至上的权力。治权指的是具体治理社会的权力，由司法机构和行政机构掌握，一切治权都由法律授权并依据法律行事。掌握司法权的机构的主要责任是维护法律和社会秩序，而掌握行政权的机构的主要责任是增进社会公共福祉，使整个社会朝着社会终极目标即永久和平和普遍幸福运行与发展。

社会治理结构既要以主导社会思想理论为指导，又要以其为核心内容构建社会的意识形态即社会思想观念文化结构。从前文的分析看，世界现行的社会思想理论中，只有共产主义理论才有可能成为世界社会系统构建和运行的指导思想。它本身是着眼于全人类解放和幸福建立的理论，可以与世界社会系统的构建和运行相对接，而且它的根本立场和一些原则实践证明是合理的，可以运用于世界社会系统。如果构建世界社会系统目前能够选择的只有共产主义理论，那么首先就要以它为指导来构建世界文化系统。具体而言，有两方面的工作要做。一方面，共产主义理论并不是现成的世界文化系统构建的理论，它本身还需要通过进一步构建来加以完善。要通过构建，使它同世界文化系统构建的实践相结合、同世界不同民族的传统文化相融合，从而成为最先进的世界社会的主导思想理论和价值观。另一方面，在完善共产主义理论过程中，要使它转化为世界的社会意识形态，从而成为世界社会系统中的文化系统的基础理论。它要具体体现为道德、法律、艺术、礼仪等精神和规范形态。世界意识形态要以全世界的哲学、人文科学、社会科学、自然科学、技术科学、工程技术等学科形态作为其基础和支撑，不断从中吸取营养，使自己永远保持生机活力。同时，它也要发挥对各学科形态的指导和规范作用，使之健康发展。

相比较而言，世界经济结构比较容易构建。几百年来市场经济发展的最大贡献之一，是使经济全球化。经济全球化就是商品、技术、信息、服务、货币、人员、资金、管理经验等生产要素跨国跨地区流动，使世界经济日益成为紧密联系的一个整体。世界经济结构的终极功能是给全人类提供满足生存发展享受需要所需的物资和条件，满足这些需要就是世界经济的终极目的，也是世界生产的终极指向。今天世界全球化的经济形态是市场经济，市场支配着整个生产、交换、分配和消费的过程。世界共同体的经济形态最好不是市场经济，但目前尚未发现更好的经济形态。自然经济肯定不适合全球化的世界社会。过去社会主义国家实行的计划经济也暴露出一些难以克服的问题。其最突出的问题有二：一是对微观经济活动与复杂多变的社会需求之间的矛盾难以发挥有效的调节作用，容易使生产与需求之间相互脱节；二是不能合理地调节经济主体之间的经济利益关系，容易造成动力不足、效率低下、缺乏活力等现象。过去在一国范围内计划经济的问题都难以解决，在范围大得多的世界实行计划经济，肯定会出现更多的问题。在人类没有发现既具有计划经济的优势又具有市场经济的优势的经济形态之前，世界的经济一方面要发挥"看不见的手"的作用，使市场在资源配置中起决定性作用；另一方面要发挥"看得见的手"的作用，在市场经济之外辅之以治理机构的宏观调控，以克服单一市场调节的自发性、盲目性和滞后性等缺陷。

要充分发挥市场经济的作用并防止其可能导致的消极后果，世界治理机构需要解决好以下问题：一是使全人类的基本生存需要普遍得到满足，这样可以避免市场经济可能导致的两极分化；二是限制过度奢侈品生产并实行房产年度税制度，使人们生活质量和生活水平的差异控制在合理的限度之内；三是实行遗产累进税制度，使成年人不能坐享其成，而必须从事劳动；四是有效扼制市场主体的一切极端利己、不择手段的行为；五是市场经济起作用的范围只在经济领域，有效防止它浸染整个社会。做到了这几点，市场经济仍然能发挥配置资源的作用，但作用范围就大大缩小，产生负面作用的可能性也会变小。

（三）凝聚世界各方力量

构建世界共同体是人类有史以来最宏伟的事业，也是最艰难的事业。要完成这一事业需要汇集世界上各方面的力量，齐心协力，攻坚克难，砥砺前行。无论是从人类文明发展的总趋势看，还是从当代人类面临的深重生存危机看，构建世界共同体都势在必行，刻不容缓。而且构建的路径只能是和平、民主的方式，而不能是争斗、专制的方式，否则会有比两次世界大战更大的灾难降临。世界上的各方力量都要在这一点上达成共识，自觉地参与和支持世界共同体的构建，而不是设置障碍和增加阻力。

第二次世界大战后，世界上形成了许多可以对世界共同体构建产生重要影响的组织群体，其中比较重要的有国家（包括政府和执政党）、国际组织、国际企业、世界性宗教等四大类。把这四大类组织群体的力量汇聚起来，世界共同体的构建就指日可待。

今天世界上有近 200 个国家，国家都具有疆域、人口、主权，是世界中独立自主的个体。虽然它们已经被各种不同的国际组织在不同程度上、在不同方面联系在一起，但并没形成一个类似于国家的自为系统。对于构建世界共同体来说，它们是最大的阻力，也是最重要的依靠力量。怎样使世界各国积极参与世界共同体的构建并将其力量汇聚起来，是世界共同体构建面临的最大难题。其难题主要有三个方面：一是国家有大有小，一些大国会极力维护本国在世界上的突出地位；二是国家有强有弱、有富有穷，一些强国、富国担心构建世界共同体会让弱国、穷国沾光，从而损害本国利益；三是无论国家大小，国家领导人大多不愿放弃自己至上的领导地位。对于这些问题，解决的途径无外乎三条。其一，通过各种方式使世界上所有国家，尤其是大国、富国意识到人类已经成为一个命运共同体，不构建一个世界共同体，人类就无法彻底走出当代人类面临的严重生存危机。让世界各国普遍形成世界共同体对于全人类的重要性的意识，是解决上述难题的前提。其二，通过某一个或几个大国的强大实力和道义力量促使其他国家放弃本国主权，融入统一的世界共同体之中。这条路径有些类似于欧共体或欧盟形成的路径。其三，通过各种国际组织对那些严重阻碍世界共同体构建的国家采取制约措施。如果世界上的多数大国、强国、富国能够积极参与，世界共同体构建就没有什么大的问题，至于构建什么样的世界共同体可以反复协商，最后形成共识。

国际组织是构建世界共同体的重要推动力量，问题在于如何把它们的力量汇聚起来。国际组织是指两个以上的国家或其政府、人民、民间团体基于特定目的，以一定的协议形式建立的各种机构，可以划分为政府间国际组织和非政府间国际组织，也可以划分为区域性国际组织和全球性国际组织。政府间国际组织有联合国、欧洲联盟（欧盟）、非洲联盟、东南亚国家联盟（东盟）等，非政府间国际组织有国际足球联合会、乐施会、创行、国际奥林匹克委员会、国际红十字会等。国际组织是为了适应国家之间的交往日益频繁、交往的领域和地区不断扩大而产生和发展起来的。国际组织最早于 19 世纪在欧洲出现，如莱茵河、易北河等国际河流委员会，冷战结束后不仅数目剧增，而且范围扩大，早已冲破初创时期的地域、领域局限，活跃在当今人类社会的许多方面。国际组织的大量涌现表明，随着人类全球化进程加快，国际社会组织化程度大幅度增强。

几乎所有国际组织都致力于从不同方面推进世界一体化进程，对于它们来说，国家主权、疆界、国防都是其从事活动的障碍。它们在构建世界共同体方面至少有三方面的积极意义。其一，它们是打破构建世界共同体障碍的最有效力量。如果把几万个国际组织联合起来支持世界共同体，那么任何阻碍其构建的国家都会有所忌惮。其二，它们从不同方面尤其是在经济、政治、文化方面为世界共同体构建奠定了基础、准备了条件、积累了经验。其三，它们本身就是未来世界共同体的组织群体，是其社会系统中重要的组织主体。它们将来与各国的相关组织相结合，世界的组织群体就相当齐备了。在所有的国际组织中，联合国的意义最大，它可以成为世界共同体构建的领导力量，而且有可能成为未来世界共同体的治理机构。就目前而言，它可以通过联合国大会、安理会及所属各种国际组织直接推动世界共同体的构建，包括：采取适当的制约措施消除构建中的障碍；利用其影响力，动员其他所有的国际组织参与世界共同体的构建，形成强大的国际舆论和制约力量；借助有意构建世界共同体的一个或几个强国的综合实力和道义力量强力推进构建的进程，冲破那些顽固和反动势力的阻力。

（四）融汇和创新人类文化传统

人类要构建的未来社会是世界共同体，这在人类历史上是第一次，会开创人类文化的新传统。这种新文化传统不是与自古至今众多不同的文化传统割裂的，而是在融汇历史上众多文化传统基础上通过批判的综合创新形成的。这种新文化传统的形成将标志着人类社会从分散的地域性历史向整体的世界性历史的巨大跨越。融汇和创新人类的文化传统是使人类所要构建的世界共同体成为真正好社会的前提。

人类历史上的文化传统极其丰富，同时也极其复杂。融汇和创新人类文化传统，首先必须厘清人类已有的文化传统。已有的文化传统是指贯穿于不同社会形态各个历史阶段的各类文化的元素和精神。人类历史上的社会形态不是统一的，而是各别的，而且不是持久的，而是间断的，与之相应的文化传统也是各别的、间断的。我们不能将文化传统理解为自古至今一以贯之的文化。实际上，这种文化在过去的人类历史上是没有的。我们不能以一种文化形态是否传承到今天作为标准来衡量文化，而要考虑历史上任何一种社会形态的文化是否有元素或精神在后来的社会生活中发生作用。其中还有一种可能，这样的元素和精神在历史上消逝之后，一直没有在后来的社会发生作用，但将来某时可能再复兴。历史上这样的事例不少。

根据这样一种考虑来对待文化传统，我们就会发现，历史的遗留物包括物件或信息（如历史文献）都可视为文化传统的承载者，不同具体社会形态留存下来的遗留物体现了那个时代的文化，是那个时代文化传统的标志。也就是说，历史上任何一种社会形态的文化体系对于后人来说都是一种文化传统，只要它给后人留下了遗留物。如果从基本社会形态的角度考虑，今天人类构建世界共同体时面临几大类型的文化传统：一是原始社会后期的氏族文化，如古希腊的迈锡尼文化、古希伯来文化、古中国炎黄文化和尧舜文化等；二是前轴心时代传统社会文化，如各文明古国的文化；三是轴心时代的文化，主要有春秋战国文化、古希腊和古罗马文化等；四是后轴心时代传统社会文化，如中国皇权专制主义文化、欧洲中世纪文化、伊斯兰文化等；五是现代社会的文化，今天世界上每一个国家的文化都是一种现代社会文化，笔者称这种文化为国族①文化。今天构建世界共同体要以批判的态度从所有这些不同类型的文化中吸取营养，同时抛弃其中的糟粕，这也就是毛泽东所说的"去粗取精、去伪存真、由此及彼、由表及里的改造制作工夫"。②

原始社会后期的氏族文化是人类最早的文化形态，可追溯到母系氏族公社的出现，但到了父系氏族公社时期才发展成熟。这种文化对当代仍然有影响，因而可以说是人类最早的一种文化形态。其影响主要体现在两个方面。一是氏族文化在世界的一些地区一直保留到了现代。世界上不少地区的氏族文化一直保留到了第二次世界大战后，但国家化最后使这种文化衰竭。北美的一些国家（如美国）甚至把印第安部落保留到了今天，这些部落仍然有浓郁的氏族文化遗风。二是氏族文化中的一些元素在今天的许多国家都有所保留。比如，氏族文化特别重视社会治理者德才兼备、以德为先，今天的中国就把这一要求转化为对作为社会治理者的党政干部的基本要求，也是选拔和任用党政干部的基本标准。氏族文化中包含的诉诸战争解决氏族部落之间冲突的做法，也为今天一些国家所继承，两次世界大战、美国侵略越南等战争就是这样爆发的。

从今天构建好社会的角度看，氏族文化传统中有些因素值得发扬光大。其中特别值得注意的有以下几点。第一，珍视亲情。氏族是血缘共同体，即便是部落联盟成员之间也有较远的血缘关系，那时的人们非常珍视这种亲情。不同部落之间常常发生战争，但同一部落内部相互倾轧较少。在现代社会，亲情越来越淡漠。氏族的亲情观念值得发扬光大。第二，重视德性。关于这一点前文已经谈到，这是特别值得传承和弘扬的。现代社会虽然也重视社会治理者的德性品质，但许多社会治理者本人对此缺乏自觉，不然就不会有那么多的贪腐官员。氏族文化中以德性治理社会的做法也需要发扬。近代以来许多人只推崇法治，否定德治，已经导致很多问

① 国族是把现代每一个国家看作一个现代民族。同一个国家中可能有不同的民族，它们既然都在一个国家之内，就都是国族的成员；也有同一个民族在不同国家的情形，在这种情形下，国族仍然指的是某个国家的所有民族，无论其是否与其他国家所属的民族有某种相同性或一致性。

② 《毛泽东选集》第1卷，人民出版社，1991，第291页。

题。一个真正好的社会应该是德治与法治并重的社会，而不是现代西方社会那样的法治社会。第三，爱护整体。在氏族社会，个体尚未完全从整体中分离出来，个人愿意为氏族牺牲一切。这一点在《荷马史诗》中有明显的体现。近代以来，个人从整体中分离出来的同时，整体意识逐渐淡化，甚至有人为了个人利益而牺牲整体利益。好社会的成员应该充分实现自我，但这只有通过为社会做贡献才能做到，因此要增强人们的整体意识，促使人们自觉将自己的命运与整体的繁荣紧密地结合起来。此外，敬畏观念、禁忌观念、敬老观念等也值得今天弘扬。氏族文化中也有一些糟粕，如好战斗勇、血亲复仇、家长制等，这些糟粕在今天或多或少有一些遗存，需要彻底清除。

前轴心时代前的传统社会是指公元前 8 世纪至公元前 6 世纪以前的传统社会。相较于氏族文化，这一时期给今天留下了更多文化元素。比如，文字就是这时出现的，还有与青铜器、铁器、瓷器等相伴的文化，以及道德、礼仪、宗教、政治、法律方面的意识形态文化等。但是，这个时期的文化精神总体上看有几大明显的问题。一是实行阶级统治。社会中少数掌握政权的统治者剥削和压迫广大的老百姓，社会的一切文化都打上了阶级的烙印。二是宗教色彩深厚。统治者为了维护自己的统治，拼命推崇神灵或上天的权威以愚弄百姓，整个社会文化笼罩在一道道圣灵的光环之下。三是社会尊卑贵贱等级森严。氏族社会晚期开始有了尊卑的区别，但没有贵贱之别，到了这个时期变成了尊卑以贵贱来加以划分。这些文化精神在后来的文化中得到了传承，这是今天仍然需要摒弃的文化糟粕。

轴心时代是人类历史的一个特殊时期，如果说进入传统社会标志着人类从野蛮走向文明，那么进入轴心时代标志着人类从思想走向理论。其突出特点是将原始社会末期的那种好战斗勇发展到了极致，从不同社会之间延伸到了社会内部，使社会陷入长期的战乱。中国的春秋战国时期、古希腊的古典时期、古罗马的共和国和帝国时期无不如此。正是因为天下"礼崩乐坏"、战乱不已，所以出现了一大批以治理乱世、拯救生民为使命的知识分子（士人）。他们从不同的时代背景、社会地位、亲身感受出发不断探索济世救民的真理，出现了"百花齐放，百家争鸣"的学术繁荣局面。他们提供的各种思想理论对后来的社会产生了广泛而深远的影响，成为人类历史上最珍贵的文化传统。他们努力所取得的思想理论成果充分体现了知识分子的使命："为天地立心，为生民立命，为往圣继绝学，为万世开太平。"（张载语）这种文化传统不仅后来得到了传承，而且在不同历史时期得到了发扬光大，其中许多内容都是构建世界共同体需要吸取并转化的。

轴心时代思想理论文化的内容极其丰富，值得今天传承弘扬的精华也很多。其中最值得世界社会思想理论和意识形态吸取的有以下几个方面。第一，认为整体高于个体，着眼于整体来评价人生价值。轴心时代思想家把整体看作先于并高于个体的，强调个体的人生幸福和价值必须通过齐家、治国、平天下来实现，而不是通过谋取私利以满足不断膨胀的欲望来实现。第二，把个人的整体生活的繁荣视为人生的终极目的。在轴心时代思想家看来，一个人整体生活好就是把人性充分地开发出来并加以发挥，这才是人的幸福。近代以来，伴随市场经济产生的追求欲望满足的幸福观已经导致非常严重的消极后果，亟须通过弘扬整体繁荣幸福观来取代欲望满足幸福观。第三，把好社会的构建视为实现好生活的最重要保障。轴心时代的思想家都高度重视理想社会构建问题，之所以如此，是因为他们针对乱世痛定思痛，从而清楚地意识到好社会对生活的根本性意义。这种思想与近代以来把社会看作"守夜人"的消极观点形成了鲜明对照。好的世界共同体必须把自身构建成理想的社会，构建成最有利于世界人民普遍过上好生活的真正好社会。当然，不可否认，所有这些思想也不可避免地会带有时代的、阶级的局限性，但其基本精神具有永恒的效力，不可违背。

后轴心时代的传统社会文化是传统社会的成熟文化，也是其典型文化。这种文化虽然吸取了轴心时代思想家的思想理论，但总体上看把前轴心时代传统社会文化的精神发展到了极致，将其局限和问题充分地暴露了出来。如果说这个时期有一些值得今天弘扬的文化元素和精神的话，那么主要有两个方面。一是追求社会的大一统。无论是在中国还是在西方，轴心时代都是分裂、战乱的时代，因此实现社会统一是民心所向、大势所趋，也符合轴心时代思想家的期盼。因此，中国建立了大一统的皇权至上的封建国家，西方西罗马帝国灭亡后又建立了以罗马教廷为中心的大致上统一的中世纪社会。这个时期中西文化对大一统的追求客观上反映了人类从分散走向统一的总趋向。今天弘扬这种追求社会统一的精神有助于克服近代以来国家化逆向发展及其导致的消极后果。二是高度重视社会治理体系的建设。在这个时期，中西治理者为了维护大一统社会的秩序，都意识到社会治理机构的极端重要性，因而都重视政权建设。中国建立了延续2000多年的复杂的皇权专制的治理体系，虽然不同朝代的治理体系不断被打破，但其基本架构2000多年没有太大的变化。西方中世纪建立的以神权等级制为核心的治理体系，也经历了1000多年才被英国资产阶级革命打破。这个时期重视大范围社会治理体系构建的意识及其经验都很值得我们借鉴，而这种意识和经验是现代国家所不具有的。

亨廷顿在《文明的冲突与世界秩序的重建》一书中提出，冷战结束后，冲突的基本根源不再是意识形态，而是文化方面的差异，主宰全球的将是"文明的冲突"。他把冷战后世界格局的决定因素划分为中华文明、日本文明、印度文明、伊斯兰文明、西方文明、东正教文明、拉美文明，还有可能存在的非洲文明。他的这种划分基本上还是从文化传统来划分的，实际上，随着"二战"后整个世界国家化的完成，每一个国家逐渐成为一个国族，而每一个国族都有自己的文化。例如，在亨廷顿所说的西方文明中，今天的美国文化与德国文化、英国文化、荷兰文化已经存在相当大的差异。世界上除非洲和亚洲少数地方仍然存在战乱之外，绝大多数国家都比较稳定，它们在继承文化传统的基础上逐渐形成了本国新的文化传统。虽然美国最初的移民来自英国，传承了西欧的文化传统，但几百年以后，他们塑造了以实用主义为主要特征的美国文化，它与西欧传统文化甚至与作为直接文化母体的英国文化有了很大差异。冷战结束后，伴随着全球化、信息化的进程加速，各国都极力彰显、弘扬和发展具有本土特色的本国文化，世界国族化的民族格局已经形成。

国族文化是构建世界主导社会思想理论、文化结构乃至整个社会体系必须直接继承的文化传统。如果不能与今天世界上的近200种国族文化对接并从中吸取优秀内容，世界主导社会思想理论就不可能得到世界各国和世界人民的认同，使它意识形态化也就会成为一句空话。今天的近200种国族文化，内容极其丰富，且各有其优势，倘若不是如此，它们就不可能为其社会成员接受并传承下来。当然，各种国族文化也有自身的局限和不足。世界文化结构要充分吸收国族文化的优势，避免其问题，而从其思想理论的角度看则要重点吸取当代世界现行的自由主义、共产主义和宗教神学三大思想理论的合理内容，并在此基础上综合创新。在这三种思想理论中，自由主义是对宗教神学的批判性超越，共产主义则是对自由主义的批判性超越。虽然共产主义理论的历史比较短，在世界上的影响有限，但反映了人类社会发展的必然趋势，因此构建世界主导社会思想理论要着重继承和创新共产主义思想理论传统。

第五章　好自然

人必须在自然环境中生存，人生存发展享受需要满足的一切物质、能量最终都来自自然环境。好生活需要好自然，自然不好，人类不仅不会有好生活，甚至不能生存下去。自然广义上指的是自然界，大至整个宇宙系统，小至作为最小元素的基本粒子。对于人类生存来说，最大的自然是日地月系统，而最直接的自然则是日地月系统中的自然生态系统①（生态意义上的自然），人类好生活所需要的好自然主要是指好的生态系统。自然生态由于受人类文明的影响已经越来越人化，今天的好自然再也不是也不可能是原生的自然生态，而只能是人化的自然生态。人类文明在发展的过程中已经破坏了原始自然生态，尤其是工业革命以来，环境污染和生态破坏已经导致原始自然生态不可能再得到恢复。而且，即使能够恢复原始自然生态，它也不能满足人类日益迅速增长的需要。在这种情况下，人类必须利用现代文明的成果在顺应和保护自然的前提下重构自然，使自然适应人类好生活的需要，实现好生活与好自然的良性循环。

一　好自然的含义与意义

"好自然"是一个价值概念，它不是指自然本身的好，而是指对于人类而言的好。对于人类而言的自然主要是自然生态系统，因而好自然也就是好自然生态。今天的自然生态已经是人化的自然生态，是被破坏了的自

---

① 为了区别起见，我们把包括社会系统的生态系统称为"生态系统"或者"生态"，而把不包括社会系统的生态系统称为"自然生态系统"，或者简称为"自然生态"。相应地，把包括社会系统的和谐生态系统称为"和谐生态"，而把和谐自然生态系统称为"和谐自然生态"。

然生态。对于人类而言，它已经不是好自然生态，而是坏自然生态或者说有严重问题的自然生态。因此，必须着眼于人类的好生活，并根据自然生态的承受力以及人类改造自然生态的能力，探究什么样的自然生态是与好生活相适应的理想自然生态。当这种理想自然生态转变为现实的好自然生态时，好生活才有可靠的自然生态保障，好生活才会与好自然生态相协调、相和谐，好自然的意义也才能得以彰显。

（一）好自然与和谐生态

什么样的自然是好自然？对于这一问题，自古以来存在意见分歧，而这种分歧又是跟人与自然之间关系问题密切相关的。如果不考虑原始社会把自然看作一种异己的、控制人的力量而敬畏它，那么文明社会的好自然观念经历了一个变化的过程。

大致上说，传统社会的主导观念认为原生的自然就是好自然，即使有自然灾害，人也无可奈何，充其量只能乞求老天爷或神灵保佑。因此，人不是要去改造自然，而是敬畏自然、顺应自然，自觉与自然保持一致或和谐。中国古代普遍信奉的"天人合一"观念，其前提就是自然本身是和谐的、好的，因此人不能脱离自然更不能违背自然，就人自身而言就是不能违背体现自然的自己的本性。在中国古代，道家对这种观点有最典型的表达，其把作为天地本根的"道"理解为"自然""无为"，而这就是宇宙万物的本真状态，并主张已经文明化了的人回归到这种本真状态。

从近代开始，为适应市场经济的需要，人类向自然进军，一方面充分利用自然的资源，另一方面将自然改造成适合于人类需要的自然。人们认为，好自然并不是原生的自然，而是人类改造后所形成的以人类为中心的自然（我们可相对于"原生自然"称之为"人为自然"）。马克思所说的"哲学家们只是用不同的方式解释世界，问题在于改变世界"[①] 充分表达了这种人为自然观。

近代以来，人们征服自然的实践活动导致了环境污染和生态破坏的严重后果，一些当代思想家又提出真正的好自然应该是那种原生自然，而不

---

① 《马克思恩格斯文集》第 1 卷，人民出版社，2009，第 502 页。

是被人类改造的人为自然。著名环境伦理学家罗尔斯顿就持这种观点，他认为当今环境危机产生的根源在于，人类中心主义主导着人类的思想，使人忽略了自然本身具有的价值和存在的目的。因此，解决环境问题的具体措施就是要让人类适应自然，只有这样自然才能保持自身的和谐与稳定。

从上面的简要考察可以看出，对好自然的理解实际上有两种。一种是从自然本身来理解，即原生的自然就是和谐自然、好自然，人类不能破坏它。如果破坏了，人类就要恢复它，并要使自己回归到作为自然的一个环节或一个普通物类（尽管比其他物类高级）的状态。另一种则以人类为尺度判断自然的好坏，如果自然不能适应人类的生存发展享受需要就要改造它，使之适合人类。相比较而言，第一种观点看起来更有道理，但实际上是不可能的。人类文明发展到今天，人类已经不像在传统社会更不像在原始社会那样只是生态系统中微不足道的一部分，而是已经在自然生态系统之外构建了一个无论是规模还是力量都远远超过自然生态系统的社会系统或人类系统。这个系统即使停止任何对自然的改造活动，单凭它存在于地球上的自然生态环境之中，自然生态也不能承受其重。比如，今天人类产生的垃圾如果不及时处理，要不了几天就会堆成山，环境污染的程度会呈几何级数增长。不可否认，近代以来人类缺乏对自然脆弱性的认识，再加上追求利益最大化，把自然环境作为"公地"对待，导致了严重的环境问题。但人类开发改造自然是不可避免的，那种原生自然在今天根本就不能满足人类最起码的温饱需求。因此，问题不在于原生自然好还是人为自然好，而在于什么样的人为自然好。

既然我们所讨论的好自然是人为意义上的好自然，那么就需要对这种意义的好自然做一个界定。人为自然归根到底是为人类好生活服务的，要按照好生活所需要的自然来构建，因此我们需要从好生活的角度来界定好自然。当然，还必须考虑自然的承受力和人类构建自然的能力。考虑这几个方面的因素，我们可以给好自然做这样一个界定：所谓好自然，就是人类在顺应和保护自然、尊重和遵循自然规律的基础上构建的，以生态平衡为基础的，有利于人类更好生存的，自然与人类、自然生态与人类社会和谐共生、良性互动的和谐生态系统。关于这一界定，有以下几个方面需要加以阐述。

第一，好自然就是和谐生态。人类面对的自然即自然界有三个层次，一是广袤无垠的宇宙，二是日地月系统，三是自然生态系统。人类的人造物虽然已经走出太阳系①，但太阳系之外的天体及其系统与人类没有什么直接关系。就日地月系统而言，只有其中的自然生态系统才是人类在其中生存、与人类息息相关的自然系统。当然，它不是孤立的，而是以日地月系统为依托的，其物质和能量都来自这个系统。就目前而言，人类真正能够作用的也只有自然生态系统。因此，我们所说的好自然并不是指好日地月系统，更不是指好银河系统或好宇宙系统，而是指好自然生态系统。自然生态系统以外的天体系统虽然可能对我们有利或有害，但我们通常不会对它们做善恶评价，它们即使对我们有害我们也无可奈何。比如太阳上出现大量黑子会导致无线电通信受到严重阻碍，甚至会突然中断一段时间，对飞机、轮船和人造卫星的安全等造成严重威胁。对此，人类无法改变，只能采取一些防范措施。明确这一点的重要意义在于，我们可以把构建好自然的焦点放在自然生态系统上，而放弃征服和开发整个自然界的妄想，停止目前世界各国开发太空的竞赛。

生态和谐就是生态系统和谐，其前提和基础是生态系统。生态系统是指在日地月系统中由生物群落及其生存环境共同组成的动态平衡系统。生物群落由存在于地球上一定范围或区域内并互相依存的一定种类的动物、植物、微生物组成。生态系统的范围可大可小，最大的生态系统是地球上的生物圈，好自然意义上的好自然生态指的就是地球上的生物圈，涵盖其中所有大大小小的生态系统。生物群落内不同生物种群的生存环境包括非生物环境和生物环境，非生物环境又称无机环境、物理环境，如各种化学物质、气候因素等，生物环境又称有机环境，如不同种群的生物。生物群落同其生存环境之间以及生物群落内不同种群生物之间不断进行着物质交换和能量流动，而且它们共处于互相作用和互相影响的动态平衡之中，而其能量主要来自太阳。太阳就像一台发动机，源源不断地给生物圈提供能

① 1977年9月5日，为了研究外太阳系，美国宇航局发射了旅行者1号探测器，到2019年，旅行者1号已经在外太空飞行了41年，离地球约218亿公里，就算是光速也需要20个小时，它成为距离地球最遥远的人造物。

量。和谐生态的基础是生态平衡，没有生态平衡就不会有和谐生态，但两者并不等同。人类所要构建的和谐生态以生态平衡为前提，但还要能够满足全人类生存发展享受所需要的自然物资、条件和能量。因此，和谐生态不仅要具有自然性，而且要具有合目的性。只有同时具有这两种特性，其才是合理的，也才是对于人类来说真正好的。

第二，生态和谐不是自然天成的，而是人为构建的。就是说，我们所说的生态和谐不是原生的和谐生态，而是人为的和谐生态。今天人类面临的自然生态不是原生的，而是已经在相当大程度上人化了的。即使人类今天不再污染和破坏已经人化的自然生态，它也不可能恢复到原生状态，因为几百万年来人类给自然生态注入了太多的人为因素。问题更在于，人类为了满足自身生存发展享受的需要，不可能不去触动现有的自然生态系统。比如，人类不可能不去开采石油、煤炭，不可能不建造房屋和其他必要的设施，也不可能不向自然排放废气、废水、废料等。人类几十亿人口都要生存，都要谋求生存得更好，就不得不去触动自然生态。因此，今天的人类唯有在向自然生态索取的同时利用自身的力量改造自然生态，不断动态地实现自然和谐，使之更适合人类的需要。可以说，人类必须自主地构建和谐自然生态是人类不得已的选择，一切试图让自然生态自发地恢复和谐的想法不仅是不切实际的，而且是在实践上有害的。它会使人类放弃对于自然生态不得不承担的责任。

第三，人类构建生态和谐不是为了生态系统本身，而是为了人类更好地生存或过上好生活。罗尔斯顿针对传统的人类中心主义价值论提出了一种非人类中心主义价值论，即客观内在价值论，认为不应该把人的利益作为世界万物是否有价值或者有多大价值的衡量尺度，而应当承认自然本身是有价值、有自身的价值尺度的。这种价值是自然的内在价值，是独立于人类评价的、非工具性的价值。这种看法从本体论看是不能成立的，因为整个宇宙是一个庞大的系统，其中每一事物都有它存在的价值。但这种价值并不是它的内在价值，而是它对于他物有价值。一个事物如果对于他物没有价值或只有负价值，它就无所谓价值，因为没有什么纯然独立自存的价值。任何事物的价值都在于它的合目的性，它的存在符合他物的目的它就具有了潜在的价值，而实际满足了他物的需要就具有了现实的价值。自然生态之所以有价值，正在于它能够满足人类的需要。实际上，罗尔斯顿所列举的大自然所承载的生命支撑价值、经济价值、科学价值等 14 种价值全都是相对于他物（主要是人类）而言的价值。人类构建和谐生态的目的一方面是要让自然生态更充分地体现或彰显其自身对于人类的价值，另一方面则是要让自然生态生成更多更优秀的对于人类的价值。人类构建和谐自然生态的直接价值指向是让生态系统本身和谐，而背后的深层目的则是让生态系统能够给人类带来更大的效益。

第四，构建生态和谐不是人类的率性而为，而是以顺应和保护自然并尊重与遵循自然规律为根本前提和根本要求的。人类早已认识到自然生态直接给人类提供的价值是有限的，因而人类必须改造自然才能使其更好地满足自身的需要。人类制造的第一个石器是人类改造自然的开始，这种改造已经伴随人类几百万年，而且还将永远伴随下去。人类曾一直认为大自然威力无比（如雷电、洪水、地震、火山等），而且其资源取之不尽、用之不竭，于是只想到征服它并从中获取财富。然而，1962 年美国科普作家蕾切尔·卡逊创作的科普读物《寂静的春天》的出版，以及 1972 年罗马俱乐部《增长的极限：罗马俱乐部关于人类困境的报告》的发布，使人类从自然乐观主义中惊醒，而这时人类所面临的环境问题已经十分严重。历史事实表明，人类对自然生态的破坏并不完全是人类有意所为，而主要是人类对自然生态的脆弱性缺乏意识导致的。自然生态危机的严重绝不意味着人类不可以去改造自然，因为人类不去改造自然就不能生存下去，而只是说明人类需要转变对于自然的观念和态度。一方面，不能把自然生态看作威力无比的力量和取之不尽的宝库，而要把它看作相当脆弱且资源有限的系统；另一方面，改造自然生态必须以顺应和保护它为前提，不能破坏性地掠夺，更不能肆意排放废弃物，同时任何改造都要尊重和遵循自然规律，不能无所顾忌、胡作非为。许多事实表明，如果人类能够做到这两点，人类的改造活动不仅不会破坏自然生态，而且可以给人类带来更大的综合效益。例如，中国四大沙漠之一的毛乌素沙漠经过 60 多年的治理，沙土面积已经减少 860 万亩，曾经的不毛之地现在已经生机勃勃。这表明改造并不等于破坏自然生态，反而完全可能恢复和重建自然生态，使之服务人类。人类的许多实践表明，人与自然生态的关系并不必然是零和博弈关系，而完全可能是正和博弈关系。当然，正和博弈关系的建立者只能是人类，而不可能是自然。

第五，和谐生态不是人以外的和谐生物圈，而是包括人在其中的人与自然和谐共生的和谐生态系统。人们通常将生态系统视为外在于人类的，似乎人类社会或社会系统与生态系统是两个不同的系统，这就如同人们常常将人类视为动物之外的物种一样。实际上，人类属于动物，只不过是其中的最高级动物，社会系统也属于生态系统，只不过是其中的最高级系统。忘记人是动物、社会系统属于生态系统，这是导致人类常常误入歧途的重要原因。动物包括人类，生态系统包括社会系统，这是不可否认的客观事实，只不过人类常常因为自身的高级性而不愿意承认。相较而言，中国古人对于这一点比今人有清楚得多的意识，所以他们都把实现天人合一作为人生最高境界。人类在自身陷入严重生存危机的今天，必须正视这一事实，并在对此形成共识的基础上实现包括社会系统在内的自然生态系统的和谐。这种和谐就是笔者所说的人天和谐，包括社会本身的和谐、社会之外的自然生态的和谐，以及两者之间的和谐。[①] 具体地说，这种和谐的内涵包括世泰民安、生态平衡、风调雨顺、人天交融、生生不已。

（二）和谐生态的基本特征

和谐人为生态与和谐原生生态具有一致性，也有自身的不同特征。就相同性而言，至少有四个方面。

一是它们的范围相同。我们所说的生态系统指的是生物圈，而生物圈是地球的一个外层圈，其范围大约为海平面上下垂直约 10 公里的部分，包括地球大气圈的底部、岩石圈的表面、水圈的全部。生物圈是一个封闭且能自我调控的系统。一般认为，生物圈是从 35 亿年前生命起源后演化而来的，直到 4 亿年前陆生维管植物出现，陆地生态系统才逐渐形成，并在地球历史后 1/10 的时间里达到繁荣。陆生维管植物不仅成为陆地生态系统主要的初级生产者，而且为陆地生物提供了适宜的栖息环境，从而促进了陆

---

① 参见江畅《迈向人天和谐——超越"天人合一""主客二分"的新愿景》，《南国学术》2019 年第 3 期。

地动物的进化和多样性的发展。当陆地生态系统形成时，地球表面各主要部分才被生物基本覆盖，真正的生物圈才最终形成。虽然人类出现后生物圈受到了人类影响，但人类构建的生物圈在范围上相较于人类出现之前的原生生物圈并没有多大的变化，仍然是地表上的有机体包括微生物及自下而上的环境。如果人类今后构建生态系统的活动是顺应和保护自然并尊重和遵循自然规律的，地球上生物圈的范围就不会改变。也就是说，人类合理改造自然生态的活动不会使生物圈缩小或发生大的变异。当然，如果人类仍然对自然生态肆意妄为，例如发动核战争，生物圈完全有可能缩小或变异。

二是它们都是动态和谐的。原生生态系统是经过 30 多亿年的演化逐渐形成的。如同通过长期演化逐渐形成的整个宇宙是动态和谐的一样，通过长期演化逐渐形成的生态系统也是动态和谐的。这种情境在我国最早的经典《易经》中就已经得到深刻的表达。《易经》中的宇宙是一个生命整体，其任务或目的就是"生"，即所谓"生生之谓易""天地之大德曰生""天地感而万物化生"。生是宇宙的基本法则，遍及天地万物，生生不息。《易经》认为，天地"静而正"，万物可"顺性命之理"。所谓"性命"就是某物之所以为某物的本质规定性。在天地之间，每一物无不有它自己生成、存在的理由、价值和意义，它们都是自己生长出来的，没有一个超自然之物主宰着它们。所以《乾》"用九"表示"见群龙无首，吉"，《象》曰"天德不可为首也"。《易经》讲的天地万物实际上指的就是生态系统，而非整个宇宙系统。因为在当时没有任何天文仪器的情况下，人的眼力观察的范围十分有限，除了能够观察遥远星辰的光亮之外，在高山顶上观望最远也只能达到 320 公里。在人类开始干预生态系统后的很长时间内，虽然对其做了很多的改造，也产生了各种非自然的后果，但并没有改变生态系统生生不已的动态和谐进化过程。人类自主地构建和谐生态也必须遵循生态系统自身进化的规律，只不过使它的进化更符合人类的目的，更有利于人类的生存发展享受罢了。

三是它们都可持续。生物进化史表明，地球的生物圈是持续进化的，经过 30 多亿年发展到今天，形成了日益完善的生态系统。法国学者居维叶（Georges Cuvier, 1769~1832）于 1821 年提出过一种灾变论，认为在地球历史上发生过多次巨大的灾变事件，其中许多是局部的灾难，但也有些是世界性的，每经历一次灾变，原有生物被毁灭，新的生物则被创造出来。这种理论至今仍然是一种假说，即使果真如此，那也不能证明生态系统不是持续的，相反更能证明它具有强大而顽强的生命力，历经灾变而百折不挠、历久弥坚。如果没有日地月系统的天文事件、地球环境的巨变以及人类有意或无意的毁灭性破坏，生态系统会与地球共存亡。人类构建生态系统不是揠苗助长，更不是竭泽而渔，而是要让它沿着自己的进化轨迹不断延续下去，只不过在尊重其进化规律的前提下使之符合人的意图，服务于人类的需要。假如人类构建的生态系统是短暂的，那么人类的生命也会随之结束。因此，人类构建生态系统必须以它能永续为前提，否则其他一切都无从谈起。

四是它们都能够给人类提供资源。人类是在原生生态中孕育诞生的，和谐的自然给人类提供天然的资源供人类享用，而且人类在相当长的时间内是从大自然直接获得生活物资的。大自然给人类提供空气、淡水、阳光、植物果实、野生动物等。人为生态的构建意味着对大自然进行大幅度的改造，但人类仍然要从大自然中获得物质和能量，大自然对于人类来说仍然是一切资源的最终源泉。与和谐原生生态不同的地方只在于，在和谐人为生态的条件下，人类生活所需的资源从自然中直接获取的比重越来越小，人类制造和建造的人为事物越来越多。然而，大自然是人类的母亲，人类的一切物质和能量最终都来自大自然，这一点不会改变，也不应该改变。否则，人类就会成为大自然的弃儿，就会因为没有家园而无法生存下去。

和谐人为生态也有一些明显不同于和谐原生生态的基本特征，这些特征是其本性或本然本质或基本规定性的体现。当和谐人为生态的这些本然本质转化为实然本质时，它就会显现其特征。这些本然本质及其特征是构建和谐生态尤其值得注意的。从其本然本质看，和谐人为生态具有以下四大基本特征。

第一，构建性或人为性。在人类出现之前的和谐生态是纯粹自然的，人类出现后在不断地改造自然生态，但到目前为止这种改造都是局部的、战术性的、短视性的，而不是系统的、战略性的、长远性的。这是因为人类到目前为止并没有形成整体性、统一性的社会，而是分散的、各别的社会。分散的、各别的社会充其量只是出于本社会的需要，在本社会的地域范围内局部地改造自然生态，缺乏全面性、总体性的规划，正因如此，自然生态即使是局部和谐的，整体上也不是和谐的。如果人类组成一个整体的社会，而且有自觉构建和谐生态的意识，那么所构建的和谐生态就不仅是人为的，而且是整体性的，其构建也会凝聚全人类的智慧。因此，人为构建的和谐生态与原生形成的和谐生态不同，它是人类意志的产物，具有构建性或人为性，所以我们称之为人化和谐生态。

第二，人天性。人类出现之前的和谐原生生态没有人类意志的影响，因而是纯粹天然的和谐自然生态。人类出现后，人的意志或多或少地影响了和谐生态，而且从生态系统的结构中逐渐生发出了社会系统。如果说这时的生态系统是和谐的，那它就不再是纯粹天然的和谐自然生态，而是已经打上人类烙印并且包含社会系统的和谐生态。人类文明发展到今天，人为构建的和谐生态更不可避免地必须将社会系统考虑进去，否则就不是真正意义上的和谐生态。人为构建的生态系统要成为和谐的生态系统，必须解决三个问题。一是人之外的自然生态系统必须和谐。这是就地球上的生物圈而言的和谐，这种和谐的基本要求是：生物多样性只可丰富而不能减少，生物界的食物链完整，生物圈所需要的岩石圈、陆地、水、空气等适宜生物生存和繁荣。人类构建和谐生态首先必须满足这些最基本的要求。二是人类自身的社会系统必须和谐。人类社会不仅是生态系统中的一个庞大特殊系统，而且可以决定整个生物圈的命运。如果社会始终处于战乱状态，那么势必会严重影响人类整体的生存，影响生物圈的秩序。比如，在两次世界大战中，交战各国投下了无数弹药，这些弹药杀死了许多人，也严重破坏了生态系统。"二战"期间美国在日本广岛、长崎投下的两颗原子弹，对生态系统的消极影响至今仍然没有完全消除。三是生物圈与社会系统之间必须和谐。社会系统与生物圈是相伴相生的，而且必须保持动态平衡。如果社会系统的发展不断挤压甚至破坏生物圈，虽然可以使社会系统成为地球生态系统中的唯一系统，但与此同时社会系统也会因缺乏生物圈的支撑而迅速走向毁灭。因此，社会系统的发展必须考虑与生物圈相协调，不能够过度、过快发展，否则生物圈就会承受不了，就会崩溃。以上这三个问题只能由人类来解决，解决三个问题所形成的和谐是以人为中心、服务于人的人为和谐，也是最有利于人类更好生存的人天和谐。在这种人类与自然的和谐关系中，人类是主体和中心。

第三，宜居性。《圣经·旧约》把自然生态视作上帝为人类创造的生存条件，而事实上自然形态是生物进化的产物，它本身并不是上帝创造的，也不合某种目的。人类是自然进化的结果，也就能够适应自然生态而生存，否则人类不会有300多万年的历史。但是，自然生态并不是天然地就适宜于人类生存的。比如，从我国脱贫攻坚的情况看，许多少数民族生活在深山老林、悬崖峭壁上，生存条件极其艰苦，有些地方完全不适宜居住。正是为了找到更好的居住条件，人类才从在树上生活到在山洞里生活，后来又自己建造房屋。人类发展到今天，现代文明已经给人类带来许多福祉，但人类仍不满足，还要求生活得更好，要求自然环境和社会环境更适宜人类居住，不仅要求环境舒适，而且要求环境美丽。因此，人类构建和谐生态，必须使整个生态系统更适合人类生存，使人类在其中过上美好生活。这既要求生物圈更适合人居住，也要求社会越来越适合人居住，成为人类的康乐家园。从这个意义上看，宜居性既是人为构建的和谐生态的规定性和基本特征，也是对构建和谐生态提出的基本要求。

第四，适用性。前文已指出，和谐原生生态和和谐人为生态对于人类都具有资源性，但是两者提供的资源有很大差别。在和谐原生生态下，自然给人类的资源有两类。一类是可直接使用的资源。比如空气、淡水、可作为食物的野果和野生动物等，人类可以直接食用它们或者稍加处理即可食用。又如石头、树枝可用作采集或狩猎的工具，它们也是可直接使用的资源。另一类是可通过加工使用的资源。比如，对石头进行加工可以使它成为石器，对木料进行加工可以使它成为弓箭等。

和谐人为生态给人类提供的资源与和谐原生生态之间的不同，具体体现在以下几个方面。一是对自然提供的可直接使用的大多数资源进行再加工。比如，将自然淡水转化为清洁淡水，把野生动植物加工成可直接食用的食品等。二是种植和养殖更适合人类需要的物种。今天人类的日常食品几乎都是人类种植和养殖的产品。三是对原生的自然资源进行深度开发加工。石油、煤炭、原子能、风能、水泥等各种原料、材料都是人类深度开发加工的结果。四是制造大自然中本来不存在的产品，这些产品能够满足人类日益广泛的需要。比如，各种日常用品、汽车、飞机、轮船等。人工制造的各种各样的产品已经成为满足人类需要的主要物资。五是建造自然中本来不存在的各种建筑物。比如，今天的高楼大厦、水库、大坝、工厂等都是人为建造的。这些建筑物是人类文明的重要标志，给人类带来了极大的便利，也为加工各种自然物品、制造各种自然界原本不存在的物品提供了条件。此外，还生产了许多文化产品，如各种学科、文学艺术、宗教、道德、政治制度和法律等，以及它们的各种载体，如书籍、软件、图书馆、博物馆等。总之，在和谐人为生态的背景下，人为物品越来越多，不可枚举。所有这一切人为物品都是和谐人为生态提供给人类的，其共同特点在于，它们比纯粹自然物品更适合人类，更能够满足人类过上好生活的需要。

（三）和谐生态的价值

人类之所以不满足原生生态和谐而致力于构建人为生态和谐，归根到底是因为人为生态和谐对于人类更具有价值。这种价值是和谐原生生态所不可比拟的，它使人类的生活发生了根本性的深刻变化。且不谈人类将会更自觉地、更有计划地、更整体地构建和谐人为生态，仅就几百万年来已经被人化的生态而言，它就已经不仅使人类远离动物，成为自然万物的最高级者，过上了某种意义上的好生活，而且使人类成为动物乃至整个生态系统中各种物种或种群的主人，具有极强的综合实力和创造力。和谐人为生态是人类作为的结果，同时它又极大地造福于人类。如果人类在人化生态的过程中没有发生种种偏差，导致生态和谐面临严重的问题，或者说，如果人类在人化生态的同时使之成为和谐的，那么可以说，人类今天就已经过上难以想象的最美好生活。有理由相信，作为已知宇宙中最高级的系统，人类社会定会痛定思痛，努力克服过去几百年来实践中发生的重大偏差，构建能够给人类带来最大福祉的和谐生态。这种和谐生态反过来又能够护佑人类永久和平、普遍幸福。

和谐生态对人类的意义根本而又广泛，前文已多有涉及，这里再从人类好生活的角度做进一步的阐述。具体而言，和谐生态对好生活具有以下四个方面的根本性的意义。从这些方面看，可以说没有和谐生态及其构建，人类虽然有可能生存下去，但不可能过上好生活。需要注意的是，这里说的"好生活"指人类普遍的好生活，而不是个人或某些人的好生活；指整体上的好生活，而非某方面或某层面的好生活。

其一，和谐生态是好生活的前提。前提的意思是事物的先决因素，先决因素不存在，事物就不能存在。和谐生态对于好生活来说就具有这种先决因素的意义。前文已谈及，生态和谐包括生物圈和谐、社会和谐以及两者之间的和谐，这三个方面的和谐对于好生活都是决定性的，其中任何一种和谐出现问题，人类就不可能过上好生活。

人生活的基本共同体是社会，社会和谐才会有其成员普遍的好生活，这不难理解。人类的社会状态有三种不同的情形。第一种是混乱状态。这是一种社会动荡不安、"人对人是狼"的敌对战争状态，人类文明史上很多时候是这种状态，典型的有中国的春秋战国时期、西方的整个传统社会时期（古希腊雅典民主时期除外）。第二种是稳定而不和谐状态。这是一种社会基本稳定，但隐藏的矛盾、冲突仍然非常尖锐，只是被政治力量控制着的状态。人类文明史上除了混乱状态就是这种状态，如孔子所描述的夏商周时代的小康社会，皇权专制时代的贞观之治、康乾盛世等。第三种是和谐状态。这是整个社会系统的构成要素各守本位、各司其职、合作互助、协调一致的稳定有序状态，也就是柏拉图所说的"公正"社会。显然，在第一种情形下，所有社会成员都痛苦不堪，都不能过上好生活。在第二种情形下，可能有个别或部分社会成员能过上好生活，但由于社会隐藏着各种矛盾冲突，好生活通常是不稳定、不持久的，而且好生活本身也不是完整的，而是片面的、畸形的。只有在第三种情形下，全体社会成员才有可能都过上好生活，而且好生活也才可能是整体性的。当然，这里说的是可能情况，并非必然如此。

社会系统是生态系统的一个特殊子系统，是以生物圈为载体的，生物圈和谐既是社会和谐的直接前提，也是好生活的直接前提。首先，没有生物圈的和谐，社会不可能有真正的和谐，而如前文所述，社会不和谐也不会有好生活。生物圈和谐与否从许多方面规定着社会是否和谐。当今世界出现的生态问题都不是局部的，而是全球性的，它们严重地威胁着人类的生存，使人类陷入了前所未有的生存困境。导致这些问题发生的原因十分复杂，但各国的价值观以及政策、法律、制度等方面存在严重缺陷是根本性的原因。当人们意识到这些问题是社会治理者导致的时候，治理者的治理就会引起公愤，公众必定会抱怨治理者无能，就会与治理者离心离德。在这种情况下，社会治理就会缺乏民心基础，而历史事实反复证明，失民心者必失天下。其次，生物圈和谐出现严重问题会直接影响所有人类个体的日常生活，在这种情况下，好生活不过是一种幻想。

以上的阐述也表明，没有生物圈与社会系统的和谐，绝不可能有好生活。今天的整个生态系统，不仅谈不上和谐，甚至连起码的平衡都谈不上。首先，真正的社会系统还没有形成，近两百个各别的社会形态各自为政甚至敌视。世界极不公正，百分之十几的人口生活在贫困线之下，许多地方仍然战乱不已，居民流离失所，在死亡线上挣扎。生物圈饱受社会系统的蹂躏而千疮百孔，生物多样性急剧弱化，人类面临成为没有伙伴的孤零零主体的困境。生物圈与社会系统、自然与人类连起码的平衡都不存在，和谐不过是一种奢望。人类与生物圈之间形成了巨大反差，人类文明过于强势、过于霸道使生物圈显得过于脆弱、过于弱小。在这种情况下，社会系统无疑难以支撑下去，人类个体即使能躲过灾难，也没有什么好日子可过。人类文明史以无数事实不断向人类发出警示，没有和谐生态，就不会有和谐社会，更不会有好生活。

其二，和谐生态是好生活的源泉。好生活即人类生存发展享受需要得到满足的生活，过上好生活必须具备三个条件：一是人直接满足需要的各种物资，二是人类活动赖以展开的环境，三是人发挥聪明才智的平台。作为好生活的基本条件，它们都不是大自然的馈赠，而只能通过人类构建和谐生态来获得。和谐生态是好生活的源泉，并不是说它是人类生活的唯一源泉。到目前的人类文明史表明，即使生态不和谐，人类也能够生存下去。几千年的文明社会几乎都处于生态不和谐的状态之中，但人类仍然延续到了今天。这说明即使生态系统不和谐，人类也能够生存下来，只是生存得艰难，过不上好生活而已。而且，如果人类不发生核战争，不用高科技（如强人工智能）自杀，即使生态环境不和谐，人类也还能够延续很多年。但可以肯定的是，没有好生态，人类过去没有过上好生活，将来也永远都不会过上好生活。这是因为好生活源于好生态，生态不好就不会有好生活。当然，有了好生态也并不意味着人类所有个体都能够过上好生活，好生活还必须由个人自己去创造。

好生活需要的各种资源只有生态系统才能提供。好生活需要的资源主要是指满足生存需要所需资源，包括满足生理需要、安全需要的基本生存资源，也包括满足归属和爱的需要以及自尊和受人尊重的需要的基本情感资源。基本生存资源既需要生物圈提供，也需要社会提供。今天人类可以对自然界提供的淡水进行加工，即使淡水毒化了，也可以通过加工滤清，但是对空气污染尚无办法。人类也许永远都不能对自身须臾不能离开的空气进行加工。此外，还有很多自然资源是人类不能制造出来的，如石油、各种矿石等。因此，一些好生活的资源需要由生物圈来提供。但是，今天满足人类基本生存需要的许多资源（物资）要由社会提供。这里就涉及社会能否给人类生存提供所需的物资，即能否让人类基本生存需要得到充分满足。只有好社会才能解决好人类生理需要和安全需要满足的问题，解决不好的社会称不上好社会。至于满足基本情感需要的资源也主要由社会提供，只有当社会是和谐社会的时候，人们才会普遍有归属感，才会成为爱与被爱的对象，才会既尊重他人又能得到他人的尊重。这就是说，生物圈和社会系统任何一方不和谐，人类的生存需要都不可能得到满足，当然也就谈不上过上好生活。

好生活不是静态的，而是人格形成和发挥的动态过程，而人格形成和发挥所需的环境条件要由生态系统尤其是社会系统提供。好生活意味着每一个人都要将自己的人性实现出来，包括将它转化为完善人格和将完善人格转化为生活。这两个转化是一个终生的过程，因而需要持续的好生态，尤其是需要好社会。比如，将人性转化为人格的最重要环境条件是学校教育，如果社会不能给全体社会成员提供充分的教育，这种转化就不能普遍实现。1988 年的数据显示，当时世界文盲人口占总人口的 27.7%，达 8.9 亿人。文盲的比例到今天可能已经有所下降，但短期内不太可能消灭。联合国重新定义的 21 世纪文盲标准是：第一类，不能读书识字的人；第二类，不能识别现代社会符号的人；第三类，不能使用计算机进行学习、交流和管理的人。第一类是传统意义上的文盲，后两类被认为是功能型文盲，他们虽然接受过基本的识字教育，但在现代信息传播高度发达的社会中生活存在比较大的困难。1988 年世界上的 8.9 亿文盲显然指的是传统意义上的文盲，如果根据功能型文盲的标准，世界上的文盲可能还要多得多。这表明，要使全人类普遍接受充分的教育还有相当漫长的路要走。

好生活作为人格形成尤其是人格发挥的过程，需要有个人作为的平台，这种作为的平台要由社会系统提供。人格发挥主要是在职业方面，要让每一个人形成的人格有职业平台发挥，首先要有就业机会，其次要有就业质量。《2021 年中国社会形势分析与预测》的数据显示，2016～2019 年我国调查失业率保持在 5% 左右。如果按照我国从业人员数量共 8 亿人计算（2001 年，中国从业人员为 7.3 亿人），失业人口约 4000 万人。这就是说，在我国每年有 4000 万人没有在职业方面发挥人格的平台。更值得注意的是，在从业的 7 亿多人中，有多少人从事的职业与他们所受的教育相对应、与他们已经形成的综合素质相一致，加上这一因素，则存在更大的问题。有统计数据表明，由于市场需要饱和、地区差异大、国家体制的影响、专业本身缺乏优势等，我国至少有 50% 的大学毕业生并未从事与所学专业相关的工作。许多硕士毕业生担任中小学老师、博士毕业生担任大学辅导员的现象也不鲜见。这些情况表明，社会在给每一个人提供适合他们综合素质的职业方面还面临巨大的压力。这个问题解决不好，一个社会就不是真正和谐的社会，进而也会影响整个生态系统的和谐。

其三，和谐生态是好生活的内容。好生活的许多内容是由和谐生态直接提供的，和谐生态本身就是好生活的重要组成部分。人的生活是人格在社会中同时也是在生物圈中的展开，我们在社会中活动的时候，同时也是在生物圈中活动。社会和生物圈就是人生活的世界，海德格尔所说的"此在世界中"指的就是人总是在世界中生活，与世界中的各种事物（包括自然事物和人为事物）打交道，也与人打交道。和谐世界会给人美感、舒适感、惬意感，人在其中就会赏心悦目、悠然自得，甚至身心通透。当今社会许多人喜欢旅游，就是因为旅游景点能够给人这些感受。如果人生活于其中的生态环境都像旅游景点那样，景色秀美、鸟语花香，也许人们就不会像今天这样喜欢外出旅游。当然，和谐生态作为好生活的重要内容，远不只是能给人们提供生活的美好家园，还包括更多的方面。所有这些方面可以概括为生活质量高或生活品质高。

前文已谈到生活质量，它表示人们日常生活的品位和品质，是全面评价生活优劣的概念。今天，人们用来评价生活质量的标准有很多，但从社会成员即个人好生活的角度看，主要包括经济生活品质、文化生活品质、政治生活品质、社会生活品质、环境生活品质五大品质。经济生活品质包含富裕程度、经济实力、职业竞争力等；文化生活品质包含文化程度、文明素质、生活的文化含量等；政治生活品质包含民主意识和参政能力、维权意识和维权能力、公正感等；社会生活品质包含社会保障水平、获得感、幸福感、安全感等；环境生活品质包含自然环境、景观环境、设施环境等。社会成员的五大生活品质如何，主要不是取决于个人，而是取决于社会和生物圈即生态环境。生态环境好，人与自然之间、社会环境与自然生态之间达到了和谐的境界，社会成员就会普遍过上品质高的生活。

有一位学者对人的生命质量高的标准做了一个通俗的概括，认为人的生命质量高体现在四个方面："生得好，活得长，病得晚，死得快。""生得好"指的是人的一生始终生活得好，不仅体质强健，而且内心强大，人格完善，充满智慧，生存发展享受需要都得到了良好的满足。"活得长"是以身心健康为前提的长寿。长寿并没有确定的标准，但一般来说要超过社会的人均寿命。《世界卫生统计2019》显示，目前全世界日本人的平均寿命最长，2019年平均寿命达到83.7岁，其中女性达到86.9岁，男性达到80.5岁。而在全球200多个国家和地区中，女性的平均寿命为75.33岁，男性为70.31岁。这些国家的男性女性平均寿命均比日本少10岁左右，世界上所有人口的平均寿命要达到日本2019年的水平，还有很长的路要走。实际上每一个人都活得长，全世界的平均寿命就会整体提高。健康长寿必定会"病得晚"。假如一个人活到88岁，可他在20岁就开始生病，病痛折磨他60多年，他这一辈子就没有好生活可言。"病得晚"就是到晚年才患致命性疾病，生命过程总体上是健康的，致命性疾病的到来基本上不影响一生整体的生活质量。在此前提下，如果"死得快"，一生就得以善终。我国百岁哲人张世英早晨发病，上午就离开了人世，可谓典型的寿终正寝。这样，既减少本人的痛苦，又减轻家庭和社会的负担。在生命质量高的四个方面中，生得好是基础，有了这个基础，人就能健康长寿，而生得好的基础就是健康地活着。

以上对高质量生活标准的概括，其实在中国古籍《尚书·洪范》中早就有经典的表达，这就是"五福"，即"一曰寿，二曰富，三曰康宁，四曰攸好德，五曰考终命"。"寿"乃"年得长也"，其基本意思是命不夭折而且寿数绵长，即长寿。"富"乃"家丰财货也"，即拥有财富。在传统社会，"富"常与"贵"联系起来，称为"富贵"，其基本含义是钱财富足而且社会地位尊贵。"康宁"乃"无疾病也"，指健康安宁，包括身体无疾病，内心无纷扰，也包括社会安定有序，无战乱、无灾祸。"攸好德"乃"性所好者美德也"，指修养德性，其含义并不仅仅指有好的德性，还指注重德性修养，使德性不断完善，以达到更高的人生境界。"考终命"乃"成终长短之命，不横夭也"，即善始善终，尽享天年，长寿而亡。① 这里的"善终"意味着"善生"。"善生"就是活得有价值、活得好、活得圆满，因为只有好活，才会有善终。"五福"中的"考终命"是对"寿"的一种限定。一般来说，长寿是福，但长寿的生命要有意义，它必须以慎终为前提。中国传统的"五福"观就是对高质量的生活所做的一种哲学阐释，值得今天发扬光大。

其四，和谐生态是好生活的动力。和谐生态是好生活的内容，因而也是好生活追求的目标。人追求好生活就要追求和构建和谐生态，而追求和构建和谐生态又会促进人们对好生活的追求与构建。从这种意义上看，和谐生态和好生活互为因果，又互为目的，追求和谐生态可以为好生活提供强大的动力。我们所说的和谐生态，其实质内涵是自然生态与人类社会和谐共生、良性互动。达到这种和谐首先要求社会和谐。社会和谐包括许多方面，而从根本上说就是要使所有社会成员的生存发展享受需要得到尽可能充分的满足，过上好生活。这就是说，追求社会和谐原本是为了好生活，而一旦将社会和谐确定为好生活的目标，实现这个目标就会使所有社会成员都过上好生活。这看起来好像是一个循环论证，实际上并非如此。构建和谐社会是社会成员过上好生活所必需的，没有和谐社会就不会有好生活，可以说社会和谐是社会成员个人的要求。社会成员都过上好生活则

① （清）阮元校刻《十三经注疏·尚书正义》，中华书局，1980，第193页。

是和谐社会的要求，社会成员不能普遍过上好生活，和谐社会就不能实现，而实现和谐社会是社会治理者的职责，因此，可以说全体社会成员过上好生活是社会治理者或社会的要求。这表明，从社会治理的角度看，追求和谐社会必定会推动全体社会成员追求好生活。

二　构建和谐生态之必然

人类是有意识和自我意识的，而且有控制自己行为的能力。当意识到生态破坏的严重性和必将导致可怕后果的时候，当意识到自己必须依赖和谐生态才能过上美好生活的时候，人类就不得不停止对生态系统的破坏，并致力于重构和谐生态。和谐原生态虽然遭到了严重破坏，但尚未达到不可修复、不可重构的地步，而且人类已经创造的强大现代文明也为和谐生态的重构提供了可能。重构和谐生态对于人类是必需的，也是可能的，具有历史和现实的必然性，可以确定为人类追求的目标。对此，我们应该有自信，而且必须有自信。在构建和谐生态问题上，一切悲观失望的态度、一切无所作为的观点，不仅于事无补，而且会让人类走上不归路。

（一）人对和谐生态的依赖

在人类文明早期，中国和西方思想家对于人类对自然系统的依赖性就有十分清醒的认识。中国最古老的经典《易经》的宗旨就是"穷理尽性以至于命"。① 这一宗旨就是要穷究天下万物的根本原理，彻底洞察人类的心体自性，以达到改变人类命运的崇高目标，使人类行为与自然规律能够和谐平衡、生生不已。很明显，《易经》所追求的终极目标是自然和谐，以使人类生生不已。《易经》是阐述宇宙万物变化之书，长期被用作"卜筮"。"卜筮"是对未来事态的变化进行预测，而《易经》则根据宇宙生生不已的变化规律来总结这些预测的规律。这实际上隐含了人事应顺应天道的思想。《易传》在解释六十四卦中最重要的乾卦和坤卦的卦辞时，分别提出了"天行健，君子以自强不息""地势坤，君子以厚德载物"的价

---

① 崔波注译《周易》，中州古籍出版社，2007，第415页。

值命题。这两个价值命题就包含了人应当向天地自然学习，遵循天道规律的意蕴。古希腊早期哲学家寻求万物的始基，认为万物都是由它产生并复归于它，人类虽然与万物有所区别，但同样来自始基并复归始基。这不仅肯定了人与万物的统一性，也肯定了人对自然本体的高度依赖性。然而，这种古典的天人一体、万物相通的观念后来发生了重大变化。

西方近代哲学存在理性主义与经验主义的分歧，但在把自然与人类分割开来，强调人对自然的控制这一点上，它们是基本一致的。理性主义的最重要代表人物笛卡尔认为有两种实体，即物体和心灵，它们是各自独立的。康德认为作为自然本体的物自身不可知，人不仅认识不了它，也作用不了它。他把人类的认识局限于现象和自然界，而这种现象和自然界是人构建起来的，并且人给自然立法，就是说它们是受人统治的。黑格尔在康德的基础上打通了现象和物自身，把人所具有的精神看作宇宙的根本，而自然界不过是这种精神为了认识自己的自由本性将自己外化而产生的。按照黑格尔的逻辑，不是人类依赖自然，而是自然依赖人类。假若精神没有认识自己本性的需要，世界就不会有自然。所以，对于黑格尔来说，人类不仅不依赖自然，而且可以不要自然。经验主义哲学家洛克、贝克莱、休谟的共同特点是将人的认识限定于人的感觉经验，至于感觉经验之外的东西是什么样子甚至存在不存在都是不可断定的。而就人所感知到的事物而言，不是人依赖它们，而是它们依赖人。其最典型的表达就是贝克莱的两个著名命题："事物是观念的集合"；而"一个观念的存在，正在于其被感知"。[①] 当然，在近代西方也有哲学家注意到人与动物及万物之间不可分割的联系，例如莱布尼茨。他认为人虽然因具有理智和意志而居于万物的顶端，但仍然具有动物乃至万物共同具有的欲望和知觉，人和动物及万物具有不可分割的联系。不过，他的思想并没有成为近代西方的主导哲学观念，西方的主导哲学观念是把人视为"宇宙的精华、万物的灵长"。

近代西方的主导哲学观念是时代精神的反映，同时又凝练、提升和大大强化了时代精神。在这种哲学主导观念的引领下，西方人确立了自己的主体地位，展开了征服大自然的斗争。在对利益最大化追求的驱动下，西

---

① 〔英〕乔治·贝克莱：《人类知识原理》，关文运译，商务印书馆，1973，第20页。

方进行了一次又一次的工业革命和科技革命。经过 200 多年不断展开的对自然的征服斗争，自然最终在人类的蹂躏下惨遭破坏。于是，西方的生态危机产生了，并伴随着市场经济和工业文明向全世界扩展，全球性的生态危机也日益显现。

综观人类进入文明社会后看待和处理与自然生态关系的历史，我们不难发现，人类经历了一个从把人看作自然不可分离的部分到把自然视为征服对象的过程，而当人类为征服了自然而欢呼的时候，生态已经遭到了破坏，生态危机已经产生。反思人类近代以来的所作所为，我们可以看出，人类再伟大、再能干，也离不了它居住和生活于其中的生态环境，相反必须依赖它、依靠它并呵护它。人类只是生态系统的一个有机组成部分，而且必须与生态系统中其他部分良性互动，而不能成为其中的"恶性肿瘤"，吞噬和侵害其他部分。人类也不能让自己站在生态系统之外，更不能站在它的对立面，与它斗争，以打败它为荣，为征服它而自豪。否则，人类总有一天会欲哭无泪。

人从出生到死亡的整个生命过程，是一个需要产生和满足的过程。人对生态环境的依赖就体现在人需要的满足从根本上看依赖于生态环境。人本主义心理学家马斯洛将人的需要从低到高划分为生理需要、安全需要、归属和爱的需要、自尊和受人尊重的需要和自我实现的需要五个基本层次。这五种需要的满足都离不开生态环境的支持，而其中最基本、最强烈的生理需要更是直接与生态环境息息相关，须臾不可分离。生理需要主要包括呼吸、水、食物、睡眠、生理平衡和性等几种需要。如果这些需要（除性以外）的任何一项得不到满足，人类个人的生理机能就无法正常运转，人类的生命就会受到威胁。在这几项生理需要中，呼吸、水、食物又是重中之重，它们是生命的三要素[1]，我们就仅以食物为例分析人对生态环境的绝对依赖。

人们常用"民以食为天"这句俗语来形容饮食对于人的重要性。所谓"食"就是食物，它是指能够满足机体正常生理需求，并能延续正常寿命

---

[1]　也有人将阳光而不是食物作为生命的三要素之一，实际上它们都是生命的要素，只不过空气、水和食物是由生态环境直接提供的。

的物质。食物的最基本功能是维持生命。人们必须通过饮食中所提供的营养素维持生命，这就是古人所说的"安民之本，必资于食。安谷则昌，绝谷则危"的道理。食物通常由碳水化合物、脂肪、蛋白质、水等构成，它能够借进食或饮用为人类和生物提供营养和愉悦。食物主要来源于自然界可以直接或者间接食用的自然资源，包括植物、动物或者其他生物，例如真菌。每种生命体都需要食物提供营养，但它们的生理功能需要不同，生理机制不一样，生存方式不同，因而不同生命体需要的食物千差万别。例如，马等草食动物的食物主要是草类等植物，虎等肉食动物的食物主要是各种肉类，植物的食物主要是土壤中的各种营养物质。但无论哪一种生命体，最终的食物元素是差不多的。

与所有其他生物不同，人类是通过采集、耕种、畜牧、狩猎等许多种不同的方式获得食物的，而且随着人类的进化，人类所食用的食物的品质越来越高。但是，人类与所有其他生物一样，其食物必须是无毒的，不能有物理性、化学性、生物性严重污染。食用被污染的毒性食物会严重威胁生命的安全，在这方面人类尤其脆弱。然而，工业革命后日益严重的空气污染、土地污染、水体污染使许多作为食物原料的作物成为有毒性的，以至于今天很难找到没有被污染的作物。人类不能没有食物，也不能食用有毒的食物。随着生产力和科学技术的发展，今天人类整体上已无食物缺失之忧，但食物的毒性之忧与日俱增，人类的生命安全受到严重威胁。这一事实充分表明人类对食物有绝对性依赖，人类对食物的依赖像对空气、淡水的依赖一样，不仅不能离开它们，而且它们必须是适合人类需要的。就是说，人类依赖的是无害于机体的空气、淡水和食物。

个人是社会系统和人类文明的终极实体和主体，个人对生态系统的依赖充分表明社会系统和人类文明对生态系统的依赖。但是，个人生活、社会系统和人类文明对生态系统的依赖不仅仅在于空气、淡水和食物，还有很多方面。从一定意义上可以说，人类对生态环境的依赖是全方位的、立体的，一旦割断了这种依赖关系，人类的一切都将顷刻灰飞烟灭，不可再生。

（二）　自然惩罚的警示

在人类破坏大自然的同时，大自然也在不断地对人类进行惩罚。正如恩格斯所指出的："我们不要过分陶醉于我们人类对自然界的胜利。对于每一次这样的胜利，自然界都对我们进行报复。"[1] 从总体上看，目前人类对自然的破坏是局部的，因而自然对人类的报复也是局部的。但是，人类对自然的全局性破坏（如空气污染、海洋污染、气候变暖、臭氧层破坏、生物多样性减少等）已开始且比较严重，只是尚未达到足以使人类整体上不能生存下去的程度。然而，自然并不因此而不惩罚人类，对于人类对自然的全局性破坏，自然亦已开始惩罚，只不过尚未引起人类的恐慌。自然对人类的报复，可看作自然对人类的警示，要求人类善待自然，绝不能抱侥幸心理。人类绝不能自以为聪明，以为自己能控制自然，如果这样想，那就是无知和狂妄。一位科学家曾经说过："在大自然面前，人类只不过是受到自然羽翼庇护的一枚脆弱的薄壳鸟蛋，只不过是在母亲慈爱目光下蹒跚学步的孩子。"[2] 在大自然面前，"人类不管是文明的还是野蛮的，都是自然的孩子，而不是自然的主人"。[3] 人类可以有所作为，有所发明，有所创造，但不能破坏自然，否则它就会惩罚人类。

生态系统虽然是一个系统，但并不是今天社会系统般的智能系统，不具有自身操作的能力。它对人类的惩罚并非有意所为，只是人类对它的破坏使它的某些对人类至关重要的部分变得不再适宜人类，使它变得不具有人类所需要的和谐。生态系统目前对人类的惩罚或报复主要体现在六大方面。

一是污浊的空气。人须臾离不开空气，被污染的空气使人类不能健康地生存，甚至使人类最终灭亡，这是自然对人类最为直接的报复。其重要体现之一是主要由人为影响导致的 PM2.5 污染。与较粗的大气颗粒物相比，PM2.5 粒径小、面积大、活性强，易附带有毒、有害物质（如重金

---

[1]　《马克思恩格斯文集》第 9 卷，人民出版社，2009，第 559~560 页。

[2]　转引自赵仲龙主编《生存还是毁灭：大自然的警示》（下），北京出版社，2008，第 196 页。

[3]　〔英〕E. F. 舒马赫：《小的是美好的》，虞鸿钧、郑关林译，商务印书馆，1984，第 67 页。

属、微生物等），且在大气中停留时间长、输送距离远，因而对人体健康和大气环境质量的消极影响更大。长期吸入这些污染物可能会诱发心脏病、中风、肺癌及呼吸道疾病。

二是肮脏的水。水污染使水变成不适宜人类生活和生产的脏水，让人类难以生存，这是自然对人类破坏生态和谐的又一种报复。其主要体现是有害化学物质造成淡水的使用价值降低或丧失，这种水会毒死水生生物或影响水生生物的生命，使水质恶化，影响饮用水源，并产生难闻气体。人类活动还使近海区的氮和磷增加 50% ~ 200%，过量营养物导致沿海藻类大量生长，波罗的海、北海、黑海、中国东海等海域出现赤潮。海洋污染导致赤潮频繁发生，破坏了红树林、珊瑚礁、海草，使近海鱼虾数量锐减，渔业损失惨重。

三是有害的食物。环境污染不可避免地使食物原料也受到污染。污染的水、土地使在其中生长的食物原料被毒化，这也是自然对人类破坏自然和谐的报复。食用这些食物会损害人和动物的健康。例如，我国大多数城市近郊土壤都受到了不同程度的污染，所生产的粮食、蔬菜、水果等食物中镉、铬、铅等重金属含量接近临界值或超标。有些地区污灌已经使蔬菜味道变差，易腐烂，甚至出现异味；农产品的储藏品质和加工品质也不能满足深加工的要求。土壤污染使污染物在植（作）物体中积累，并通过食物链富集到人体和动物体中，引发癌症和其他疾病等，危害人畜健康。

四是异常的气候。人类大量使用化石燃料使大气中的 CO_2 含量增加，以及人为增加气溶胶导致的气候异常，也是生态和谐遭破坏后自然对人类的惩罚。世界气象组织把异常气候定义为"30 年以上一遇的罕见气候现象"。20 世纪 60 年代起，世界各地诸如全球变暖、极端天气（如极端高温、极端低温、极端干旱、极端降水等）之类的气候异常现象频繁发生。有统计表明，几十年、几百年一遇的异常现象近些年来在世界各地时有发生。就人类而言，气候异常，特别是全球气候变暖，会直接导致部分地区夏天出现超高温，引发心脏病及各种呼吸系统疾病；导致对人的肺部组织有破坏作用的臭氧浓度增加，引发哮喘或其他肺病；还会造成某些传染性疾病传播。全球气候变暖对生态系统的威胁很大，会破坏生物链、食物链，从而带来极其严重的自然恶果。

五是海平面上升。海平面上升是由全球气候变暖、极地冰川融化、上层海水变热膨胀等引起的。近百年来全球海平面已上升了 10 ~ 20 厘米，并且还在加速上升。这会导致一些城市下沉或被淹没，也使沿海地区灾害性的风暴潮发生得更为频繁，洪涝灾害加剧、沿海低地和海岸受到侵蚀、海岸后退、滨海地区用水受到污染、农田盐碱化、潮差加大、波浪作用加强、沿岸防护堤坝的能力减弱等，将加剧河口的海水入侵，增加排污难度，从而破坏生态平衡。

六是生物多样性减少。生物是人类的朋友，生物多样性持续减少，最终会导致人类孤零零地生存于世界上。而实际上，当人类"一枝独秀"时，人类之花必定会因为缺乏绿叶扶植而枯萎。有关报告显示，目前约有 100 万种动植物面临灭绝威胁，其中许多物种有可能在未来几十年内灭绝。当前物种灭绝的速度比过去 1000 万年的平均值高出几十到几万倍。

对于人类来说，自然给予人类的这些惩罚虽然都是消极的，但也给人类发出了重要的警示。自然对人类惩罚的警示归结到一点，就是人类不可肆意妄为，必须按照自然规律办事，也就是必须讲"道"和"德"，主动与自然建立友好和谐关系。中国传统哲学讲"道"，认为"道"是宇宙万物的根本和本原，这种"道"体现在万事万物（包括人类）之中就是"性"，每一事物顺应这种"性"生长、繁荣，就是"德"。这就是老子讲的"道生之，德畜之，物形之，势成之。是以万物莫不尊道而贵德"（《老子》第五十一章）。万物产生于"道"，依靠"德"养育、成长，于是万物才获得自己的身份，依各自的规律而成长、发展。这里的"德"就是弘扬自己的本性，而不是掠夺或损害他物。正因为"道""德"生养万物，万物没有不尊崇"道""德"的。如此，宇宙万物才能各具个性和特色而又在整体上处于和谐状态。万物怎样才能形成和保持这种多样性的和谐状态呢？《中庸》认为从根本上看就是每一事物要保持中和状态，如此，天地就会有条不紊，万物才能发育生长。"中也者，天下之大本也；和也者，天下之达道也。致中和，天地位焉，万物育焉。"（《中庸》）假如事物不讲究中和而相互妨碍、相互伤害，天地万物就会陷入混乱，宇宙的和谐局面就不复存在。在宇宙万物之中，人类是其中一类事物而并非例外。如果人不遵循万物之道，干扰和损害万物之德，就是说人危害其他事物，宇宙的多样性和谐就会遭到破坏，最终的结果就会殃及人类自身。由此看来，中国先哲早在2000多年前对万物尊道贵德重要性的揭示，就已告诉人们，如果人不像万物一样尊道贵德，讲求中和，而是为了自己的利益而去损害其他事物的生存，人就会自食其果。这就是自然之道。《易经》讲吉凶，遵循自然之道就是吉，而违背自然之道就是凶。《易经》就是据此预测吉凶，并告诉人们趋吉避凶的道理和方法的。

人类是有理性的，而且这种理性可以转化为智慧。当人类意识到不顾自然警示而一意孤行的后果时，有智慧的人会着眼于人类整体的生存而善待自然，讲道德，求和谐。在人类历史上，不仅有许多先哲已经洞察和预测到自然可能给予人惩罚，而且也有过许多善待自然的举措，尤其是最近半个多世纪以来，人类的生态保护意识普遍觉醒，联合国及世界各国生态环境保护的法制不断完善并加大了对环境破坏行为惩罚的力度，同时还采取了许多防止环境恶化和改善环境的措施，如防止水土流失、治理沙漠、禁止毒化土地和水体的农药化肥的生产、水体污染治理、植树造林等。现在的问题是，善待自然尚未成为每一个人、每一个国家和组织的坚决态度与自觉行动。不过，有理由相信，人类做到这一点为时不会太久。

（三）现代文明的实力

通常认为，文明是指一种社会进步状态，与"野蛮"一词相对。根据这种理解，地球上自从有了人类就有了人类文明，人类文明经历了原始社会文明、传统社会文明和现代社会文明。但是，人们也常常将文明社会与原始社会相区别，认为人类从原始社会进入传统社会才进入了文明社会。从这种意义上看，人类文明指传统社会文明（传统文明）和现代社会文明（现代文明）。传统文明的基础是农业，而现代文明的基础则是工业。人类从传统文明走向现代文明是一次巨大的历史性跨越，无论是物质方面还是精神、政治、社会方面都发生了根本性变化。这种变化的核心在于人类控制自然、社会和自身的能力空前增强，而这种能力又建立在深厚的资源积累基础之上。这正是人类现代文明的综合实力之所在。今天，现代文明已经高度发达，凭借现代文明，人类足以重构生态系统，重建与自然的和谐关系。

现代文明的综合实力可以划分为硬实力和软实力。"软实力"（soft power）的概念是美国哈佛大学肯尼迪政府学院教授约瑟夫·奈（Joseph Nye，1937～）提出的。他在1990年出版的《注定领导世界：美国权力性质的变迁》一书及同年在《对外政策》杂志上发表的题为《软实力》一文中，最早明确提出并阐述了"软实力"概念。他所说的"软实力"，主要包括文化吸引力、政治价值观吸引力及塑造国际规则和决定政治议题的能力。其核心观点是，"软实力"发挥作用，靠的是自身的吸引力，而不是强迫别人做不想做的事情。与"软实力"相对的是"硬实力"（hard power），通常认为它是支配性实力，包括基本资源（如土地面积、人口、自然资源）、军事力量、经济力量和科技力量等。将一个国家或整个人类的力量划分为硬实力和软实力是合理的，但约瑟夫·奈对它们内涵的界定尚可商榷。

在笔者看来，积累起来的力量或资源是硬实力，而产生硬实力的能力才是软实力。硬实力可视为软实力的现实化和积累，它是软实力得以实现的条件和载体；而软实力则既是以硬实力为基础和条件形成的，又凭借硬实力才能得以实现，而其现实化的成果进一步积累为硬实力。两者始终处于动态的相互生成过程之中。硬实力既包括物质性的资源，如厂房、机器、设备，包含知识的书籍，包含价值信息的硬盘、服务器等；也包括法律、法规、制度、政策、措施、道德、习俗、惯例等规范性资源，以及思想、理论、观念等意识性资源。软实力则既包括认识能力、决策能力、开拓能力、创新能力，以及以之为基础的生产能力、科技能力、军事能力、管理能力等，也包括积累的经验和操作技能等。从全人类的角度看，人类已经积累的资源就是硬实力，而人类已经形成的能力则是软实力。

人类的硬实力有一些是自然赋予的和人类自古以来积累起来的资源，如人类开垦的具有一定肥力的土地、人类拥有的各种矿产资源、大自然提供的生态资源（包括水、空气、微生物、植物、动物等）以及阳光雨露等；而更多的是人类自己创造并积累的财富，尤其是工业革命后积累起来的。18世纪的工业革命被认为是全球财富增长的分水岭，工业革命后全球财富总量发生了爆炸性增长。有研究认为，世界人均GDP在1800年以前的两三千年里基本没有变化，工业革命之后才逐渐上升。按照史学家安格斯·麦迪森《世界经济千年史》一书的估算，公元元年时世界人均 GDP 大约为 445 美元（按 1990 年美元算），到 1820 年上升到 667 美元，1800 多年里只增长了 50% 左右。同期，西欧国家稍微好一些，但也只是从公元元年的 450 美元增长到 1820 年时的 1204 美元，英国作为工业革命的发源地也大致如此。但是，从 1820 年到 2001 年的 180 年里，世界人均 GDP 从原来的 667 美元增长到 6049 美元。[①] 由此可见，工业革命带来的收入增长的确是翻天覆地的。从人类积累的总财富看，瑞士信贷银行股份有限公司（Credit Suisse AG，通常简称"瑞信"）的 2011 年全球财富报告指出，全球财富总值已由 2010 年 1 月的 203 万亿美元，增长至 2011 年 6 月的 231 万亿美元，增长 14%，相比 2000 年则增长了 117 万亿美元。这就是说，2000 年全球财富总值只有 114 万亿美元。2018 年 10 月 18 日，瑞信发布的 2018 年全球财富报告指出，全球财富总值达 317 万亿美元。相比 2000 年，18 年间增长了 203 万亿美元，可见增长速度之快。按全球人口 75 亿计算，全球财富人均约 4.23 万美元；若按成年人计算，人均约 6.31 万美元。[②] 目前尚未见有全球治理污染和保护生态总投入需要多少的数据，但无论从世界人均 GDP 增长的速度来看还是从世界财富总量的积累来看，人类都完全具备治理好生态环境的硬实力，具备使地球变得洁净美丽的物质条件。

从软实力的角度看，人类更具备治理污染、改善生态、重构人类与自然之间和谐关系的能力。经过约 300 万年的进化，特别是经过 200 多年的现代化的洗礼，人类的综合能力有了极大的提升，真正能够做到毛泽东所说的"可上九天揽月，可下五洋捉鳖"（《水调歌头·重上井冈山》）。假如没有战争、恐怖主义、犯罪，以及历史和强权等原因导致的国与国之间的不平等，凭人类现有的能力，人类早就能够治理好生态环境，整体上过上安宁幸福的生活。人类今天的能力体现在许多方面，仅从重构和谐生态的角度看，人类就具备三种重要的能力：一是生产能力；二是科技能力；三是自我治理能力。将这三种能力加以综合协调发挥，完全能够克服人类

---

① 参见〔英〕安格斯·麦迪森《世界经济千年史》，伍晓鹰等译，北京大学出版社，2003。

② 《2018 全球财富报告：全球人均财富 6.31 万美元 中国人均 4.78 万》，东方财富网，2018 年 10 月 22 日，https://finance.eastmoney.com/news/1354,20181022966659492.html。

当前面临的生态危机，重构人类与自然的新和谐关系。

人类的生产能力就是通常所说的生产力，它主要是指再生产力，即人类创造新财富的能力。从主体来看，生产力分为个人生产力、企业生产力、社会生产力；从时间来看，生产力分为短期生产力、长期生产力；从层次来看，生产力分为物质生产力、精神生产力；从对象来看，生产力是人类改造自然、改造社会和改造自我的能力，是人的本质力量在历史和实践中的展开。生产力是生产力系统的功能，生产力系统的结构是组成生产力系统的要素即劳动者、劳动资料、劳动对象之间的关系。当代人类生产力系统所具备的要素完全拥有重构和谐生态的能力。

就重构生态系统而言，在保护生态环境的基础上重构和谐生态就是当代人类的劳动对象，所指向的就是使遭到破坏的生态得到恢复。但是，这种恢复不只是简单的修复，而是通过重构来实现的创造性修复，因为已经遭到破坏的生态不可能被修复到原样，而只能创造性地重建新的和谐生态。这里所说的"修复"是就创造性重建而言的，而不是仅就修复破坏而言的。就是说，只要人类重新构建了新的和谐生态，生态破坏实际上也就得到了恢复，这是一种高层次的恢复。

今天人类也已经具备构建新的和谐生态所有必需的劳动资料。所谓劳动资料，是指劳动过程中所运用的物质资料或物质条件。它包括直接作用于劳动对象的生产工具系统、用以发动生产工具的动力系统和能源系统、运输和辅助系统，以及为实现各种劳动资料最佳结合所必需的信息传递系统等。其中，最重要的是生产工具系统。当代人类已经拥有丰富的劳动资料来重构和谐生态。例如，为了保护濒临灭绝的物种，人类完全可以利用已有的物质条件，借助科学技术建立自然保护区，可以将某些濒危物种迁出原栖息地，移入动物园、植物园、水族馆和濒危动物繁育中心进行特殊的保护和管理，还可以建立濒危物种的种质库以保护其珍贵的遗传资源。对于重构和谐生态来说，当代人类几乎不存在物质条件的限制。

随着现代教育的巨大发展，劳动者的综合素质、专业能力和劳动技术得到了整体提高。劳动者不仅能够运用现代劳动工具和物质资料改造劳动对象，而且能够不断改进和发明劳动工具，创造更好的物质条件，提升自己的劳动能力，进而提高个人、企业和社会的生产力。在生产力诸要素中，劳动者是一种能动的因素，他们能够选择和确立劳动的目的，并围绕劳动目的的实现来组织劳动资料和劳动工具，使之协同地发挥作用。在这里，劳动目的具有先决性的意义。只有当劳动者把重构和谐生态作为劳动目的时，才能够通过劳动来实现这一目的。对于今天劳动者的劳动能力以及利用和创造物质条件、劳动工具的能力来说，解决生态问题和重构生态和谐几乎是一件相当容易的事情，关键在于人类是否有心从事这方面的劳动。

现代科学技术通常也被视作生产力，但有其相对独立性。科学技术包括科技的能力、条件、活动和成果等不同方面，而能力是前提，广义的科技能力包括科技条件。现代科技能力是现代社会综合实力中发展速度最快、对社会生产和生活影响最大的软实力。即使不将科技能力纳入生产能力的范畴，科技能力对生产能力也有巨大的影响，现代文明的巨大进步和高度繁荣主要得益于科技能力。且不谈进一步的发展，仅就当代人类现有的科技能力而言，解决生态危机和重构和谐生态可以说不存在什么困难。今天人类运用科技能力可以给濒临灭绝的物种提供保护，可以使沙漠变绿洲，可以防止防治臭氧层被破坏，可以使污水洁净，等等。从目前的情况看，人类的科技能力完全能够修复生态破坏和重构和谐生态。现在的问题不在于人类是否运用这种能力去这样做，因为各国都在这样做，而在于人类还在运用这种能力去破坏生态环境。如前文所述，现代科技能力是破坏生态环境的重要的深层次力量，而且由于这样做通常可以给国家、企业或个人带来直接的利益，人们具有更强烈的动机这样做。现实的情况是，运用科技能力去修复生态环境和重构和谐生态需要投入，而在资本逻辑的力量推动下，运用科技能力去破坏生态环境却可以获得直接的好处，因此人们普遍倾向于运用科技能力去破坏自然。这就涉及人的价值取向和价值追求的调整问题。

在生产能力、科技能力和自我治理能力三者之中，人类的自我治理能力是最重要、最关键的因素。自近代西方文艺复兴运动和启蒙运动开始，人类的自我治理能力在个体主义运动的强劲推动下、在市场经济的利益最大化原则的强力驱动下得到了空前的增强。人类不仅成了自然的主人，也成了社会的主人，当然也成了自身的主人。其集中体现是，在改造世界的过程中改造自身，又通过改造自身改造世界。人类的整个现代文明、现代社会都完全是人类自我构建起来的。人类能够通过自我治理从人压迫人、人剥削人的专制主义等级制的传统社会构建起人人自由平等的、民主的现代社会，这表明人类完全有能力通过自我治理在遭到破坏的生态环境的基础上构建起新的和谐生态。今天的生态环境实际上也是人类构建的结果，只不过不是积极意义上的构建，而是消极意义上的破坏。但可以肯定的是，人类完全有能力将消极意义上的破坏转变为积极意义上的构建，如同能将传统社会转变为现代社会一样。因此，人类必须在深刻反思自己对待自然的行为的基础上解决自身存在的盲目乐观、自我中心、极端利己、受资本奴役等问题，改变个体主义价值观，树立和谐主义价值观，重新构建人与人、人与社会、人与自然之间的和谐关系。唯有如此，人类才能走出所面临的生态危机，过上美好生活。

三 构建和谐生态

面对千疮百孔、残破不堪的生态系统，人类必须通过保护、治理和改造来重构和谐生态。那么，人类怎样才能够真正达到这一目标呢？这对于今天的人类来说是一个极大的难题和严峻的挑战，人类必须从情感态度、思想观念、行为方式、社会结构等方面进行一次深刻的转变才能破解这一难题、应对这一挑战。重构自然必须以保护生态系统为基本前提，而防止它遭到破坏又是保护它的基本前提。要做到不让它遭到破坏，对于人类来说，最重要的是做到"三忌"：忌无所顾忌，忌竭泽而渔，忌揠苗助长。从做到"三忌"到重构和谐生态，这是一条艰难的路，要完成这一历程，需要做许多工作。

（一）保护、治理与改造

解决当代生态环境问题的出路在于重构和谐生态。重构和谐生态是一个总体任务，它包括保护原有生态要素、治理生态问题和改造生态系统三个基本方面，其目标是重构和谐生态。保护、治理和改造是三位一体的任务，其对象都是生态系统。所谓保护生态系统，就是要保护未被破坏、未被污染的生态系统的因素，防止它们遭到进一步破坏和损害；所谓治理生态系统，就是要对被污染、破坏的生态系统中存在的问题进行整治修复，使生态问题得到解决；所谓改造生态系统，则是根据人的需要和生态系统的可能性，在保护和治理生态系统的同时，对它进行适当改造，使之更适合人类的需要。保护是治理和改造的前提与基础，治理是保护的积极措施，也是重构和谐生态的关键环节，而改造则是在保护和治理的前提下重构和谐生态的主要任务。改造是人类始终都会面临的任务，人类需要通过不断改造生态环境使之和谐，并使之更适合人类生存发展享受的需要。今天看来，生态系统已经不可能恢复到工业革命以前的那种和谐状态，即使能恢复到以前的那种和谐状态，也不能适应今天人类日益增长的需要，因为原来的生态系统已经无法容纳不断增长的世界人口。对此，人类必须有清醒的认识，有意识地、自觉地、持续不断地做好生态系统的改造工作。在当前生态问题十分严重的情况下，改造要与治理有机结合起来，使治理适应改造的需要，或者说，着眼于改造来进行治理。

这里所说的保护生态系统与通常所说的环境保护不完全一样。通常所说的环境保护是指人类为解决现实或潜在的环境问题，协调人类与环境的关系，保护人类的生存环境、保障经济社会的可持续发展而采取的各种行动。[①] 由此看来，环境保护包括环境问题的治理。而我们这里所说的保护生态系统主要是指保护生态系统中未被破坏、污染的因素，防止它再遭到破坏和损害。今天，生态环境已经遭到全面破坏，有些需要治理，有些则需要保护。就需要保护的而言，主要有这样三种情形：一是生态环境中尚未被破坏或破坏不严重的区域，如远海、南极、一些人迹罕至的山区；二是生态环境中一些尚未被损害的部分，如没有灭绝的物种、没有被砍伐的森林、没有被践踏的草地等；三是虽然遭到严重破坏，而且已不能恢复，但仍然需要保护的生态要素，如地球上的湿地、热带雨林等。对于所有这些情形，人类要下大力气加以保护。

保护在一定意义上可以说是拯救，是人类伸出援手对生态环境中尚未

---

① 参见赵振涵《环境治理中公众有序参与路径研究——以南通为案例》，硕士学位论文，苏州大学，2017。

遭到污染和破坏的部分进行抢救。有"地球之肺"美称的热带雨林可以调节气候、防止水土流失、净化空气，保证地球生物圈的物质循环有序进行，对于人类意义极其重大。但是，20世纪以来热带雨林遭到了严重破坏。2014年9月17日挪威雨林基金会发布的调查报告称，2001年到2010年十年间，巴西一共失去了169074平方公里的亚马孙森林，相当于一个州的面积。2000年至2012年，全球范围内共计110万平方公里的热带雨林被摧毁，面积相当于一个帕拉州（巴西的第二大州）或三个挪威的大小。热带雨林遭到的损毁如此快速而严重，使保护尚未遭到损毁的热带雨林更为紧迫。对于一些濒临灭绝的物种采取措施使之存活下去，并努力使种群扩大，也是一种保护拯救措施。2018年11月14日，《世界自然保护联盟濒危物种红色名录》（简称"IUCN红色名录"）更新发布，一共有96951个物种需要保护，其中26840个物种濒临灭绝，亟须人类拯救。由此可见拯救性保护多么重要，其任务多么繁重。

保护生态系统是与治理生态系统紧密相连的，保护在很大程度上要通过治理来实现。不过，治理虽然指向保护，但并不等于保护。治理主要是针对被破坏、污染的生态环境而言的，所要解决的是生态已存在的问题。一般而言，治理生态问题主要包括两个方面：一是直接针对生态问题的治理，可称为"问题治理"；二是对导致生态问题的根源进行的治理，可称为"源头治理"。通过大量植树来治理沙漠、治理沙尘暴等生态问题，这基本上属于问题治理。对于被污染、破坏的生态环境通常也需要进行问题治理。例如，对于被污染的水体、沙漠化土地、被毒化的农田等，都需要进行有针对性的问题治理，以使之得到恢复。不过，被污染、破坏的问题往往要从源头上进行治理，切断污染源和破坏源，以防止生态环境进一步被污染、破坏。实际上，许多被污染、破坏的生态环境是无法进行问题治理的。例如，海洋污染、农田毒化就无法进行问题治理，而只能从源头上加以治理，通过切断污染源让海洋、农田自己逐渐净化。生物多样性、热带雨林的破坏更是很难通过问题治理使之恢复，而只能通过治理破坏行为来防止破坏加重。总体上看，源头治理是解决生态问题的根本途径，也只有通过源头治理才能解决边治理边污染、边破坏的恶性循环。

工业革命后，人类开始对生态环境进行自觉改造，这一进程通常被视为征服自然的过程。第二次世界大战后，当意识到环境问题日益严重后，人类开始对此前征服自然的做法提出质疑，认为过去强调对自然的征服是导致环境污染、生态危机的重要原因。于是，人们不再谈对自然的征服问题，而大谈自然保护、治理的问题。需要指出的是，过去确实存在对自然的征服的态度和做法，但与这里说的改造并不相同。"征服"的意思是凭借暴力、武力、强力等制服对象，使其接受、服从、顺从。过去征服自然的做法通常是把自然视为敌人，强调与之做斗争。毛泽东曾经说："与天奋斗，其乐无穷！与地奋斗，其乐无穷！与人奋斗，其乐无穷！"[①]（这种说法充分表达了那个时代的人们把自然视为强大的敌人并要与之做斗争的普遍共识）与征服不同，"改造"的意思是改变或变更原事物，使之适合需要。改造自然的做法应是改变自然系统使之符合人类的需要，通常含有根据自然规律进行改造的意味。马克思曾经说："哲学家们只是用不同的方式解释世界，问题在于改变世界。"[②] 马克思这里说的"改变世界"就是改造世界，包括改造社会，也包括改造自然界。马克思的话阐明了人类对待自然的应有态度。历史事实已经证明，征服自然的态度和做法是导致环境污染和生态破坏的重要原因，因而是不正确的。但这并不意味着人类不应该改造自然。从人类与自然的关系、现实和未来的关系看，改造自然是人类不得不选择的生存之道，即使我们不能说这是应该的，但也可以肯定这是必须的。

人类必须改造自然，归根到底是由人类的生存享受发展需要与自然的资源供给之间的矛盾决定的。前文已经谈及，在原始人群和氏族公社阶段，人口很少，而且需要很简单，自然对于人类可以说是取之不尽用之不竭的宝库。自然的资源供给极其充沛，如果说人类生存还面临问题的话，那也只是因为那时生产力落后，人类不能有效地获得自然资源。在传统社会，人类的数量有了较大的增长，人类的需要也发生了变化，不仅要满足生存需要，还要满足发展需要，不仅要满足即时的需要，还需要满足积累（财富）的需要。这时的人类所需要的资源主要通过农业生产方式获得，

---

① 《毛泽东年谱（1893～1949）》（上卷），中央文献出版社，2013，第24页。
② 《马克思恩格斯文集》第1卷，人民出版社，2009，第502页。

对自然资源利用和开发的能力很有限，一定程度上限制了人类及其需要的发展。人们为了占有有限的资源而不断争斗，以至于战祸不断。进入现代社会后，在市场经济和科学技术的推动下，因为战争减少、营养丰富、医疗条件改善、受教育程度提高以及寿命延长、死亡率降低等，人口总量迅速增长。人口总量的增长不仅带来需要总量的增长，而且由于厂商拼命刺激和开发人的需要，需要种类不断增长，更新速度也不断加快。在这种情况下，人类努力开发传统社会利用不充分和没有开发的自然资源，但是自然资源是有限的，它本身只能承受一定数量的人类及其需要，如果过度开发就会导致生态破坏和环境污染。到了今天，满足人类生存发展享受需要的资源限制问题已经凸显。在这种情况下，只是保护、恢复原有生态和治理环境污染是远远不够的，还需要改造生态环境，使之能给人类提供更充裕的自然资源。

实际上，人类在历史上早已有改造自然的意识，中国历史上的大禹治水、都江堰和京杭大运河的修筑，国外的苏伊士运河、巴拿马运河的修筑以及荷兰围海造陆工程，都是人类改造自然的壮举。这些历史壮举说明，改造自然并不一定会破坏生态、污染环境，改造得好会更有利于生态和谐和预防生态污染。从今天和未来人类的需要看，人类还需要对自然进行更广泛的改造，只有这样，自然才能发挥它的更大效益，才能更好地满足人类需要。当然，人类对自然的改造，必须以顺应和保护自然为前提，尊重和遵循自然的规律，而且不能给子孙后代留下隐患。在当前的情况下，改造自然尤其要与治理污染结合起来，使治理后的自然能更有效地防止污染，增强自然的自我修复能力。

(二) 敬畏与感恩

人类要恢复生态、重构天人和谐关系，有一个基本情感态度问题，这就是对自然要敬畏，要感恩。有了这两种情感态度我们才能爱护自然、善待自然，至少不敢对自然随心所欲、肆意妄为。

在进入文明社会以前相当长的历史时期，人类敬畏自然中与人类有一定利害关系的某物或多物。它们包括天、地、江河、大海、雷电等，其中某一种东西成为一个氏族部落或民族的图腾，而大多数东西都是原始人敬畏的对象。当时人们普遍认为假如触犯或亵渎了这些对象就会遭到惩罚，因而对它们持敬畏心理。这种对自然或其中的某些事物持敬畏的态度一直持续到了进入现代社会以前。在我国，很多地方的人们都还对这些对象存有敬畏心理。开春耕地要祭祀土地，出海打鱼要祭祀海神（如中国东南沿海一带人们信奉的"妈祖"），天旱乞求龙王爷降雨，小孩做了什么犯忌讳的事情，大人还会说"天上打雷"是警示孩子不能这样做。

正因为有这种敬畏感，人们不敢无所顾忌地伤害敬畏之物，更不敢亵渎图腾。直到今天，印度人都把牛视作神兽加以敬重，以至于在印度随处可见漫无目的溜达的牛，即便在川流不息的车流中，一头牛躺在路中间，大家都会绕着走而不会赶开它。据说，目前印度有5亿头牛，其中老牛2亿多头，这么多老牛已成为印度的负担。当然，牛在印度受到敬重并不是因为人们畏惧它，而是因为牛在印度教里是主神"湿婆神"的坐骑，而印度有80%~90%的人信印度教。这种古老的图腾观念让人们普遍形成对大自然的敬畏感，人们相信大自然背后有神灵，神灵无时无地不在，人若做了什么虐待自然的亏心事，或许可以骗得了人，但骗不了神灵，或迟或早会遭到一定的报应。这即是清代叶存仁所说的"头顶三尺有神明，不畏人知畏己知"。有了这种敬畏感，人就会因为担心遭天谴而不敢去破坏自然、污染环境。

自原始社会到传统社会一直存在的这种敬畏感，随着自然科学的兴起和发展以及自然科学知识的普及逐渐消失。近代开始普及的自然科学知识使人们认识到天地万物并不是什么神圣的东西，不是什么神灵，而不过是自然事物。它们不可能因为人没有敬畏它们而对人进行惩罚，因而人们不仅不敬畏它们，而且在利己的动机驱使下无所顾忌地伤害它们。于是，伤害自然的行为普遍发生。自然科学破除了人类的迷信，也实现了对自然的"祛魅"①，使人类进入了科学昌明的时代。事实也表明，自然对于人类而言是一个十足的弱者，对于人类的伤害可谓"打不还手，骂不还口"，人类可以随意对待它甚至虐待它。但是，人们在这样做的时候没有意识到，

---

① "祛魅"（Disenchantment）一词源于马克斯·韦伯所说的"世界的祛魅"，意思是对世界的宗教性解释的解体，它发生在西方国家从宗教社会向世俗社会的现代转型中。

自然虽然没有神秘的力量，更没有惩罚人类的威力，但它是人类的根基，人类对它存在极度的依赖，损害它就是损害人类的根基，就是断子孙后代的路。当它整体上遭到破坏时人类也就无法存在下去，这即是所谓的"皮之不存，毛将安傅？"（《左传·僖公十四年》）"覆巢之下，复有完卵乎？"（《世说新语·言语》）

正因如此，人类需要重新建立对自然的敬畏感。这种敬畏感基于依赖感、归依感，其对象是整个自然，尤其是整体的生态系统及其中的所有生命。有了这种敬畏感，人类才能尊重自然、爱护自然、善待自然，而不敢对自然无所顾忌、胡作非为。在建设性后现代主义哲学家大卫·雷·格里芬（David Ray Griffin，1939 ~ ）看来，要形成这种敬畏感，需要世界和科学的"返魅"（reenchantment）。他认为，过去100多年来，有一个被广泛接受的假设，即"科学必然和一种'祛魅'的世界观联盟，其中没有宗教意义和道德价值"。① 这种他称为"顽固自然主义"的世界观崇尚物质自然主义、决定论、还原论以及虚无主义，排斥自由、价值以及我们生活中对终极意义的信念。在他看来，伽利略、笛卡尔、波义耳和牛顿等人提出的自然祛魅观点，认为神性绝对不是世界所固有的，神是完全外在于世界的存在，它从外部将运动和法则施与世界，因而自然法则与社会法完全不同，自然失去了所有可以使人感受到亲情的任何特性和可遵循的任何规范。格里芬认为，怀特海所倡导的后现代有机论是一种可以与哲学、社会学、科学史学以及科学本身的诸多发展相融合的重要哲学观点，它正动摇着世界祛魅这种现代观点的基础，割裂了科学与祛魅之间的联系，为科学的返魅开辟了道路。在格里芬看来，后现代有机论认为，"所有原初的个体都是有机体，都具有哪怕是些许的目的因"。② 其肯定既存在这样的事物，其行为只能根据动力因和其自身对这些原因的有目的的反应来理解；也存在这样的事物，其行为在多数情况下可以不考虑目的因或终极因来理解。他说："鉴于现代科学导致了世界的祛魅和科学本身的祛魅，今天，

---

① 〔美〕大卫·格里芬编《后现代科学——科学魅力的再现》，马季方译，中央编译出版社，2004，"中文版序言"第16页。

② 〔美〕大卫·格里芬编《后现代科学——科学魅力的再现》，马季方译，中央编译出版社，2004，第32页。

一些因素正在聚集起来，形成一种后现代的有机论；在这种有机论中，科学和世界都开始返魅。后现代的有机论除了为解决主要源于祛魅而产生的现代性的特殊问题提供了依据外，还在理解科学本身的统一性方面为科学提供了比以往更好的依据。"① 格里芬的建设性后现代主义为人类对自然的敬畏提供了某种理论的支持。

人类对自然存在绝对的依赖，无论是人类生存发展享受，还是人类文明和人类社会存续、进步和繁荣，其终极的物质、能量和信息无不来自大自然。而且大自然无私、无偿、无怨无悔地将自己的一切奉献给人类。正因如此，中国传统文化将天视为宇宙万物之父，将地视为宇宙万物之母。天地万物像父母一样让人类生存在自己的怀抱中，并以自己甘甜的乳汁哺育人类，使人类不断成长完善。因此，大自然是人类最大的恩人，它对人类的恩情是其他任何事物都无可比拟的。因此，人类永远都应对大自然心存感激，都应对大自然抱有感恩之心。

人类对大自然的感恩心理如同敬畏心理一样由来已久，而且也一直保持到传统社会，甚至今天在民俗中还有延续。传统的祭祀活动不仅有敬畏心理的成分，也常常有感恩的成分。美国等国家设定了感恩节，其感恩的对象虽然不明确，但应包含大自然。就中国而言，虽然没有感恩节，但自古以来感恩文化便注入了中华儿女的骨肉之中，中国人格外看重"恩情"，重视施恩、报恩。感恩是中国人历来推崇的普遍价值，在大家熟知的《阅微草堂笔记》里，报恩的狐妖、善良的书生，往往都会有美好的结局；恩将仇报者，不得善终。因此，像"滴水之恩当涌泉相报""知恩图报，善莫大焉""羊有跪乳之恩，鸦有反哺之义""父恩比天高，母恩比海深"之类的语句才得以广为流传。清明节期间，很多身居外地的人不顾路途遥远也要回家扫墓，祭祀先祖，感谢先人的恩情。感恩这种民间文化也得到思想家的认可和重视，《论语》中讲的"慎终追远"就包含了感恩的含义，而且高度肯定这样做的重要意义，即"民德归厚"。

中国感恩文化所感恩的对象也包括大自然。在中国古代还有很多直接

---

① 〔美〕大卫·格里芬编《后现代科学——科学魅力的再现》，马季方译，中央编译出版社，2004，第43页。

感谢大自然恩情的祭祀活动。据说，早在周代，君王就有了春分祭日、夏至祭地、秋分祭月、冬至祭天的习俗。明代还在北京修建了五坛：天坛、地坛、日坛、月坛、先农坛。它们都是明代、清代祭祀的地方。这一切表明，传统社会高度重视对大自然的感恩。于是，感恩不仅积淀为中国人的普遍心理，而且成为一种人之为人的德性品质和行为规范，对人们有普遍的约束力。

然而，随着近代以来个体主义的流行和张扬，感恩作为一种心理逐渐淡化，作为一种德性和规范逐渐弱化。个体主义的重要特征之一是倡导个人的权利。个人的一些基本权利，如自由、平等、人格、尊严等，被视为与生俱来、不可剥夺的，即所谓"天赋人权"。

按照个体主义的主张，个人的生存和发展完全是个人的事情，是个人生来就具有的或个人获得的权利，与他人、社会、自然无关。如此一来，就个人而言，父母抚养自己是他们的责任，被他们抚养是自己的权利，根本不存在什么他们对自己的恩情问题，相反，如果他们不能尽抚养的责任自己还有权控告他们。对待企业、国家、自然的情形亦如此，国家给我提供成长的一切条件都是国家的责任，它对于我没有什么恩情；而自然是一块公地（相当于大家的公共财产），我们每一个人都有权拥有它、使用它，它对于个人也无所谓恩情可言。因此，对于个人来说，家庭也好，企业也好，国家也好，自然也好，完全不存在对于个人的恩情问题，倒是常常会发生不能让个人好好生存发展享受，或者使个人的权利得不到保障或受到侵害的问题。

个体主义的主张是不能成立的，按照其观点，即使个人与家庭、企业、国家之间不存在恩情关系，但家庭、企业、国家与个人之间的责任关系毕竟还是双向的。就是说，家庭、企业和国家对个人负有责任，个人对家庭、企业和国家也应负有责任。如果个人的权利是至高无上的，那么个人的责任亦应是至高无上的，应承担起对权利对象的责任。总体上看，个人与家庭、企业、国家的权利责任关系基本上是双向的。

然而，个人与自然的关系不同，两者之间不存在责任问题。自然作为公地，每个人都享有对它的拥有权和使用权，但自然并不享有每个人给予它回报、维护、养育之类的权利。这就意味着个人与自然的权利责任关系是单向的，个人只存在对它的权利，不存在对它的责任；而自然不存在对个人的权利，只有对个人的责任或者说无偿奉献。即便个人给自然提供一些养护，那也纯粹是为了自身从这种养护中得到更大的好处，而不是为了自然本身的权利。个人与自然关系的这种情形，同样也是家庭、企业、国家与自然关系的情形，家庭、企业、国家以及其他人类组织，都是自然的拥有者和使用者，但不存在对它的责任，而自然本身无权利可言，只有奉献。既然所有个人、家庭、企业、国家等对自然只存在拥有、使用的权利，既不存在对它的责任，也不存在对它的恩情的回报问题，而它又是一块公地，那么，个人、家庭、企业、国家过度使用它、随意对待它就是其他人无权干涉的。这正是自然环境和生态系统遭破坏的根本原因。

要改变人类对自然的这种态度，其基本前提是不能把自然视为公地，而要把自然视为母亲。人类任何时候都需要她的哺育，需要她提供的滋养，她是人类的生命之源。因此，人类始终都要以感恩的态度对待她。有了这种态度，人类才有可能不只是从她那里索取，随意对待她、处置她，而会善待她、呵护她。当然，即便人类将自然视为母亲，也会存在虐待母亲的情形。从现实的情况看，在极端利己、追求利益最大化的现代社会，不孝敬母亲甚至虐待母亲的行为也常常发生。今天普遍存在的"啃老族"就是典型。但是，人类中的绝大多数都是懂得感恩的，人们普遍对自然持感恩态度，同时也持敬畏态度，这会对其行为产生重要影响。当然，正因为总有人敢冒天下之大不韪，对自然不敬畏、不感恩，所以还需要其他保障措施。

敬畏和感恩需要结合起来，敬畏使人不敢对生态系统放肆，感恩使人对生态系统心存感激，两者相结合就会使人们对破坏自然不敢为、不愿为。如此，人们对破坏自然也就会有所顾忌，不会随心所欲、唯利是图。

（三）更新好生活观念

人类的自觉行为都是指向终极价值目标的，社会的终极价值目标是社会总的价值导向，个体的终极价值目标是个体总的价值取向。一般而言，个人的终极价值目标总是受社会终极价值目标的规定和制约。因此，社会追求什么样的终极价值目标具有决定性的意义。社会实际追求的终极价值目标应是社会终极价值目的的体现，但从人类历史看，却总是与之发生背离，而社会实际追求的终极价值目标才是在社会中实际发生作用的终极价值目标。

　　要保护、治理和改造自然系统，重构和谐生态，社会和个体都必须调整实际发生作用的终极价值目标。在传统社会，社会的终极价值目标与个人的终极价值目标常常是不一致的，现代社会逐渐改变了这种情形，社会和个人通常都把"好生活"（或"幸福"）作为终极价值目标。今天我们谈论调整终极价值目标，实际上就是要更新好生活观念，也就是要调整和改变对社会实际发生作用的好生活观念。从人类与生态系统的关系看，更新好生活观念就是要使人类从恶待生态系统转向善待生态系统，把生态系统作为人类生活整体的有机组成部分加以爱护，把好生态与好社会、好人格、好身体一起作为好生活的必备条件和基本内容加以追求。就是说，人类的终极价值目标应是过上以好身体、好人格、好社会、好生态为必备条件和基本内容的好生活。因此，好生态作为好生活不可或缺的组成部分应是社会和个人追求的终极价值目标的题中应有之义，而好生态就是人类重构的和谐生态系统。

　　进入文明社会后，人类才产生了好生活观念，并将其视为终极价值目标加以追求（通常简称为"终极价值追求"）。这一观念经历了一个十分复杂的变化过程。

　　《尚书·洪范》就已经把"五福"（寿、富、康宁、攸好德、考终命）视为好生活，并明确将其作为终极价值目标。"五福"就是中国先民所理解的好生活。当时生态和谐不是问题，因而其中没有涉及生态问题，但它确定了好生活是一种整体生活，而不是生活的某一个方面。儒家经典《礼记·祭统》中称："福者，备也；备者，百顺之名也。无所不顺者谓之备。"这里更明确地强调好生活的整体性、完备性。我国古代的人们强调好生活的整体性，同时特别强调"德"的意义。《礼记·祭统》就把上面所说的"无所不顺"明确解释为"内尽于己，而外顺于道也"。这表明在我国传统社会早期（先秦），作为终极价值目标的好生活是一种重整体（包括个人的整体生活及其生活于其中的家国）的和谐生活，而道德被视为实现这种和谐的根本路径。然而，自秦始皇统一中国后，这种对整体的强调逐渐演变成以"三纲五常"为核心内容的皇朝的长治久安，个人的整体生活湮没在"大一统"的皇家天下之中，好生活发生了异化。

西方传统社会的情形比中国更为复杂，但把道德（主要是德性）视为好生活的主要内涵这一点是与中国相通的。在苏格拉底看来，幸福的人之所以幸福，就在于他们拥有善。这种善主要是指灵魂善，即德性，而德性是指向整体的。所以他说："一切事物行事的目的就是获得整体的幸福，这个整体不是为你而造的，而是你为这个整体而造。"[①] 亚里士多德认为，幸福就是至善，而人的善是合乎德性而生成的灵魂的现实活动。所以他说："幸福就应是符合完满德性的完满生命的活动。"[②] 在亚里士多德看来，德性是人作为社会成员（公民）所必须具备的。公民作为共同体的一员，如同水手是船上的一员一样。水手有不同的职能，因而他们各有自己应具备的德性，但他们也有一个共同的目标，就是航行。由此看来，苏格拉底、柏拉图和亚里士多德像中国先秦儒家一样，重视好生活的整体性，并以具备共同体所需要的德性为基本价值取向。中世纪神学家把"信仰、希望和爱（仁爱）"作为神学德性，认为具备这三种德性是死后进天堂的必备条件。三种神学德性虽然与尘世的共同体没有什么关系，但却是进入天堂（天国）必备的，实际上仍然强调好生活的整体性。不过，西方传统社会对好生活整体性的重视，在现实生活中也发生了变异。在古希腊罗马时代，雅典的民主制后来演变为罗马的共和制，最后演变为帝国制，形成了集权制统治。中世纪天主教教会最终也在西欧建立起了以罗马教廷为权力中心的教权统治，后来又出现了世俗的封建专制主义。历史事实表明，西方传统社会的终极价值目标实际上从以德性为中心的好生活转向了在君王或上帝统治下的异化生活。

近代社会的终极价值追求是从君王和教皇统治之下获得解放和自由，个人享有充分的自由和权利被视为好生活的前提或者就被视为好生活。根据启蒙思想家的设想，破除一切对人的统治和压迫，让每一个社会成员都

---

① 〔古希腊〕柏拉图：《法篇》，《柏拉图全集》第 3 卷，王晓朝译，人民出版社，2003，第 670 页。

② 〔古希腊〕亚里士多德：《优台谟伦理学》，苗力田主编《亚里士多德全集》第 8 卷，中国人民大学出版社，1992，第 356 页。

获得自由和平等的社会，就是好社会。通过民主和法治的途径建立这样的好社会就是社会的使命和责任。有了好社会，个人能否过上好生活则完全是个人的事情，社会既无责任，也不能干预。因此，现代社会的终极价值目标是个人享受充分的自由和权利，个人的自由和权利至上也因而成为现代价值观的基本原则。启蒙思想家所确立的终极价值追求由于市场经济兴起和发展而实际上发生了异化。他们强调个人的自由和权利至上，把个人从各种束缚中解放了出来，这为市场经济兴起扫清了障碍，市场经济因而获得快速发展。市场经济是一种追求利润（利益）最大化的经济形式，而这就意味着自由的人均可以成为市场主体，市场主体可以完全按照自己的意愿行事。当然，为了维护市场经济秩序，国家需要制定法律，以法律作为人们一切行为的准则。也就是说，在法律的范围内，每一个人都可以自由地追求最大的利益。然而，这就导致社会终极价值目标由追求个人自由和权利至上转向了全社会（包括个人、企业乃至国家）追求利益最大化。但获得更大的利益或占有更多的社会资源成为一种新的奴役力量，于是异化就发生了。

这种社会的终极价值追求导致了三个后果。一是个人被利益所奴役。自由和权利不再是终极价值追求，而是实现利益的前提条件，它们不过是实现利益最大化的手段。虽然每一个人都享有自由和权利，但他们的天赋、起始条件等并不平等，追求利益最大化的结果必定是社会贫富两极分化。二是利益最大化的追求与现代科学技术相结合形成了一种新的整体性的技术统治力量，整个社会特别是个人为这种力量所奴役。这种奴役与历史上的外在奴役不同，它是一种"极权主义"的奴役。按照法兰克福学派的看法，这种奴役渗透到了人的需要，人们心甘情愿地接受这种奴役，甚至反对这种奴役的改变。三是利益最大化追求的唯一限制是法律，法律没有覆盖的领域或地方会出现唯利是图、不择手段的问题。历史上的贩卖黑奴、围剿土著人、鸦片战争等都是因此而发生的。由于生态环境整体上看仍然是一块"公地"，部分国家有环境保护法，而其他国家没有，加上世界没有统一的环境保护法，为了牟利而破坏生态环境就是不可避免的。

中西方传统社会和现代社会对好生活追求的复杂变化告诉我们，要重建和谐生态必须对过去人类终极价值追求做重大调整，更新好生活的观念。对于传统社会的好生活观念，要注重弘扬个人好生活的整体性、注重个人好生活与好社会以及好生态的相关性，强调德性对于好生活的意义，但要防止传统社会终极价值追求发生异化。而要做到这一点，必须肯定近代启蒙思想家的重要贡献，尊重、保护和不断完善个人的自由和权利。在现代社会中，则要对个人自由和权利进行充分肯定与保护，给个人追求自己的好生活更大的自由空间，让个人自由地追求和创造自己的好生活，但要防止社会终极价值追求可能发生的异化。而要做到这一点则需要从传统社会终极价值追求中吸取重视好生活的整体性及其与好社会、好生活的相关性的内容，充分肯定社会和生态对于好生活的重要意义，构建与好生活相一致并能够满足其要求的好社会和好生活。这几个方面结合起来，就是要确立一种以好生活为中心、以好身体和好品质为主体条件、以好社会和好生态为环境条件的终极价值目标。从重构和谐生态的角度看，就是要把好生态作为人类终极价值追求的目标之一，作为人类总体终极价值目标的必备条件和基本内容，从而改变到目前为止纯粹把生态环境作为好生活的一个外在条件的观念和做法。

总之，更新好生活观念实际上涉及两个方面。

其一，克服把好生活孤立起来，不考虑过上好生活的个人的主体条件和环境条件的不足，将其有机地结合起来。人生活在社会中，生活在生态中，没有好社会、好生态就不可能有好生活。这里说的好社会指的是人们的基本生活共同体，它在现阶段就是国家，但未来应该是世界。虽然世界目前尚未成为人类的基本共同体，但必须如此、终归如此。好生态就是和谐的生态系统，或者更大范围的自然系统。生活是生命绵延的过程，其主体是个人。一个人要过上好生活必须具备自身的条件，一是要有好身体，它是好生活主体的客观条件；二是要有好人格，它是好生活主体的主观条件。好身体就是体魄强健，其标志是"健康，无疾病；强壮，有力感；健美，有美感"[①]，或者如前文所说的体能强健、内心强大。好人格指的是完善人格，即基于人格道德的人格健全和人格高尚。人格包括观念、知识、能力和德性四个方面，其中德性是人格道德的体现，对于人格完善具有特

---

① 江畅：《幸福与和谐》（第 2 版），科学出版社，2016，第 375 页。

别重要的意义，因而历来为思想家和社会所重视。

其二，克服把好生活仅仅理解为欲望的满足或资源的占有的观念，将欲望的满足与人性的实现有机结合起来。无论是古代中国还是古代希腊，思想家都把人性的实现视为人的德性、完善，人生活的意义就在于把人性实现出来，使自己成为有德性之人、完善之人。当然，他们也存在不重视欲望满足的偏颇。因此，要把追求人性的实现与追求欲望的满足有机结合起来，使两者良性互动。将好生活与好社会、好生态有机统一起来，人们就不会将生态视作征服、掠夺的对象，而是视为自己好生活的必备条件和重要组成部分。而将好生活与好身体、好人格完全贯通起来，人们就不会只追求通过疯狂消费来尽情享受、及时行乐，从而可以减少资源的消耗和污染的产生。

参考文献

一 古籍

（清）阮元校刻《十三经注疏》，中华书局，1980。

顾迁注译《尚书》，中州古籍出版社，2010。

齐冲天、齐小平注译《论语》，中州古籍出版社，2008。

高秀昌注译《墨子》，中州古籍出版社，2008。

李慧玲、吕友仁注译《礼记》，中州古籍出版社，2010。

宁镇疆注译《孟子》，中州古籍出版社，2007。

（明）王阳明撰《传习录》，于自力、孔薇、杨骅骁注译，中州古籍出版
社，2008。

二 中文专著

陈来：《中华文明的核心价值：国学流变与传统价值观》，生活·读书·新知
三联书店，2015。

戴茂堂、周海春、江畅等：《我国主流价值文化及其构建调查》（调查报告
集），人民出版社，2014。

冯平主编《现代西方价值哲学经典·先验主义路向》（上、下册），北京师
范大学出版社，2009。

冯天瑜：《中华元典精神》，湖北人民出版社，2015。

冯友兰：《中国哲学简史》，涂又光译，北京大学出版社，1996。

龚群：《当代中国社会价值观调查研究》，北京师范大学出版社，2012。

韩震：《社会主义核心价值观凝练研究》，北京师范大学出版社，2012。

江畅：《德性论》，人民出版社，2011。

江畅：《社会主义核心价值理念研究》，北京师范大学出版社，2012。

江畅、戴茂堂、周海春等：《我国主流价值文化及其构建研究》（研究报告集），人民出版社，2013。

江畅：《论价值观与价值文化》，科学出版社，2014。

江畅、张媛媛：《中国梦与中国价值》，武汉出版社，2016。

江畅：《论当代中国价值观》，科学出版社，2016。

江畅、周海春、徐瑾等：《当代中国主流价值文化及其构建》，科学出版社，2017。

江畅：《幸福与和谐》（第 2 版），科学出版社，2016。

江畅：《西方德性思想史·古代卷、近代卷、现代卷上、现代卷下》（修订版），人民出版社，2018。

江畅：《中国传统价值观及其现代转换》（上、下卷），社会科学文献出版社，2020。

江畅：《新时代中国幸福观》，新华出版社，2021。

江畅、喻立平主编《大国之魂——中华优秀文化基因解读》，湖北人民出版社，2021。

李德顺、孙伟平：《道德价值论》，云南人民出版社，2005。

李德顺：《价值论》（第 2 版），中国人民大学，2007。

苗力田主编《亚里士多德全集》（第 8、9 卷），中国人民大学出版社，1994。

孙伟平：《价值差异与社会和谐——全球化与东亚价值观》，湖南师范大学出版社，2008。

孙伟平：《事实与价值：休谟问题及其解决尝试》，中国社会科学出版社，2000。

袁贵仁：《价值学引论》，北京师范大学出版社，1991。

赵馥洁：《价值的历程：中国传统价值观的历史演变》，中国社会科学出版社，2006。

赵馥洁：《中国传统哲学价值论》，陕西人民出版社，1991。

赵汀阳：《论可能生活》，生活·读书·新知三联书店，1994。

赵汀阳：《坏世界研究——作为第一哲学的政治哲学》，中国人民大学出版社，2009。

三　中文译著

〔美〕汉娜·阿伦特：《极权主义的起源》，林骧华译，生活·读书·新知
　　三联书店，2008。

〔英〕霍布斯：《利维坦》，黎思复、黎廷弼译，杨昌裕校，商务印书馆，
　　1985。

〔法〕卢梭：《论人类不平等的起源和基础》，李常山译，东林校，商务印
　　书馆，1962。

〔法〕卢梭：《社会契约论》（修订第 2 版），何兆武译，商务印书馆，1982。

〔美〕约翰·罗尔斯：《正义论》，何怀宏、何包钢、廖申白译，中国社会
　　科学出版社，1988。

〔美〕罗尔斯：《政治自由主义》，万俊人译，译林出版社，2011。

〔美〕罗尔斯：《作为公平的正义：正义新论》，姚大志译，中国社会科学
　　出版社，2011。

〔英〕洛克：《政府论》（下篇），叶启芳、瞿菊农译，商务印书馆，1964。

〔美〕马尔库塞：《单向度的人：发达工业社会意识形态研究》，刘继译，
　　上海译文出版社，2008。

〔法〕孟德斯鸠：《论法的精神》（上、下卷），许明龙译，商务印书馆，2009。

〔德〕尼采：《权力意志》，孙周兴译，商务印书馆，2007。

〔美〕罗伯特·诺齐克：《无政府、国家与乌托邦》，何怀宏等译，中国社
　　会科学出版社，1991。

〔美〕桑德尔：《自由主义与正义的局限》，万俊人等译，译林出版社，
　　2011。

〔英〕约翰·密尔：《论自由》，许宝骙译，商务印书馆，1959。

人名术语索引

（按首字拼音顺序排列）

好生活如何可能——基于价值论的思考

好生活如何可能——基于价值论的思考

后 记

  本书是本人准备出版的《哲学三部曲：本体论、知识论、价值论》中价值论的一部分。将这部分作为单行本出版主要是考虑便于一般读者阅读。对哲学有兴趣的读者可以进一步阅读《哲学三部曲：本体论、知识论、价值论》。

  本书是本人幸福主义价值论研究的一个组成部分。与此相关的还有一些其他研究成果：《伦理学原理》（高等教育出版社，2022）；《新时代中国幸福观》（新华出版社，2021）；《中国传统价值观及其现代转换》（上、下卷）（社会科学文献出版社，2020）；《西方德性思想史概论》（人民出版社，2017）；《西方德性思想史》（四卷本）（人民出版社，2016年初版，2018年精装版）；《德性论》（人民出版社，2011）；《幸福与和谐》（人民出版社，2005；科学出版社，2016年第2版）等。对这些方面研究有兴趣的读者可参阅这些著作。

  本书的出版得到了社会科学文献出版社特别是王利民社长、杨群总编辑、政法传媒分社周琼副社长和文稿编辑程丽霞女士的大力支持与帮助，特此致谢！

江畅

2022年12月31日

图书在版编目（CIP）数据

好生活如何可能：基于价值论的思考／江畅著. --
北京：社会科学文献出版社，2023.1（2023.9 重印）

（华中师范大学政治学一流学科建设成果文库. 政治
哲学研究丛书）

ISBN 978 - 7 - 5228 - 1056 - 0

Ⅰ. ①好… Ⅱ. ①江… Ⅲ. ①价值论（哲学）- 研究
Ⅳ. ①B018

中国版本图书馆 CIP 数据核字（2022）第 214925 号

华中师范大学政治学一流学科建设成果文库·政治哲学研究丛书

好生活如何可能
——基于价值论的思考

著　　者／江　畅

出 版 人／冀祥德
责任编辑／周　琼
文稿编辑／程丽霞
责任印制／王京美

出　　版／社会科学文献出版社·政法传媒分社（010）59367126
　　　　　地址：北京市北三环中路甲 29 号院华龙大厦　邮编：100029
　　　　　网址：www. ssap. com. cn
发　　行／社会科学文献出版社（010）59367028
印　　装／三河市龙林印务有限公司

规　　格／开本：787mm × 1092mm　1/16
　　　　　印 张：20.25　字 数：320 千字
版　　次／2023 年 1 月第 1 版　2023 年 9 月第 2 次印刷
书　　号／ISBN 978 - 7 - 5228 - 1056 - 0
定　　价／98.00 元

读者服务电话：4008918866